アメリカ電子メディア法の理念

佐々木秀智 著

明治大学社会科学研究所叢書

信 山 社

はしがき

　本書は，著者がこれまで公表してきた論文の一部をまとめたものである。
　著者は，これまで比較法・外国法研究の手法を用いて，主にアメリカ合衆国憲法修正第 1 条が保障する言論・プレスの自由及び民主主義的政治過程，アメリカ不法行為法上のプライバシー保護のあり方等について研究してきた。本書は，アメリカの連邦通信委員会（Federal Communications Commission, FCC）が 1934 年通信法（Communications Act of 1934）に基づいて実施してきた電子メディア法政策において，言論・プレスの自由を保障し，アメリカの民主主義の根拠となっている合衆国憲法修正第 1 条に根拠づけられる理念がどのように実現されてきたのかを研究したものである。
　ここで比較法・外国法研究の手法としたのには，理由がある。アメリカの電子メディア法についてはわが国では憲法学，メディア法学の研究者が盛んに研究を行ってきた。しかし，これまでの研究はメディアの自由にのみ関心が払われ，また学説の紹介・分析がほとんどであった。このような研究では，アメリカの法制度・理論を正確に理解することができず，わが国の議論に反映させることは極めて困難であり，かつ危険なことである。
　本書では，「公共の利益」のもとに形成された電子メディア法の理念がどこまで実現されうるか，そのためにメディアの自由がどこまで規制されうるかに焦点を当てている。さらに学説の検討は最低限のものにとどめ，合衆国議会の立法資料，FCC の政策決定文書の分析に重点をおいた。外国の法制度，特にアメリカの法制度を理解するためには，まずこれらの調査・分析が必要不可欠である。いくら理論的・体系的なものを構築しても国民一般が実行できるものでなければ無意味である。国民の需要は，議会資料，FCC 文書の中に収められており，そこではさまざまな階層の個人・団体が率直な意見交換を行っている。このことを前提として，達成すべき基本的価値・理念を明らかにし，その達成手段が国民にとって実行可能なものであるか否かを多角的に検討しつつ，

はしがき

具体的な法政策が決定されるのである。本書はこれらの分析に可能な限りこだわっている。

　本書で検討するようにアメリカ合衆国最高裁判所は，これまで多種・多様な情報が広く国民一般に流通し，それに基づいて国民が議論を行い，政治的決定を下すことが修正第 1 条の中核的価値であるとしてきた。この情報の多様性 (diversity of information) を確保するために合衆国最高裁判所は，印刷，放送，ケーブル，通信といったメディアについて，それぞれの特性に基づいた修正第 1 条の理論を構築し，それに基づいて FCC が放送，ケーブル，通信といった電子メディアに関して規制を行ってきた。そこでは，情報の多様性の確保に加えて，公正競争 (fair competition) の維持，地域性 (localism) の確保が電子メディア法の理念とされた。そして FCC は，具体的には情報内容そのものを規律する手法とメディアの所有形態を多様化するといった経済法的手法を採用して，規制を行ってきた。

　本書では，経済法的手法を用いた規制について，放送（第 1〜3 章），ケーブル（第 4,5 章），通信（第 6,7 章）のそれぞれについて合衆国最高裁判所を中心とした判例理論，FCC の政策決定について検討した。これらのなかでは，放送につき電波の稀少性，社会的影響力，ケーブルにつきボトルネック的コントロール，通信につきコモンキャリア法理（による言論の自由享有主体性の否定）といった特性を明らかにし，それぞれの電子メディアにおいて 3 つの理念が FCC によってどのように実現されてきたかを明らかにした。特にそこでは，1934 年時点では，放送，通信のみを規制対象とすればよかったが，ケーブル等の出現，普及，また特に 2000 年代に入ってのインターネット，モバイル端末の普及にどのように議会，FCC が対応し，それに対して修正第 1 条の観点からいかなる判例法理が形成されてきたかを明らかにした。

　そして通信法制定当初より，修正第 1 条の民主主義的側面を重視し，情報の多様性の確保のための規制を重視する公共の利益アプローチが採用されてきたが，デジタル技術の発達・普及，新自由主義的思想を背景とし，修正第 1 条の思想の自由市場論を強調し，規制を抑制的にとらえる市場主義アプローチの普及によって電波の稀少性解消論等の実証的データに基づいた政策決定の必要性が支持されるようになっていることも明らかにした。

なお本書は，時代区分的には主にオバマ政権までの FCC の諸規制を検討対象とした。第 1 章等で検討している規制改革審査報告につき，2017 年に公表された同報告においてトランプ政権下の FCC は，メディア所有規制の多くを廃止・大幅緩和してしまった。さらに第 7 章で検討したネットワークの中立性に関する規制も廃止してしまっている。しかしそれに反対の立場から訴訟が提起され，また新規立法の動きがあることから，これらについては今後の課題とした。

　これまで比較法・外国法研究の視点から，情報法・メディア法の研究を行ってきたなかで，様々な先生方のお世話になった。中央大学法学部 4 年在籍時に堀部政男先生（一橋大学名誉教授）の情報法の講義を受講したのがこのテーマとの最初の出会いであった。その当時は，メディアといえば放送であった。そのまま一橋大学大学院に進学して先生の指導を受け，インターネットが主要メディアとなった現在に至るまでさまざまご指導をいただいた。

　また 1999 年に明治大学法学部に奉職して以来，同僚の先生方から様々な刺激を受けてきたが，とりわけ新美育文先生（明治大学名誉教授），大野幸夫先生（明治大学名誉教授），夏井高人先生（明治大学教授），丸橋透先生（明治大学教授）に深く感謝したい。先生方との関係がなければ，現在の私は存在していない。

　さらに本書の刊行にあたり，明治大学社会科学研究所の助成を受け，社会科学研究所叢書として出版することができた。感謝申し上げたい。

　最後に，本書の出版にあたっては，信山社の柴田尚到氏に大変お世話になった。柴田氏との出会いも，堀部先生の講義においてであった。この場をお借りして同氏に深く感謝申し上げたい。

　2019 年 7 月

佐々木秀智

目　次

はしがき

第 1 章　アメリカの放送産業構造規制の沿革 …………… 1

Ⅰ　はじめに ……………………………………………………… 1

Ⅱ　放送規制の法構造 …………………………………………… 3
　1　放送規制の修正第 1 条上の根拠 ………………………… 3
　2　1934 年通信法に基づく FCC による放送規制 ………… 7

Ⅲ　構造規制の理念と具体的規制の実施 ……………………… 8
　1　構造規制の理念 …………………………………………… 8
　2　具体的規制の実施 ………………………………………… 12

Ⅳ　構造規制の変容 ……………………………………………… 19
　1　市場主義アプローチの台頭 ……………………………… 19
　2　具体的な規制の緩和 ……………………………………… 21
　3　合衆国議会，合衆国最高裁判所の反応 ………………… 24

Ⅴ　おわりに ……………………………………………………… 26

【補論（書評）】 …………………………………………………… 28

第 2 章　新聞・放送相互所有規制と修正第 1 条 ………… 38

Ⅰ　はじめに ……………………………………………………… 38

Ⅱ　新聞・放送相互所有規制の基本枠組み …………………… 39
　1　放送産業構造規制の中での新聞・放送相互所有規制の位置づけ ……… 39
　2　2002 年規制改革審査 …………………………………… 41

Ⅲ　*Prometheus Radio Project v. Federal Communications Commission*
　　合衆国第 3 巡回区控訴裁判所判決（*Prometheus I* 判決）………… 44
　1　第 202 条（h）の検討 …………………………………… 44

　　　　2　NBCO 規則の合憲性及び「公共の利益」との関係 …………… 46
　　　　3　2006 年規制改革審査報告 ……………………………………… 50
　　Ⅳ　おわりに ……………………………………………………………… 52

第3章　複数放送局所有規制の具体的展開と電子メディア法の理念 …………………………………………………………… 56
　　Ⅰ　1996 年電気通信法における複数局所有規制の概要 …………… 56
　　　　1　1996 年電気通信法の基本的立場 ……………………………… 56
　　　　2　複数局所有規制の概要 ………………………………………… 58
　　Ⅱ　規制改革審査の実施 ………………………………………………… 59
　　　　1　LTSO 規則の緩和 ……………………………………………… 59
　　　　2　1998 年規制改革審査報告と NTSO 規則の緩和 …………… 61
　　　　3　FCC による規制緩和に対する司法審査 …………………… 63
　　Ⅲ　2002 年規制改革審査報告 …………………………………………… 67
　　　　1　2002 年規制改革審査報告の基本的立場 ……………………… 67
　　　　2　NTSO 規則の検討 ……………………………………………… 75
　　　　3　LTSO 規則の検討 ……………………………………………… 76
　　　　4　LRSO 規則の検討 ……………………………………………… 81
　　　　5　NTSO 規則に関する合衆国議会の反発 …………………… 88
　　Ⅳ　*Prometheus I* 判決 ………………………………………………… 89
　　　　1　LTSO 規則 ……………………………………………………… 89
　　　　2　LRSO 規則 ……………………………………………………… 92
　　　　3　小　括 …………………………………………………………… 96
　　Ⅴ　2006 年規制改革審査報告と *Prometheus II* 合衆国控訴裁判所判決 …… 96
　　　　1　2006 年規制改革審査報告 ……………………………………… 96
　　　　2　*Prometheus II* 判決 ………………………………………… 105
　　　　3　小　括 …………………………………………………………… 108
　　Ⅵ　おわりに ……………………………………………………………… 108

v

目 次

第4章 ケーブル規制と修正第1条 ……………………………… 112
- Ⅰ　はじめに ……………………………………………………… 112
- Ⅱ　ケーブル規制の確立 ………………………………………… 115
  - 1　1984年ケーブル通信政策法の制定 ……………………… 115
  - 2　ケーブル規制と修正第1条 ……………………………… 120
- Ⅲ　再送信義務づけ規則に関する議論 ………………………… 126
  - 1　再送信義務づけ規則の制定 ……………………………… 126
  - 2　合衆国控訴裁判所による再送信義務づけ規則の合憲性審査 ……… 129
- Ⅳ　1992年ケーブル消費者保護及び競争法 …………………… 133
  - 1　規制緩和の問題 …………………………………………… 133
  - 2　1992年ケーブル法における合衆国議会の事実認識 …… 135
  - 3　1992年ケーブル法による再送信義務づけ規則 ………… 138
- Ⅴ　合衆国最高裁判所による再送信義務づけ規則の合憲性審査 …… 141
  - 1　*Turner I* 判決 ……………………………………………… 142
  - 2　*Turner II* 判決 …………………………………………… 147
- Ⅵ　おわりに ……………………………………………………… 152

第5章 *Turner* 判決法理の具体的展開 ……………………… 157
- Ⅰ　1992年ケーブル法によるケーブル所有規制の実施 ……… 157
  - 1　ケーブル所有規制の実施 ………………………………… 157
  - 2　ケーブル所有規制と修正第1条 ………………………… 160
  - 3　小　括 ……………………………………………………… 170
- Ⅱ　新たな電子メディアの登場と *Turner* 判決法理 …………… 171
  - 1　他の電子メディアへの *Turner* 判決法理の適用 ……… 171
  - 2　デジタル時代の再送信義務 ……………………………… 174
- Ⅲ　おわりに ……………………………………………………… 182

第6章 修正第1条における通信事業者の位置づけ ………… 185

	I	はじめに ………………………………………………………	185
	II	コモン・キャリアとしての通信事業者の確立とその展開 ………	186
		1 コモン・キャリアとしての通信事業者 ……………………	186
		2 コモン・キャリアと修正第1条との関係に関する議論 ………	188
		3 コモン・キャリア法理の内容 ………………………………	189
		4 小 括 ………………………………………………………	192
	III	通信事業者と修正第1条 ……………………………………	192
		1 通信事業者によるわいせつな表現等を含む通信の送信拒否と修正第1条 …	192
		2 電話会社による各種情報サービスの提供の禁止と修正第1条 ………	195
		3 小 括 ………………………………………………………	200
	IV	メディア融合と修正第1条 …………………………………	200
		1 ビデオ・ダイアルトーンの導入 ……………………………	200
		2 *Chesapeake & Potomac Telephone Co. v. United States* 合衆国第4巡回区控訴裁判所判決 ………………………………………	202
		3 小 括 ………………………………………………………	206
V	おわりに ………………………………………………………		206

第7章 ネットワーク中立性原則と修正第1条 ………………… 208

	I	はじめに ………………………………………………………	208
	II	アメリカの電子メディア規制に関する法構造 …………………	211
		1 修正第1条におけるメディアの位置付け …………………	211
		2 FCCによるBP規制の試み …………………………………	213
	III	オープン・インターネット命令 ………………………………	216
		1 ネットワーク中立性原則の必要性に関するFCCの認識 ………	217
		2 規制根拠の提示 ……………………………………………	220
		3 情報公開規則 ………………………………………………	222
		4 ブロッキング禁止規則 ……………………………………	224
		5 不合理な差別的取扱いの禁止規則 …………………………	224

目 次

   6　無線・移動通信における特則 …………………………………… 226
 Ⅳ　*Verizon v. Federal Communications Commission* 合衆国コロンビア地区控訴裁判所判決 ………………………………………………… 227
  1　FCC の規制権限 ………………………………………………… 227
  2　BP の法的位置付け …………………………………………… 229
  3　個別の規則の検討 ……………………………………………… 231
  4　Verizon 控訴裁判所判決以降の動向 ………………………… 234
 Ⅴ　修正第 1 条からのネットワーク中立性原則の分析 …………… 236
  1　オープン・インターネット命令における FCC の立場 ……… 236
  2　学説の検討 ……………………………………………………… 239
 Ⅵ　おわりに …………………………………………………………… 242

初出一覧

事項索引

法律索引

判例索引

第1章　アメリカの放送産業構造規制の沿革

I　はじめに

　言論・プレスの自由を保障するアメリカ合衆国憲法修正第1条は,「思想の自由市場」(market place of ideas) を前提とし, そこでの思想・情報の自由な交換による国民的合意の形成が民主的政治プロセスの中核であることも, 一般的に支持されている[1]。そして, これらが十分に機能するために, 多様な思想・情報が自由に国民全体に発信, 流通され, それを個人が容易に入手できる環境を確保する, すなわち「情報の多様性」(diversity of information) を確保するための政府規制が必要か, またその必要があるとすればいかなる規制が必要かが重要な問題となる。そこでは特に, 政府規制によって, メディアの自由な表現活動が制約される危険性が高くなる。そのことから, それぞれ修正第1条に根拠を有する情報の多様性の確保と, メディアの表現の自由という価値の衝突をいかに調整していくべきかが重要となる。また, その具体的調整においては, それぞれのメディアの特性の検討が必要であるとされ, 特に電子メディアについては, それぞれの物理的又は経済的特性を根拠として, 各メディアにおける情報の多様性を確保するために, いかなる規制ができるかが議論されてきた。
　そして電子メディアに関しては, それぞれの特性に基づいて, 連邦通信委員会 (Federal Communications Commission, FCC) による情報の多様性確保のための政策が行われてきた。この政策は, 1934 年通信法 (Communications Act of 1934) に

---

1) Turner Broadcasting System, Inc. v. Federal Communications Commission, 512 U.S. 622, 641 (1994).

第 1 章 アメリカの放送産業構造規制の沿革

基づいて,「公共の利益,便益又は必要」(public interest, convenience or necessity) に資するためになされ,当初より放送 (broadcasting) と通信 (common carriage) がその対象とされてきた。特に放送は,電波の有限稀少性 (scarcity) 及び放送の社会的影響力 (pervasiveness) を根拠として規制が行われ,そこでは,放送事業者の表現の自由を不当に制約することなく,いかに情報の多様性を確保すべきかについて議論がなされ,合衆国最高裁判所も,これらの規制が修正第 1 条等に違反しないか審査してきた。そのなかで下品な (indecent) 番組規制,公平原則 (fairness doctrine),平等時間原則 (equal time opportunity rule) 等の番組内容規制と同時に,経済法の手法を用いた様々な構造規制 (structural regulation) が実施されてきた[2]。構造規制の中では,ネットワーク規制 (network regulation) と放送局所有規制 (ownership regulation) が 1940 年代から実施され,その理念として,情報の多様性の確保,「公正競争」(fair competition) の維持,「地域性」(localism) の確保の 3 つが提示されてきた。

しかし,ケーブル (Cable)[3] 及びその他の新規の電子メディアの全米的な普及による電波の有限稀少性の解消論及びレーガン (Ronald W. Regan) 政権以降の放送分野における規制緩和政策のもと,特に 1980 年代以降,それまでの放送規制に疑問が提示されるようになり,多くの規制が緩和又は廃止された。また,1990 年代に入ってからのデジタル化等による多チャンネル化がその動きに拍車をかけている。ただ,そこですべての規制が緩和,廃止されたわけではなく,規制の必要性が認められたものは存続している。そのなかで,大部分の番組内容規制が廃止されており,現在重要なのは構造規制である。そして

---

[2] 番組内容規制につき,堀部政男『アクセス権』(東京大学出版会・1977 年) 参照。
[3] ケーブルは当初 "Community Antenna Television" と呼ばれていたが,後述の 1972 年の FCC 報告によって,Cable Television とされた。また,単に「ケーブル」(Cable),「CATV」と表現される場合も多い。本書では,原則として「ケーブル」との文言を用い,引用される判例等において「ケーブルテレビ」等別の表現が用いられた場合には,その文言を用いる。また本章で「放送」とは,地上波によるテレビ放送をいう。なお,現在わが国では,2011 年の放送法改正の際に,ケーブルの「送信」の語が「放送」に変更されたが,本書では,transmission の語を考慮して,「送信」という語を用いる。

Ⅱ　放送規制の法構造

1996年電気通信法（Telecommunications Act of 1996）によって新たな法的枠組みが提示され，それに基づいたFCCによる構造規制の再検討作業が実施されている。

そこで本章は，現在のアメリカにおける放送産業の構造規制のあり方に関する検討の前提作業として，1934年通信法以降，1996年電気通信法による新たな法的対応がなされるまで，FCCが3つの理念に基づいていかなる政策アプローチを採用し，個々の構造規制を実施したのか，また，新規の電子メディアの普及によってその政策アプローチがどのように変容し，さらに，それらが修正第1条上いかなる評価がなされたのかを検討する[4]。

Ⅱ　放送規制の法構造

1　放送規制の修正第1条上の根拠

修正第1条においては，表現方法・媒体の違いによって言論・プレスの自由保障の程度が異なっており，具体的には，各メディアに適用される合憲性判断基準に違いがある。合衆国最高裁判所も，公平原則の合憲性が問題となった，1969年の *Red Lion Broadcasting Co. v. Federal Communications Commission*（*Red Lion* 判決）において「ニュースメディアの特性の相違は，それらに適用される修正第1条の基準の相違を正当化する」と判示している[5]。そこで，この相違を正当化するメディア特性が明らかにされている。そのなかで，印刷（print）及びインターネットに関しては，個人とメディアを区別することなく一般的に

---

4) わが国における放送制度に関する議論として，舟田正之・長谷部恭男編『放送制度の現代的展開』（有斐閣・2001年），舟田正之『放送制度と競争秩序』（有斐閣・2011年）等参照。また，菅谷実『アメリカの電気通信政策―放送規制と通信規制の境界領域に関する研究』（日本評論社・1989年），同『アメリカのメディア産業政策―通信と放送の融合』（中央経済社・1997年），山口いつ子『情報法の構造』（東京大学出版会・2010年）第5章及び第9章も参照。

5) Red Lion Broadcasting Co. v. Federal Communications Commission, 395 U.S. 367, 386 (1969). メディアの修正第1条上の位置づけについて，See KENNETH C. CREECH, ELECTRONIC MEDIA LAW AND REGULATION (3rd ed. 2000).

第 1 章　アメリカの放送産業構造規制の沿革

適用される（generally applicable）規制以外は，認められていない[6]。しかし，放送に関しては，電波の有限稀少性と社会的影響力の 2 つの特性が規制根拠となって，合憲性判断基準が緩和されている。

　合衆国最高裁判所が電波の有限稀少性を初めて明確に採用したのは，FCC が放送局の系列所有（chain broadcasting）規制に関する報告[7]を公表し，放送局の系列所有規制を行うとしたことの合憲性が問題となった，1943 年の *National Broadcasting Co. v. United States*（NBC 判決）においてであり，そこでは，「放送事業者の発言の自由は，制約のある無線施設を使用したい人のために制限される。他の表現手段と異なり，無線は，本質的に，すべての人が利用できるものではない。これが無線に固有の特性であり，そしてまた，これが他の表現手段と異なり，政府の規制対象となる理由である」と判示されている[8]。また，*Red Lion* 判決において合衆国最高裁判所は，「割り当てるべき周波数よりも放送を行うことを欲している者の方が決定的に多い場合において，個人が話し，執筆し，又は出版する権利に相当する修正第 1 条上の無制限の放送の権利を想定することは根拠がない」と判示している[9]。

　以上の電子メディア規制に関して，言論内容に基づく（content based）規制とされた場合には，他のメディアで行われる厳格審査から若干緩和された審査が[10]，内容中立（content neutral）規制とされた場合には，合理性審査が行われている[11]。そして通常産業構造規制は内容中立規制であるとされている。

---

6) Miami Herald Publishing Co. v. Tornillo, 418 U.S. 241, 258（1974）; Reno v. American Civil Liberties Union, 521 U. S. 844（1997）.
7) FCC, Report on Chain Broadcasting（1940）.
8) National Broadcasting Co. v. United States, 319 U.S. 190, 226（1943）.
9) 395 U.S. at 387-88（1969）.
10) 佐々木秀智「デジタル時代の放送メディア規制とアメリカ合衆国憲法修正第 1 条」明治大学社会科学研究所紀要第 51 巻 2 号（2013 年）25 頁以下参照。
11) アメリカの内容に基づく規制，内容中立規制それぞれの合憲性審査の具体的内容（合憲性判断基準等）については，樋口範雄『アメリカ憲法』（2011 年・弘文堂）第 12 章〜14 章，松井茂記『アメリカ憲法入門【第 8 版】』（2018 年・有斐閣）第 9 章参照。

合理性審査の合憲性判断基準としては，徴兵制反対の意思表示をするために自らの徴兵カードを焼毀した者を処罰することが修正第1条に違反するか否かが問題となった，1968年の *United States v. O'Brien* において合衆国最高裁判所が，次の3つの基準（*O'Brien* 判決基準）を採用している[12]。

① 問題となった規制が重要な又は実質的な政府利益を促進しているか否か。
② 当該規制が言論の自由の抑圧と無関係であるか否か。
③ 言論の自由に付随的・偶発的な制約が生じるとしても，当該規制手段がその規制目的にとって必要な範囲を逸脱していないか否か。

構造規制に関しても，同一地域内における日刊新聞と放送局の相互所有規制の合憲性が問題となった，1978年の *Federal Communications Commission v. National Citizens Committee for Broadcasting*（NCCB 判決）において合衆国最高裁判所は，相互所有規制が内容中立的規制であると認定したうえで，「……当裁判所は，修正第1条に，委員会によるマス・コミュニケーション・メディアの多様化における公共の利益を促進するための免許配分を妨げるものを見出せない」とし，*O'Brien* 判決基準を適用して，当該規制が修正第1条に違反しないと判示している[13]。そして，電波の有限稀少性解消論に基づいて印刷と同一の基準を適用すべきであるとの指摘が有力になったにもかかわらず，合衆国最高裁判所は，マイノリティのための放送局所有規制の合憲性が問題となった，1990年の *Metro Broadcasting, Inc v. Federal Communications Commission*（Metro 判決）においても電波の有限稀少性論を維持している[14]。

---

12) United States v. O'Brien, 391 U.S. 367, 376 (1968).
13) Federal Communications Commission v. National Citizens Committee for Broadcasting, 436 U.S. 775, 799-800 (1978). そもそもメディア全体に対する経済的規制の合憲性は，当該規制が内容中立規制である限り，一般に認められている。(Associated Press Co. v. United States 326 U.S. 1, 20 (1945).).
14) Metro Broadcasting, Inc v. Federal Communications Commission, 497 U.S. 547, 566-67 (1990). 最近の合衆国下級裁判所も，この点を確認している。*See* Fox Television Stations, Inc. v. Federal Communications Commission, 280 F.3d 1027 (D.C. Cir. 2002), *rehearing granted*, 293 F.3d 537 (D.C. Cir. 2002); Sinclair Broadcast Group, Inc. v. Federal Communications Commission, 284 F.3d 148 (D.C. Cir. 2002).

第1章　アメリカの放送産業構造規制の沿革

　次に社会的影響力論は，下品な (indecent) 番組規制等の番組内容規制の合憲性が問題となる際に提示されるものである。このことについて，ラジオにおける下品な発言に関してFCCが宣言的命令を発したことの合憲性が問題となった，1978年の *Federal Communications Commission v. Pacifica Foundation* において合衆国最高裁判所は，「放送メディアは，すべてのアメリカ人の生活において特殊な影響力のある地位を確立してきた」とし，「地上波を通じてあからさまに不快で下品な題材が，公の場所のみならず，1人にしておかれる権利が侵入者の修正第1条上の権利に明らかに優越する家庭の私的領域においても面前に現れる……。放送の聴衆が断続的にスイッチを入れたり，切ったりすることから，事前の警告が予期せぬ番組内容から聴取者又は視聴者を完全に保護できない」と指摘している[15]。ただ，この社会的影響力論は，ケーブル，インターネット等の他のメディアと区別する際に言及されるのが一般的である[16]。

　なお，アメリカにおいては，ケーブル，衛星放送 (Direct Broadcast Satellite, DBS) と放送は区別され，ケーブルに関しては，テレビ放送番組の再送信義務づけ (must carry) 規則の合憲性が問題となった，1994年の *Turner Broadcasting System v. Federal Communications Commission* において初めて採用された，ケーブル事業者のボトルネック的コントロール (bottleneck control) が規制根拠として採用されている[17]。そして合衆国最高裁判所は，ケーブルについて「少なくともある程度強められた修正第1条の審査 (at least some degree of heightened First Amendment scrutiny) の対象となる」として，印刷と放送の中間と位置づけられる合憲性判断基準を採用した[18]。さらに，通信事業者による映像配信事

---

15) Federal Communications Commission v. Pacifica Foundation, 438 U.S. 726, 748 (1978). また同判決では，「子どものプライバシー」(children's privacy) 論を青少年の保護の観点からの規制の根拠として提示しているが，ここでは省略する。

16) *See* Sable Communications of California, Inc. v. Federal Communications Commission, 492 U.S. 115 (1989); Reno v. ACLU, 521 U. S. 844 (1997); United States v. Playboy Entertainment Group, Inc. 529 U.S.803 (2000).

17) Turner Broadcasting System, Inc. v. Federal Communications Commission, 512 U.S. 622, 632 (1994).

18) *Id.* at 639-643.

業（通信事業は除く），衛星放送の修正第 1 条上の位置づけに関しては，合衆国最高裁判所による判断は示されていないが，合衆国控訴裁判所レベルでケーブルと同等の保護を受けることが一般的に認められている[19]。

2　1934 年通信法に基づく FCC による放送規制

以上の規制根拠に基づいて，アメリカの放送規制に関する法的枠組みは 1934 年通信法で規定されている[20]。そのなかで FCC は「公共の利益，便益又は必要」に資するような規制等を行うよう命じられ，他方，放送事業者は FCC から免許を付与されなければならないとされ，FCC による免許付与及び更新手続等において，その免許付与，更新等が公共の利益に資するものであるか否かが審査されている（47 U.S.C. §309）。

FCC による放送規制の合憲性に関して合衆国最高裁判所は，*NBC* 判決において「合衆国議会は，委員会に対して，免許の申請者の中から，政治的，経済的又は社会的な見解に基づいて，あるいは何らかの恣意的な根拠に基づいて選定を行う権限を付与してはいない」としつつ，放送局への免許付与に関して設けられた基準が「公共の利益，便益又は必要」であるとし，「これに基づく放送局の免許の否定は，同法において適法な限り，自由な言論の否定ではない」と判示している[21]。その際，合衆国最高裁判所は，「1934 年通信法そのものは，委員会の権限が無線通信規制に関する工学的及び技術的な側面に限定されないと規定している。さらに当裁判所は，委員会の権限を放送局相互の電波の干渉を防止するために周波数を警備する交通整理の一種であるとみなすよう求めら

---

19) 通信事業者の修正第 1 条上の位置づけに関しては，*See* Chesapeake & Potomac Tel. Co. of Virginia v. United States, 830 F. Supp. 909 (E.D.Va. 1993), *aff'd* 42 F.3d 181 (4th Cir. 1994); US West, Inc. v. United States, 855 F. Supp. 1184 (W.D. Wash. 1994), *aff'd*, 48 F.3d 1092 (9th Cir. 1994); BellSouth Corp. v. United States, 868 F. Supp. 1335 (N. D. Ala. 1994);Ameritech Corp. v. U.S., 867 F. Supp. 721 (N.D. Ill. 1994). DBS に関しては，*See* Time Warner Entertainment Co., L.P. v. Federal Communications Commission, 93 F.3d 957 (D.C. Cir. 1996).

20) Communications Act of 1934, Pub. L. No. 73-416, 48 Stat. 1064.

21) 319 U.S. at 226-27.

れている。しかし同法は委員会の権限を交通の監視のみに制限してはいない」として，FCC の規制が混信の防止のみに限定されないとしている[22]。また，「公共の利益，便益又は必要」の内容について合衆国最高裁判所は，「当該基準は，無制限の権限を与えるほど不明確な一連の基準として解釈されるべきではない」としたうえで，「この基準は，その文脈，無線の発信及び受信というものの性格，サービスの範囲及び特性に基づいて解釈されなければならない」として，個々の状況における具体的な検討が必要であるとしている[23]。

そして FCC による構造規制は，反トラスト法等による経済的規制とは区別されており，合衆国最高裁判所も，「通信法の規定にも，その歴史にも，委員会が『公共の利益』に沿った運営をしていない局への免許を，ただ当該局の違反行為が偶然反トラスト法違反として有罪とされたことを理由として，拒否する権限を否定されているという結論を導くものはない」と判示している[24]。

III 構造規制の理念と具体的規制の実施

1 構造規制の理念

1934 年通信法の「公共の利益」基準に基づいて，放送免許付与又は更新手続等の際に，審査要件の 1 つとして構造規制が行われてきたが，その基本理念として，情報の多様性の確保，競争の維持，地域性の確保の 3 つが提示されてきた。これらのうち，情報の多様性の確保が修正第 1 条に基礎をおき，それを完全なものとするものとして通信法において競争の維持及び地域性の確保が基礎づけられている。

放送規制を含む FCC による電子メディア政策において，情報の多様性の確保が修正第 1 条に基礎づけられる理念であるとされ，合衆国最高裁判所も，Turner 判決において，「公衆が多様な情報ソースにアクセスすることを保障するのは，高次の法（highest order）であるところの政府の目的である。というの

---

22) *Id.* at 215-16.

23) *Id.*

24) *Id.* at 222-23.

III 構造規制の理念と具体的規制の実施

も，その理念は，修正第 1 条の中核的な価値を促進するからである」としたうえで，「実際，『多様かつ相対立する情報ソースから，可能な限り広範な情報を発信することは，公共の福祉に本質的なものである』ということは，長い間，全米的通信政策の基本理念であり続けている」と指摘している[25]。その再上告審判決において合衆国最高裁判所は，さらに，従来から放送アウトレットの多様性の確保が重視されてきたことを確認し，「そこでは，多様性を脅かす行為が反競争主義的目的に動機づけられるものであるとか，反トラスト法違反のレベルに達するとかは問題とならない」として，競争の維持が情報の多様性確保に劣後するとしたうえで，「テレビ放送は，多くのアメリカ人にとって重要な情報ソースである」とアメリカ社会における放送の重要性を強調し，「合衆国議会は，全世帯がケーブル加入者と同等の位置に立って情報及び娯楽にアクセスを有するのを確保するために，放送事業者の多様性を確保する独自の利益を有している」と指摘している[26]。ただ，常に情報の多様性が最優先されるわけではなく，合衆国最高裁判所も，NCCB 判決において「……当裁判所は，通信法にも，修正第 1 条にも，また委員会のこれまでの慣行にも，委員会にその多様化政策がすべての状況において最重要視されなければならないと命じるものを見出すことはできない」と判示している[27]。

また，情報の多様性が構造規制においても基本となり，それが最終的には国民全体の利益となるとの立場がとられている。このことについて合衆国最高裁判所も，Metro 判決においてそれを支持している[28]。しかし，情報の多様性の概念そのものは，NCCB 判決において合衆国最高裁判所が「多様性及びその効果……は，わかりにくい概念であり，政策及び修正第 1 条上の根拠双方に基づいて，反対の多い質的判断を行うことなく単独で測定され，容易に定義できる

---

25) 512 U.S. 622 (1994). なお，放送規制の基本理念に関して，See Michael J. Aguilar, Note, *Micro Radio: A Small Step in the Return to Localism, Diversity, and Competitiveness in Broadcasting*, 65 Brooklyn L. Rev. 1133 (1999).

26) 520 U.S. 180 (1997).

27) 436 U.S. at 809-10.

28) 497 U.S. 547, 567-68 (1990).

第1章　アメリカの放送産業構造規制の沿革

ものではない」と指摘しているように多義的なものであるが[29]，情報の多様性概念の中心に「見解の多様性」(viewpoint diversity) がおかれ，それを具体化するものとして，「情報ソースの多様性」(source diversity)，「アウトレットの多様性」(outlet diversity)，「番組の多様性」(program diversity) があるとされるのが一般的である。FCC は，これらについて，情報ソースの多様性をテレビ番組供給に関与する番組原作者又は製作者の数でもって，アウトレットの多様性を公衆に提供される様々な通信手段の数でもって，番組の多様性を視聴者に提供される様々なタイプの番組でもって判断するとしてきた[30]。また，それぞれの多様性概念は，別個のものであるが相互に関連しあっているとされている。ただ，見解及び番組の多様性に関しては表現内容に直接関与する危険性が高く，修正第１条上問題があり，構造規制においては情報ソース及びアウトレットの多様性が重視されている[31]。

次に，競争の維持が 1934 年通信法に基礎づけられることについて合衆国最高裁判所は，FCC が新聞社によるラジオ局設立を承認したことを，競合するラジオ局が競争上問題があると争った，1940 年の *Federal Communications Commission v. Sanders Brothers Radio Station* において，「明らかに同法の目的は，免許所有者を競争から保護することではなく，公衆を保護することである。合衆国議会は，合衆国議会がその競争性を認定した放送産業における競争の維持を意図し，……」と指摘している[32]。また，放送局所有規制のあり方が問題となった，1956 年の *United States v. Storer Broadcasting Co.* においても，合衆国最高裁判所は，競争の維持が通信法の理念であるとの立場を明らかにしている[33]。

---

29) 436 U.S. at 796-97.

30) *See, e.g.*, In re Evaluation of the Syndication and Financial Interest Rules, Second Report and Order, 8 FCC Rcd 3282, 3302 (1993).

31) なお，*Metro* 判決で問題となったように，情報の多様性の中に位置づけられるマイノリティ所有優遇政策が行われてきた。しかし，この問題は，積極的差別是正措置（affirmative action）等の別途検討すべき要素が多いため省略する。

32) Federal Communications Commission v. Sanders Brothers Radio Station, 309 U.S. 470, 474-76 (1940).

Ⅲ　構造規制の理念と具体的規制の実施

　ただ,情報の多様性と同様,競争の維持も多義的な概念であり,合衆国最高裁判所も,NCCB判決において,その具体化についてFCCによる専門的観点からの判断に委ねている[34]。それをうけてFCCによる判断の具体化がなされ,これらの市場において各規制が防止する競争上の危害（competitive harm）は何か,また,その規制によって放送局の効率的な運営ができるかが審査されることとなった[35]。その際,FCCが判断の対象としてきたのが広告市場であり,思想の自由市場との類似性（相違点も認識されている）に基づいて,放送アウトレット間の競争により,消費者の嗜好に合致した番組が提供されることによって消費者に便益がもたらされるとされていた[36]。

　さらに,地域性の確保とは,全米の各地域にあまねく放送サービスを普及させるとともに,最低1局の放送局を各コミュニティに割り当てることを優先し,当該コミュニティの需要等を放送事業者が的確に把握し,それに見合った放送サービスを提供することを要求し,さらにネットワークの影響を制限しようとするものである[37]。そして地域性の確保は,「委員会は,同一の免許の希望がある場合及び当該地域内において免許の申請並びに変更及び更新を審査する際に,同一申請者のいずれかに無線サービスの公正,効率的かつ衡平な配分がなされるように,当該免許,周波数,運用時間及び出力を配分しなければならない」と規定する通信法第307条（b）に根拠を有するものである（47 U.S.C. § 307 (b)）。このことについて合衆国最高裁判所は,NBC判決において「免許付与に影響を与える公共の利益及び便宜の重要な要素の1つは,当該放送が到達するコミュニティに最も実用的なサービスを提供する免許所有者の能力である」として,コミュニティの需要に合致したサービスを提供することの重要性を認

---

33) United States v. Storer Broadcasting Co., 351 U.S. 192, 203 (1956).
34) 436 U.S. at 797.
35) Amendment of Multiple Ownership Rules, (Gen. Docket 83-1009) 100 FCC 2d 17, 38 (1984).
36) Id. at 40.
37) 地域性の確保の観点からは,構造規制以外にも様々な規制が実施されている。See David M. Silverman and David N. Tobenkin, *The FCC's Main Studio Rule: Achieving Little for Localism at a Great Cost to Broadcasters*, 53 FED. COMM. L.J. 469 (2001).

11

めている[38]。

　その後 FCC は 1946 年の放送免許所有者の公共サービス責任に関する報告書，いわゆる「ブルーブック」(Bluebook) において，免許付与に際しての公共の利益基準の 1 つとして「地域の生番組」(local live programs) を提示し，「……地域の自己表現の合理的提供は，いまだ局の運営の本質的機能であり続け，……また委員会によって尊重され続けるであろう」と指摘している[39]。さらに FCC は，テレビの電波配分原則を定める中で，地域性の確保がテレビ放送事業者が自らサービスを提供しているコミュニティにより責任をもってもらうことを目的とし，所有者と経営の一体化を奨励することをねらいとしたものであるとの立場を示している[40]。また合衆国最高裁判所は，ラジオの電波配分原則のあり方が問題となった，1955 年の *Federal Communications Commission v. Allentown Broadcasting Co.* において「通信法第 307 条（b）は，コミュニティ内の公平な電波配分を行うための免許付与に関する権限を委員会に付与している。コミュニティの公平性は，コミュニティのラジオ広報に関する地域の需要を認識することで促進される」と指摘している[41]。

2　具体的規制の実施

　以上の理念に基づいて，様々な構造規制が行われてきた。その際の政策アプローチとして，民主的政治プロセスの維持のために多様な情報が国民に提供されることを目的として，市場競争原理が有効に機能し，地域性の確保が確保されるよう放送規制が積極的になされるべきであるとする公共の利益アプローチ (public interest approach) が採用された。このことについて合衆国最高裁判所も，*Red Lion* 判決において，視聴者の権利を保護し，思想の自由市場及び民主的政

---

38) 319 U.S. at 216.

39) FCC, Public Service Responsibility of Broadcast Licensees, available at < https://www.americanradiohistory.com/Archive-FCC/FCC-Blue-Book-1946. pdf >（2019 年 10 月 13 日　最終検索）

40) *See, e.g.*, Television Assignments, Sixth Report and Order, 41 FCC 148 (1952).

41) Federal Communications Commission v. Allentown Broadcasting Co., 349 U.S. 358, 362 (1955).

治プロセスの確保のために政府規制が必要であり，放送事業者の表現の自由が制約されることを承認していた[42]。また同時に合衆国最高裁判所は，放送事業者を公共受託者（public trustee）と捉え，各コミュニティの需要に即したサービスを提供するよう義務づけ，基本的に各放送事業者の自主性を尊重しつつ，そこに逸脱があった場合に規制を行うべきであるとの立場を明らかにしている[43]。

このアプローチに基づいて，具体的な構造規制としては，ABC，CBS，NBC等の全米3大ネットワークとその系列局との関係と，ネットワークと独立系番組提供者との関係を対象とする2つの規制で構成されるネットワーク規制と，また放送産業における独占化の制限を目的とする放送局所有規制の2つが実施されてきた。

(1) ネットワーク規制

まず，ネットワークとその系列局との関係を対象とする規制として，前述の系列所有規制に関する報告に基づく諸規制があり，これらの規制は，放送局が複数の放送ネットワークを保有するネットワークとの契約締結の禁止，1の者（one entity）による複数ネットワーク所有の禁止，またネットワークとその系列局の契約関係の規律を目的とするものとして，具体的には，①拒絶権（right to reject）規則，②タイム・オプション（time option）規則，③独占契約（exclusive affiliation rule）規則，④ネットワークの2系統所有（dual network）規則，⑤ネットワークの地理的独占（network territorial exclusivity）規則の5つが，1941年にラジオに，1946年にテレビに実施されることとなった[44]。

系列所有規制に関する報告においてFCCは，系列所有規制の必要性について，「免許所有者が自らに割当てられた無線設備の最善の使用ができる能力を制限するネットワーク機構と契約を締結するのであれば，当該免許所有者は公共の利益に資していないことになる」との立場を示し，合衆国最高裁判所も，

---

42) 395 U.S. at 389.

43) *Id.* at 393.

44) *See, e.g.*, Christopher S. Yoo, *Vertical Integration and Media Regulation in the New Economy*, 19 YALE J. ON REG. 171, 182-88 (2002).

第1章　アメリカの放送産業構造規制の沿革

NBC 判決においてそれを支持している[45]。その後も FCC は，同規制の目的として見解の多様性の最大化及び産業の競争の維持，具体的には，新規ネットワークの形成を抑制する障壁の除去（新規ネットワークによる視聴者への番組選択肢の提供，広告主及び視聴者をめぐる新規ネットワークと既存ネットワークとの競争による経済的便益の消費者への提供），公共の利益に資することを目的とした放送事業者による局運営義務の履行のための自局への十分な支配の確保との2つを提示していた[46]。

次に，ネットワークと独立系番組提供者との関係を対象とする規制として，PTAR（Prime Time Access Rule），フィン・シン規則（Financial interest & Syndication rule）が実施された。これらは，ネットワークが，独立系及び自らの系列下にない番組供給業者によるその番組販売を制約しうる番組支配を防止するためのものである。そこでは，ネットワークが地域局への仲介業者として機能すること（地域局が放送する全米的番組パッケージの開発等）によって，最終的に全米，地域それぞれのレベルで放送される番組の選別に重大なコントロールを有することが懸念されていた。

PTAR は，上位50市場においてネットワーク系列局が1日のプライム・タイムに3時間以上ネットワーク番組を放送することを禁止していた。規制を実施するに際して FCC は，「公共の利益は，ネットワークのコントロールの抑制及びプライム・タイム番組における独立系ソースの真の増加を要請する」としたうえで，当時のメディア市場が，コントロールの集中化を生じさせ，プライム・タイムにおいて提供される，ネットワークと競争可能な人気番組のソースを減少させる構造となっているとの懸念を示し，PTAR が独立制作の非ネットワーク番組市場を提供し，より自由で，より多様化されたテレビ番組制作及び配給プロセスの促進を目的とするものであるとの見解を示していた[47]。そして PTAR は，「番組ソースの多種性（情報ソースの多様性），そして……番組配信

---

[45] 319 U.S. at 218.

[46] Review of the Commission's Regulations Governing Programming Practices of Broadcast Television Networks and Affiliates 47 C.F.R. §73.658 (a), (b), (d), (e) and (g), 10 FCC Rcd 11951, 11955-56 (1995).

Ⅲ　構造規制の理念と具体的規制の実施

の多種性（アウトレットの多様性）の増進を目的とすることによって，番組の多様性を促進する間接的な試み」であるとされた[48]。これに対して，PTARの合憲性が問題となった，1971年の *Mt. Mansfield Television, Inc. v. Federal Communications Commission*（*Mt. Mansfield Television* 判決）において合衆国第2巡回区控訴裁判所は，同規則の目的として，番組の多様性及び多様かつ相対立する番組サービスのソースの普及を促進すること，3大ネットワークのみが最も重要なプライム・タイムのテレビ番組表へのアクセスをコントロールするのを是正することをあげて，*O'Brien* 判決基準を適用して，その合憲性を支持している[49]。

一方フィン・シン規則は，「テレビ番組に対するネットワークのコントロールを制限し，それによって多様かつ相対立する番組ソースの発達を通じて番組の多様性を促す」ことを目的とするものであり[50]，ネットワークが，非ネットワーク局での放映を目的として，合衆国内のテレビ局免許所有者にテレビ番組を販売，使用許諾若しくは配信し，又はその他，合衆国内において通常「シンジケーション」とされる業務に従事することを禁止していた。同規則において考慮されたのは，第1に，当時，3大ネットワークが全米的な支配力を有する唯一の番組提供業者であり，ネットワークが大規模な全米市場での番組放送を希望する独立系番組制作者に対して独占的かつ不当な条件を課すことが可能であったこと，第2に，3大ネットワークがその傘下の系列局を優遇するために，独立系局がネットワークの人気番組を購入するのを妨げる可能性が高いということであった。そして同規則もPTARと同じく，*Mt. Mansfield Television* 判決において，合理的な規制であると判断されている[51]。

---

47) Amendment of Part 73 of the Commission's Rules and Regulations With Respect to Competition and Responsibility in Network Television Broadcasting, 23 FCC. 2d 382, 387 (1970).

48) Review of the Prime Time Access Rules, Section 73.658 (k) of the Commission's Rules, 11 FCC Rcd 546, 551 (1995).

49) Mt. Mansfield Television, Inc. v. Federal Communications Commission, 442 F.2d 470, 477 (2d Cir. 1971).

50) Review of the Syndication & Financial Interest Rules, Sections 73.659 - 73.663 of the Commission's Rules, 10 FCC Rcd 12165 (1995).

第 1 章　アメリカの放送産業構造規制の沿革

(2)　放送局所有規制

放送局所有規制としては，複数局所有（multiple ownership）規制，相互所有（cross ownership）規制の 2 つが行われてきた[52]。

第 1 に複数局所有規制は，1 の者が所有できる放送局数を制限するものであるが，FCC は，「多様な免許所有者の様々なグループによる放送局の運営が，少数かつ限定的な免許所有者のグループによる放送局の運営よりもよく公共の利益に資する」と述べたうえで，複数局所有規制の目的が，「公共の利益に反する経済力の不当な集中の防止と同時に，番組及びサービスにおける見解の多様化を最大化するために，所有の多様化を促進することにある」としていた[53]。また FCC は「不適切で有害な行為に関する具体的な認定がこの分野における委員会の活動に必要な要素でなく，救済のための活動が危惧される結果の発生を待つ必要はないというのが，明確な法である」と述べて，実際に何らかの具体的な害悪が生じなくとも，複数局所有規制を実施できるとの立場を採用していた[54]。

以上をふまえて具体的な複数局所有規制としては，全米レベルでのラジオ局所有（National Radio Station Ownership, NRSO）及びテレビ局所有（National Television Station Ownership, NTSO）に関する規制と，地域レベルでのラジオ局所有（Local Radio Station Ownership, LRSO）及びテレビ局所有（Local Television Station Ownership, LTSO）に関する規制との 4 つが実施されてきた。

全米レベルでの複数局所有規制に関する各規制は 1940 年代から実施されており，当初は所有上限局数が定められた[55]。ただ，その際 FCC は，複数局所

---

51)　442 F.2d at 486-87.

52)　See, e.g., Jonathan W. Emord, *The First Amendment Invalidity of FCC Ownership Regulations*, 38 Cath U.L. Rev. 401 (1989).

53)　Amendment of Sections 3.35, 3.240 and 3.636 of the Rules and Regulations Relating to the Multiple Ownership of AM, FM and Television Broadcasting Stations, 18 FCC 288, 291-92 (1953).

54)　Amendment of Sections 73.35, 73.240 and 73.636 of the Commission Rules Relating to Multiple Ownership of Standard, FM and Television Broadcast Stations, 22 FCC 2d 306, 311 (1970).

有規制一般の目的である情報の多様性の確保と競争の維持を同規制の根拠として言及するのみで，規則そのものの根拠は提示してこなかった。

一方，地域レベルでの複数局所有規制の各規則については，いわゆる「複占規則」(duopoly rule) が実施され，LRSO 規則として 1941 年以降，自らの信号端子が重複する同一サービス（AM 又は FM）のラジオ局の複数所有が禁止され，LTSO 規則として，1964 年以降 Grade B 信号端子が重複するテレビ局の所有又は支配が禁止された[56]。その際 FCC は，これらの規則の目的として，①様々な人々によって所有される局は同一の視聴者及び広告主をめぐって相互に競争できることを前提とするのが，単一の者又はグループの支配下にある局よりも，より合理的であること，②特定の地域における所有の多様性が増加することで，政治，社説又はそれに類する番組の中で当該地域レベルの議論への特定の者又はグループが過度な影響力を有する機会が減少することの2つをあげている。

第2に，異なったメディア間での相互所有を規制する相互所有規制として，日刊新聞・放送相互所有 (Newspaper/Broadcast Cross-Ownership, NBCO) 規制，ラジオ・テレビ相互所有に関するいわゆる1市場1局 (one-to-a-market) 規制，ケーブル・放送相互所有 (Cable/Broadcast Cross Ownership, CBCO) 規制が実施されてきた。

NBCO 規則は，放送事業者がサービスを提供しているコミュニティの日刊新聞事業者と合併することを原則として禁止するものである。この規制は 1975 年から実施されており，FCC は，見解の多様性及び経済的競争の促進をその目的としてあげ，「共同所有の局及び新聞統合体から真の多様性を期待するのは非現実的である」と述べて，所有の多様化及び多様な事業者による競争が見解の多様性を促進するとしてきた[57]。この規則に関して合衆国最高裁判

---

55) 所有上限は，1941 年に3局 (Broadcast Services Other Than Standard Broadcast, 6 Fed. Reg. 2282, 2284-85 (May 6, 1941).)，1944 年に5局 (Rules Governing Broadcast Services Other Than Standard Broadcast, 9 Fed.Reg. 5442 (May 23, 1944).)，1954 年に7局 (Amendment of Multiple Ownership Rules, 43 FCC 2797, 2801-02 (1954).) と改訂されている。

56) Report and Order in Docket 14711, 45 FCC 1476, 1477 (1964).

第 1 章 アメリカの放送産業構造規制の沿革

所は，NCCB 判決において，「所有の多様化がより多くの見解の多様性の達成の可能性を向上させるという認定において，委員会は合理的に行動している」と指摘して，同規則の合憲性を支持した[58]。

1 市場 1 局規則は，同一の地域市場における商業ラジオ局及びテレビ局の共同所有を禁止するものであり，1970 年から実施されてきた[59]。同規則の目的について FCC は，「……マス・コミュニケーションの支配の集中は，経済力の独占化と同様に，それ自体望ましくないものである」としたうえで，「……いずれの地域においても，聞かれる可能性のある多くのヴォイスが存在するが，すべての者が免許を付与されるわけではない。適切な目的は，各地域において技術的に可能な限りでの，所有の多様性の最大化である」としている[60]。

全米ネットワーク及び（同一地域にサービスを提供する）テレビ局所有者によるケーブル局の所有，運営，支配を禁止する CBCO 規則は，1970 年以降実施されてきた。FCC は，放送産業の寡占化の進行に懸念を示し，テレビ番組のソースを多様なものとすべきであると認識したうえで，同規則の基本目的がマス・コミュニケーションにおけるチャンネル支配の多様化の促進であるとし，具体的目的として，経済市場における競争の促進，思想の市場における競争の促進の 2 つをあげている[61]。そして同規則は 1984 年ケーブル通信政策法（Cable Communications Policy Act of 1984）第 613 条（a）（1）において，法律に根拠をもつ規制となった（47 U.S.C. § 533）。

---

57) Rules Relating to Multiple Ownership of Standard, FM, and Television Broadcast Stations, Second Report and Order, 50 FCC 2d 1046, 1079-1080 (1975).
58) 436 U.S. at 797.
59) 22 FCC 2d at 307.
60) Id.
61) Amendment of Part 74, Subpart K, of the Commission's Rules and Regulations Relative to Community Antenna Television Systems; and Inquiry into the Development of Communications Technology and Services to Formulate Regulatory Policy and Rulemaking and/or Legislative Proposals, Memorandum Opinion and Order, 39 FCC 2d 377, 391 (1973).

IV 構造規制の変容

1 市場主義アプローチの台頭

　以上の構造規制は，ケーブル等の新規の電子メディアの発展・普及による電波の有限稀少性の解消論，レーガン政権の規制緩和政策とあいまって，特に1980年代以降，大幅な変容を余儀なくされ，レーガン政権においてFCC委員長であったファウラー（Mark S. Fowler）を中心に，規制緩和が実施された。そこでは，電波の有限稀少性の解消が根拠とされたが，同時に規制緩和政策に親和的な修正第1条に関する理論が導入された。

　メディア市場の変化についてFCCは，全米レベルでの複数局所有規制に関する1984年報告及び命令（84年報告）において，当時のメディア市場について，放送規制開始時より，ラジオ局数が9,000局以上に3倍増加し，テレビ局数が199局から1,169局へと増加し，さらにケーブル・サービスが6,400以上の様々なシステムを通じて全テレビ保有世帯の64％に提供され，MDS（Multipoint Distribution Service）並びに小出力テレビ（Low Power Television）等の新たな技術及びサービスがマスメディア市場における多様性及び競争性を増加させていると指摘している[62]。

　そして，これらのメディア市場の変化に基づいて，政府規制を消極的に捉え，市場競争原理を重視し，メディア間での競争によって国民への多様な情報提供が達成されるとし，放送事業者を単なる市場参加者の1人に過ぎないと捉え，市場競争原理が十分に機能しない場合にのみ政府規制を限定する市場主義アプローチ（marketplace approach）がファウラーらによって有力に提唱されることとなった[63]。FCCも84年報告において，電波の有限稀少性，放送の社会的影響

---

[62] In the Matter of Amendment of Section 73.3555, of the Commission's Rules Relating to Multiple Ownership of AM, FM and Television Broadcast Stations. 100 FCC 2d 17, 18 (1984).

[63] Marks S. Fowler & Daniel L. Brenner, *A Marketplace Approach to Broadcast Regulation*, 60 TEX. L. REV. 207 (1982).

第1章　アメリカの放送産業構造規制の沿革

力について批判的な立場を明確にした[64]。まず電波の有限稀少性について FCC は、①聴衆及び広告市場の拡大によって達成された技術の発達及びスペクトラム規制の変化による独占的支配力の解消、②放送電波の有限稀少性は事実であるが、実際的な意味において、資源の有限稀少性及び経済的基盤による市場参加事業者数の制約の点から、非放送メディアを含む他の産業と放送を区別できないことを指摘した。さらに社会的影響力論については、グループ所有者が傘下の局に対して独占的な編集方針を押し付けておらず、逆に、地域コミュニティの関心及び状況に対応するために当該局による独自の表現を許容し、促進していると批判している。

　一方、合衆国下級裁判所においても、従来から提示されてきた構造規制の理念への批判がなされるようになった。そこでは、特に3つの理念の漠然性が問題視された。たとえば、フィン・シン規則のあり方が問題となった、1992年の *Schurz Communications, Inc. v. Federal Communications Commission*（*Schurz* 判決）において合衆国コロンビア地区控訴裁判所は、「委員会の意見の中に多様性という言葉が呪文のように頻繁に現れているが、未だ定義されたことがない」として情報の多様性概念の漠然性を指摘している[65]。そのうえで同控訴裁判所は、ケーブル等による多チャンネル化により、特殊な嗜好の少数視聴者向けの番組がすべて提供可能になり、電波の有限稀少性が解消されつつあるとの認識を示し、「委員会が、プライム・タイムのテレビ番組、さらには地上波テレビ全般における多様性が促進すべき価値ではないとの立場にたったとしても驚かない」と述べて、「同規則が多様性をどのように促進するのかは説明されていない」と FCC が同規制を存続させたことを批判している。

　さらに同控訴裁判所は、競争の維持に関しても疑問を提示し、「特定の市場においてすべてのテレビチャンネルが1の者によって所有されている場合、その最善の番組戦略は、当該市場の最大の潜在的テレビ視聴者グループだけではなく、主要な潜在的テレビ視聴者のグループのすべてを惹きつけうる十分に多

---

64) 100 FCC 2d at 19-20.

65) Schurz Communications, Inc. v. Federal Communications Commission, 982 F.2d 1043, 1054-55 (7th Cir. 1992).

彩な番組メニューの提供である」と述べて、独占状態の方がむしろ情報の多様性が促進されると指摘している[66]。

2 具体的な規制の緩和

以上をふまえてFCCは、個々の構造規制の廃止、緩和を実施した。まずネットワーク規制に関して、系列所有規制報告に基づく諸規制に関しては、ラジオへの適用が1977年に中止され[67]、また1980年代に入って同規制の合理性そのものに関して疑問が提起されるようになり、テレビにおいてもいくつかの規制緩和が行われた。そのなかでFCCは、同規制が新規ネットワークの発達を促進せず、それを阻害すると批判している[68]。

フィン・シン規則については、同規則の実施によって、番組制作・シンジケーション市場に強大な独立系会社が出現し、1990年代に入るとこれらの会社が既存ネットワークを買収する事態が生じた。そのなかでFCCは、番組提供業者、ネットワーク及びシンジケーション業者の垂直統合が一般的になったにもかかわらず、多様性が減少したとするデータを得ることはできなかった[69]。また、たとえば *Schurz* 判決において合衆国コロンビア地区控訴裁判所が、フィン・シン規則の合理性について疑問を提示し、FCCによる単なる憶測ではなく、実証的なデータ等に基づいた立証を要求したことから、FCCは1995年にフィン・シン規則を廃止した[70]。

さらにFCCは、番組に関するより巨大な市場が存在し、また番組ソースに関する多様性がより向上しているとしたうえで、3大ネットワークがPTARに

---

66) *Id.* at 1054.

67) Report, Statement of Policy, and Order, Review of Commission Rules and Regulatory Policies Concerning Network Broadcasting by Standard (AM) and FM Broadcast Stations, 63 FCC.2d 674 (1977).

68) Notice of Proposed Rulemaking: In the Matter of Review of the Commission's Regulations Governing Television Broadcasting, 7 FCC Rcd 4111 (1992).

69) In re Evaluation of the Syndication and Financial Interest Rules, 56 Fed. Reg. 26242 (May 29, 1991), *on reconsideration*, 56 Fed. Reg. 64207 (Nov. 22, 1991).

70) Network Financial Interest and Syndication Rules, 60 Fed. Reg. 48907 (1995).

第1章　アメリカの放送産業構造規制の沿革

関係する市場を支配していないと判断し，映像番組の販売業者及び買主が数多く存在すること，また独立系局数の増加によってPTARが実施された1970年当時よりも今日の放送番組アウトレットが著しく多くなり，放送以外のメディアも増加し，視聴者の選択肢が拡大したことから，PTARが非ネットワーク系のテレビ番組ソースの成長を促進しないと結論づけて，1995年にPTARを廃止した[71]。

次に複数局所有規制についてFCCは，まず84年報告において，全米レベルでの規制が地域市場での見解の多様性の確保に資するものではないとして，6年後に反対の証拠が提示されない限り，同規制を廃止することを条件として，上限を12局とした。そのなかでFCCは，情報の多様性確保の観点から，NTSO規則そのものの合理性に疑問を提示した。そして，「合衆国において最も重要な思想の市場は，地域である。聴衆それぞれにとって，その者が入手できる思想の豊富さはいかに多くの多様な見解がその者の地域の放送市場において入手できるかにかかっている」として，全米レベルよりも，地域レベルでの情報の多様性が重要であると結論づけた。その際，全米レベルの規制を廃止し，地域レベルでの規制のみで規制を行う根拠として，①グループ所有者が画一的な見解を地域のメディア・アウトレットに対して強制している事実は存在しない，②全米統一的な情報ソースの不存在から（10,000局の放送局，12,000の新聞・定期刊行物の存在），規制を廃止した場合，最悪の場合でも全米的な情報のソースが微減するだけである，③グループ所有は，地域コミュニティで入手できる情報の多種性を豊富にすることでその欠点を相殺し，グループ所有者は，より多くの取材源の確保及びその他の提供される番組の質を向上させる活動に労力を費やすことができるとの3点をあげている[72]。さらに，競争の維持との関係についても，NTSO規則の廃止が全米ネットワーク市場の集中を促進しない等を理由として，NTSO規則がもはや必要なものではないと結論づけている[73]。

[71) In re Review of the Prime Time Access Rule, Report and Order, 11 FCC Rcd 546, 547-48 (1995).

72) 100 FCC 2d. at 37.

73) *Id*. at 40-41.

Ⅳ　構造規制の変容

　またNRSO規則については、「2つのラジオ局が、その伝送設備が国内の別地域にあり、その放送が同一の聴取者によって受信されない場合に、競争下にあるということは、非論理的である」としたうえで、ラジオが地域メディアの典型であると指摘して、ラジオ局が競争的市場において運営されているか否かを判断するための地理的市場は、全米レベルではなく、その局の信号波を受信できる地域市場であるとした[74]。そのうえでFCCは、「地域の競業者が他の市場の局と共同所有関係を有したとしても、競争上の危害の観点からは重要ではない」と結論づけている[75]。

　ただ、合衆国議会が以上の決定を執行停止とする立法措置を講じ[76]、業界団体の反対もあったことから、FCCは、局数の上限を12とし、またNTSO規則に関しては、それに加えて視聴者到達（audience reach）の上限を25％と設定した[77]。ここでFCCは、数値での上限の設定は、小規模市場での膨大な数の局の買収を防止し、小規模市場での破壊的再構築の危険性を防ぎ、視聴者到達による制限は、最大規模の市場における最大手のグループ所有者による所有構造の劇的変化を抑制することが意図されていると説明している[78]。

　一方、地域レベルでの複数局所有規制に関して、LTSO規則に変更はなかったが、LRSO規則は、同規制によって多数のラジオ局が誕生したが、そのうちの多くが経営難に陥ったことから、規制緩和の必要性が認識されるようになっていた[79]。そこでFCCは、15以上の営利ラジオ局が存在する市場において1

---

74) *Id.*

75) *Id.* at 41-42.

76) Second Supplemental Appropriations Act, Pub. L. No. 98-396, §304, 98 Stat. 1369, 1423 (1984).

77) Memorandum Opinion and Order in MM Docket No. 83-1009, 100 FCC 2d 74 (1985). なお、視聴者到達とはその局の電波が到達するテレビ保有世帯の合計数を意味する。またその際、VHFに比べてUHFの信号が弱く受信世帯も少ないことから、UHF局を0.5として計算するという、UHFディスカウント（UHF Discount）が導入された。

78) 100 FCC 2d at 91. なお、その後FCCは、NRSOに関して上限を20局とする規則改正を行ったが、その直後、NRSOを廃止する1996年電気通信法が制定された。

79) Revision of Radio Rules and Policies, 7 FCC Rcd 2755, 2757-60 (1992).

第 1 章　アメリカの放送産業構造規制の沿革

の者が AM 2 局及び FM 2 局を所有でき（聴取者全体の 25 ％を越えないこと），15 局未満の小規模市場において 3 局（AM，FM それぞれ最低 1 局所有すること）所有できる（当該市場の全局数の 50 ％未満であること）よう規則を改正した。その検討作業において FCC は，「競争の視点から，ラジオの複占に関する現行規則が実施された 1964 年当時よりも，不当な集中の潜在的危険性はより減少している」との認識を示している[80]。

　1 市場 1 局規則に関して FCC は，1989 年に，上位 25 のテレビ市場において同一市場内のテレビ局とラジオ局の統合がなされ，統合後も当該市場において 30 の別の放送事業者が存在する場合，又は経営破綻局による申立てがあった場合に同規則を適用しないとし，またこれら以外にも同規則が不適用となる基準を提示した。そこでは，放送アウトレットの増加による競争上の危害の懸念の減少，同一市場における複数のメディア・アウトレットの共同所有が必ずしも当該アウトレットにおける見解の平準化を生じさせないことが，その根拠として提示された[81]。

3　合衆国議会，合衆国最高裁判所の反応

　しかし，市場主義アプローチが採用されたことに対して，様々な立場から批判がなされるようになった。特に合衆国議会は，市場主義アプローチの問題点，なかでもメディア産業の寡占化の急速な進行によって情報の多様性が確保できなくなっているとの認識に基づいて，公共の利益アプローチを基本とする立法を行った[82]。

　一方で合衆国最高裁判所は，市場主義アプローチに基づいて FCC が，番組

---

80) In re Amendment of Section 73.3555 of the Commission's Rules, the Broadcast Multiple Ownership Rules, First Report and Order, 4 FCC Rcd. 1723 (1988).

81) In re Amendment of Section 73.3555 of the Comm'n Brdcst. Multiple Ownership Rules, Second Report and Order, 4 FCC Rcd. 1741,1744-45 (1989), *modified by* Memorandum Opinion and Order, 4 FCC Rcd 6489 (1989). その後も規制緩和が検討されたが，1996 年電気通信法制定以前は，結局緩和されなかった。*See* In re Review of the Commission's Regulations. Governing Television Broadcast., Further Notice of Proposed Rule Making, 10 FCC Rcd 3524 (1995).

フォーマットにおける娯楽番組に関する変更が免許の更新又は譲渡の際に重要な考慮要素ではないと結論づけた政策宣明の妥当性が問題となった，1981年の Federal Communications Commission v. WNCN Listeners Guild において，「このような政策は，市場の力というものが，不完全に運営されるけれども，聴取者の嗜好に対して，委員会によるフォーマットの監視よりもより信頼されるような対応を行うことだけでなく，娯楽番組における多様性の増進といった最終目的にも資するであろうとの委員会の判断に基づいている」としてFCCの政策判断を支持している[83]。そして合衆国最高裁判所は，市場主義アプローチと修正第1条の関係について，「委員会は，市場の力に基づいて，ラジオの娯楽番組のフォーマットの多様性を促進し，ラジオ聴取者の娯楽嗜好を満足させるといった，ラジオ聴取者全体としての利益を促進するよう努力している。この政策は，修正第1条との衝突を生じさせない」と述べて，その合憲性を承認した[84]。

ただ，合衆国最高裁判所は電波の有限稀少性解消論に対しては消極的であり，公共放送公社（Corporation of Public Broadcasting）から助成を受けた非営利教育目的放送局が社説放送を行うことを禁じた1967年公共放送法（Public Broadcasting Act of 1967）の合憲性が問題となった，1984年の Federal Communications Commission v. League of Women Voters California において，「……技術的発展が放送規制制度の何らかの修正を促しているとの合衆国議会又はFCCからの信号が無いにもかかわらず，我々が長年にわたって採用してきたアプローチを再検討するつもりはない」と述べて，電波の有限稀少性解消論について態度を保留し，立法等による解決に委ねた[85]。

さらに，合衆国議会の動きに対応して合衆国最高裁判所も，基本的に公共の

82）特に，後述（第4章）のように1992年ケーブル消費者保護及び競争法（Cable Consumer Protection and Competition Act of 1992, Pub. L. No. 102-385, 106 Stat. 1460.）第2条の連邦議会の事実認識において，市場主義アプローチが放送及びケーブル産業に与える悪影響が詳細に提示されている。

83）Federal Communications Commission v. WNCN Listeners Guild, 450 U.S. 582, 600 (1981).

84）Id. at 604.

第1章　アメリカの放送産業構造規制の沿革

利益アプローチに基づいて放送規制の是非を検討するようになった。特に Metro 判決では，放送局所有規制が，情報の多様性の確保の観点から，合衆国全体の利益とどのように関係するかが詳細に検討されている。ただ，合衆国最高裁判所は，提示された政府利益と当該規制の間に実質的関連性が存在するとし，多様性の確保の具体的手法に関しては，合衆国議会やFCCの判断を尊重することを明らかにしている[86]。

V　おわりに

以上から，電波の有限稀少性及び社会的影響力を根拠とした放送規制のうちの構造規制の理念及び政策アプローチについて，次の点が明らかになる。

まず，理念としてあげられる3つの関係は，思想の自由市場及び民主的政治プロセスを維持させるために修正第1条の中核部分に位置づけられる情報の多様性の確保が構造規制の中心として位置づけられ，情報の多様性確保のために競争の維持，地域性の確保があるとされている。そこでは多数の放送事業者が，それぞれのサービス提供地域の視聴者の需要を満たすために競争することによって，情報の多様性が確保できると考えられていた。それをふまえて，まず民主的政治プロセスの維持を重視し，情報の多様性確保のために中心的役割を担う放送事業者を公共受託者として捉えて，政府規制を肯定する公共の利益アプローチが採用された。しかし，電波の有限稀少性解消論に基づいて，情報の多様性を確保するための政府の思想の自由市場への介入を警戒し，放送事業者を単なる市場参加者の一人とし，放送事業者間の自由競争によって多様性が確保され，市場の競争原理が有効に機能しない場合に限って政府規制を認め，それ以外は政府規制を否定的に捉える市場主義アプローチが台頭し，対立するようになった。この対立の中で，情報の多様性が漠然とした概念であり，そのような概念で放送事業者の言論の自由を制約することは問題であるとして，明確

---

85) Federal Communications Commission v. League of Women Voters California, 468 U.S. 364, 376 n.11 (1984).

86) 497 U.S. at 569.

V　おわりに

かつ実証的な根拠が要求されるようになった。さらに，政府の規制の下に多数の事業者が競争することによって，情報の多様性が達成されるとする点にも疑問が提示された。

そのなかで構造規制のあり方も変容し，具体的かつ実証的な根拠のない規制は廃止され，そのような根拠があったとしても，必要最低限の規制が検討されることとなった。特にネットワーク規制が大幅に廃止されたが，それは，ネットワークの肥大化の防止を目的としたこれらの規制の効果が小さく，逆に番組制作会社が巨大化し，その合理性に疑問が提示されたからである。一方の複数局所有規制についても，メディア市場の分析が詳細になされ，規制が市場実態により合致したものになるよう試みられている。

しかしながら，市場主義アプローチに対しても，修正第1条と民主主義の関係を軽視してよいか，また都市部では市場競争原理が十分に機能するが，農村部では十分に機能していないのではないか，さらに市場競争原理に馴染まないが文化的・教育的価値の高い番組が放送されないのではないかと批判されるようになった。そこで，それぞれのアプローチの再構築作業が試みられることになった[87]。そこで公共の利益アプローチは，従来の抽象的かつ包括的な形で情報の多様性の確保，競争の維持，地域性の確保の各概念を用いず，規制利益を具体的かつ実証的に検討している。市場主義アプローチも，市場競争原理の限界を明確にし，政府規制を限定しようとしている[88]。

以上をふまえて，FCC以外にも，基本的に公共の利益アプローチに依拠している合衆国議会，合衆国最高裁判所が，それぞれ3つの理念を検討し，FCCの政策アプローチに対してコントロールを及ぼしている。このような流れをうけて，第2章以下で検討するように，1996年電気通信法にNRSO規則の廃止

---

[87] *See, e.g.*, Cass R. Sunstein, *The First Amendment in Cyberspace*, 104 YALE L. J. 1757 (1995); Reed E. Hundt, *The Public Airwaves: What Does the Public Interest Require of Television Broadcasting?* 45 DUKE L. J. 1089 (1996).

[88] *See, e.g.*, THOMAS G KRATTENMAKER & LUCAS A POWE, REGULATING BROADCAST PROGRAMMING (1994); Benjamin M. Compaine, *The Impact of Ownership on Content: Does it matter?* 3 CARDOZO ARTS & ENT L. J. 755 (1995).

第1章 アメリカの放送産業構造規制の沿革

や2年ごとの規制改革審査等が規定され，それぞれの構造規制が現在のメディア市場に必要なものか否かが，具体的かつ実証的に審査されているのである。

【補論（書評）】

民主主義とメディア所有規制
Edwin C. Baker, Media Concentration and Democracy: Why Ownership Matters, Cambridge University Press, 2007, pp. viii + 256

I　はじめに

　本書の著者，Edwin C. Baker は，本書公刊当時，ペンシルヴェイニア大学ロー・スクールの教授であり，言論・プレスの自由に関して積極的に研究・発言していた法学者であった[89]。

　本書は，アメリカの放送メディア法政策の基底にある修正第1条が前提とする民主主義を明らかにしたうえで，メディア所有規制を批判的に検討したものである。本書において Baker は，「複合的民主主義」(complex democracy) 論の立場に立ち，アメリカの放送メディア法政策において現在採用されている市場主義アプローチを批判している。

　アメリカのメディア法政策は，1934年通信法を根拠とし，同法によって設置された FCC によって，修正第1条に根拠づけられる情報の多様性及び地域性の確保，また公正競争の維持を理念として実施されてきた。放送メディアは，放送電波の有限稀少性，（特に性表現等の番組内容規制における）社会的影響力といった特性を有するがゆえに，他のメディアでは認められない規制の対象となる。合衆国最高裁判所も，これらの放送メディアの特性を根拠として合憲性判断基準を緩和しているが，ケーブル及び衛星放送には，放送メディアのような特性が存在せず，放送メディアのような規制を課すことは修正第1条上認めら

---

[89] Baker の言論の自由に関する他の著作として，See, e.g., HUMAN LIBERTY AND FREEDOM OF SPEECH (1989); ADVERTISING AND A DEMOCRATIC PRESS (1993); MEDIA, MARKETS, AND DEMOCRACY (2001).

れないとしている（これらのメディアには、ボトルネック的コントロールの危険性が一般に認められている）[90]。本書で検討されるメディア所有規制とは、一事業者が所有できる放送局数を、テレビ、ラジオ別に、また全米、地域と区別して制限するものであり、またケーブル、新聞等の他メディアとの相互所有規制も行われている。

他方、情報通信技術の発達による電波の有限稀少性解消論や、社会的影響力は放送以外のメディアにも存在しているのではないかとの批判が有力となり、FCC も、1980 年代以降、放送メディアに関して大幅な規制緩和を行った。そして 1996 年電気通信法では、FCC が放送メディア規制を審査し、その結果不必要とされた規制を廃止又は緩和するよう義務づけられた。

規制緩和の中心的役割を担ったのが、ロナルド・レーガン政権期に FCC 委員長であった、Marks S. Fowler らが提唱した市場主義アプローチである[91]。この理論は、思想の自由市場論及び市場競争原理を重視し、思想・情報が何らの制約を受けることなく国民に提示され、国民自らがその思想・情報の当否を判断するのを前提とすべきであって、政府は、市場競争原理が十分に機能しない場合を除いて、規制を行うべきではないとするものである。しかしながら、規制緩和によってメディア法政策の理念が無視されている、市場が独占化している等の批判が多く、本書をはじめ、市場主義アプローチを批判する立場は、民主主義を基本におき、民主主義を拡充するために放送メディア規制が必要であると主張している[92]。

II 本書の概要

本書は、この市場主義アプローチを批判的に検討するものであり、5 章と補

---

90) Turner Broadcasting System v. Federal Communications Commission, 512 U.S. 622 (1994).

91) Marks S. Fowler & Daniel L. Brenner, *A Marketplace Approach to Broadcast Regulation*, 60 Tex. L. Rev. 207 (1982).

92) この点に関して本書の複合的民主主義論だけでなく、さまざまな民主主義アプローチに基づいた議論がなされている。*See, e.g.*, Cass Sunstein, *The First Amendment in Cyberspace*, 104 Yale L. J. 1757, 1798 (1996).

第1章　アメリカの放送産業構造規制の沿革

遺（Postscript）で構成されている。

　第1章でBakerは，規制緩和によって生じたメディアの集中状況について批判しつつ，自らの見解として，次の3つを提示している。第1にBakerは，民主主義に関する諸理論は，自律性又は自己決定と同時に，包括的な自己決定に参加する人民の平等な権利を共通の不可欠な前提としていると述べる。また，これらの理論は，平等及び自律性の価値を採用し，民主主義を単なる手段ではなく目的であると位置づけて，何らかの公的選択を行う際に，各個人が平等に発言する権利を有していることを尊重すると一般的に理解されている。そして民主主義に関する基本的判断基準は，広範かつ公正な分散，また嗜好，見解，ビジョンを提示する機会の遍在であり，この観点から，メディア所有の最大限の分散化が要請される（メディアの民主的配分原則）。

　特にBakerは，民主的政治秩序が，それぞれ自らの企図と利益，ニーズ，世界観を有するさまざまな集団間の闘争でもって構成されており，これらの諸集団間での公正な交渉・妥協を前提としているとする「複合的民主主義」論を提示している。これは多元主義的な考えを基本とするものであるが，Bakerは，そこに共和主義的な共通善の必要性も認め，平等主義的なメディア所有の分散と共通の討論の場の設定は民主主義にとって必要不可欠であるとする[93]。

　そして民主主義は，より良い主張を行う発言者がより多くの支持者を集め，他の発言者に打ち勝っていくという理想があるが，一方で全人民が経験を共有しなければならないことも要求され，このことは，全集団がメディア・パワーを実際に共有し，いかなる個人，集団も過度なメディア・パワーを有してはな

---

[93] なお第4章でBakerは，民主主義について現在広く支持されている考え方として，当該政治形態内のすべての人民及び集団の潜在的対立利益を公正に和解させることが民主主義の目的であるとするリベラル多元主義（liberal pluralism），公共善への到達のための討論が民主主義の決定要素であり，その討論は，包括的かつ秩序だったもので，公正な和解よりも現実的な合意に到達しなければならないとする公民的共和主義（civic republican）の2つについて検討し，ハーバーマス（Jürgen Habermas）の理論（BETWEEN FACTS AND NORMS (Rehg. Williams trans) (1996)）をもとにし，リベラル多元主義，公民的共和主義双方を統合する形で複合的民主主義論を述べている。

【補論（書評）】

らないことを示唆する。民主的配分原則には，全集団のメンバーが，ある意味「われわれが所有している」といえるマスメディアによって提供される情報・思想を，自らのものとして経験できるとの観念が含まれている。そのなかでメディアは，メンバーの関心事項を報じるだけでなく，メンバーが自らの見解を形成させるのに必要な相互質疑の機会を提供しなければならない。このことから民主的配分原則が，他の原則との妥協や調整が必要であるが，メディア所有規制の根拠を提示する。

　第2にBakerは，メディア所有の広範かつ現実的な分散化が，政府の選択又は統制におけるコミュニケーション・パワーの濫用の危険性を縮減させるセーフガードを提供すると主張する。またBakerは，分散化によって，監視機能を遂行するメディアにリソースを提供する意思決定者が増加すること，監視機能を遂行するメディアの崩壊の危険性を実効的に縮減させることも指摘している。

　第3にBakerは，市場の失敗の原因について，①適正な販売価格と実際の価格との乖離を生じさせる外部効果（収賄事件報道による政治的影響等）を市場が適正に評価できないこと，②市場で提供するよりも平等に配分するよう企図されるもの（教育，教養番組等）が存在すること，③知的財産法によって各メディアの報道記事やブランドに関して独占が形成されていることを指摘している。そして過酷な利益追求と最終成果（番組コンテンツ）を重視することで，社会的に重要な報道その他文化的メディア・コンテンツ制作への投資が制限されているとも指摘している。またBakerは，メディアの集中による外部圧力への脆弱性，それに関連する報道・コンテンツ制作上の判断の内部的ゆがみの存在，合併が社会的に必要な費用を削減して収益の機会を創出すること，巨大メディア・コングロマリットの経済的利益がメディア法政策に関する議論を大きく左右するようになること，メディア集中を規制するための対抗利益の実証的検討の必要性を指摘している。

　第2章でBakerは，規制緩和論者の依拠するシカゴ学派の提唱する独占禁止法理論について批判的に検討し[94]，思想の自由市場並びにメディア市場への

---

94) ここでBakerが特に批判の対象としているのが，Benjamin M. Compazine の見解である（Benjamin M. Compazine & Douglas Gnomery, Who Owns the Media? (3d ed. 2000)）。

31

第1章　アメリカの放送産業構造規制の沿革

独占禁止法理論の適用，それに基づく所有規制の緩和を批判する。

　特にここで重点がおかれているのが，独占禁止法の対象とする「市場」と，思想の自由市場論が前提とする「市場」が同一のものでないこと，また規制緩和論者の定義する「メディア市場」が，誤った前提に基づいている点である。そこでは，エンターテイメントとジャーナリズムを同一視できないこと，コンテンツ制作者，伝送業者等を同一の市場として理解することの問題点が指摘されている。そのうえで，独占禁止法の理論に代わって民主主義の観点からの検討が必要であるとしている。

　第3章でBakerは，従来行われてきたメディアに特別な所有規制に対する批判について検討している。そこでは，検討の対象として，第1に，伝統的な独占禁止法の理論に基づいてメディア所有規制を行っていれば，自由競争原理に基づいてメディアが十分な情報提供を行う，第2に，インターネットの登場によってメディアの独占状態が解消されるとの見解が挙げられている。

　第1の点についてBakerは，第2章での指摘に加えて，メディアが利益追求を重視した場合，経営に悪影響を及ぼさない限り，視聴者のニーズと乖離しやすく，間違いや政治的，文化的偏向も生じやすいと指摘している。さらに独占禁止法が主に金銭的コントロールを対象とするが，メディアの場合には金銭的コントロールなしでもコンテンツのコントロールは可能であること，メディア市場が典型的な「独占的競争」(monopolistic competition) であることも指摘している。

　第2の点についてBakerは，インターネットが従来のメディアに代替しうる機能・役割として，まず地理的，金銭的，時間的制約の除去による伝送面での多様性の実現，また伝送面のコスト削減による多様な情報発信・受信の実現を評価している。さらにブログも，コミュニケーション秩序を豊かにすると一定程度評価している。しかしながら，伝送面での多様性が実現されてもコンテンツ面での融合は生じておらず，伝送コストの削減によって，（特定のブログにのみアクセスが集中する等の）聴衆の集中が生じていると指摘する。そして伝送面のコスト削減は瑣末な部分であって，それによってより多くの聴衆をひきつけるファースト・コピーのための経費を増大させるインセンティブが働き，聴衆の関心の集中が少人数の聴衆のみをひきつけるコンテンツ制作者が営業的に成

【補論（書評）】

功する可能性を減少させ，またインターネットで提供される情報は独自に取材されたものが少なく，またそこで提供される情報も広範囲にわたるものではないと批判している。

　第4章において Baker は，言論・プレスの自由を保障する修正第1条とメディア所有規制のあり方に関する検討を行い，修正第1条はメディア所有規制を制限しているとする市場主義アプローチを批判している。Baker によれば，市場主義アプローチへの批判の前提として，修正第1条上の自由の享有主体に関して，自由の享有主体はあくまでも自然人であり，法人と自然人を同一視することはできず，プレスの自由＝メディア事業者の自由と捉えることはできない。また Red Lion 判決で合衆国最高裁判所が提示した「視聴者の権利」(viewers' right) 論[95]によれば，プレスの自由が民主主義の核心部分を構成するものであり，視聴者の利益及び公共の利益に資するために存在するものであるから，プレスの自由に関する議論は，言論の自由とは権利の正当化根拠が異なり，具体的に何らかの権利・自由が制約されることはない。さらに Baker は，修正第1条を市場主義アプローチ的に理解することの問題点として，市場原理では対応できない公共財が存在すること，人間の合理性は完全ではなく，金銭的評価の不可能なものも存在することを指摘している。そのうえで Baker は，民主主義の観点からの理論化が重要であると主張する。

　複合的民主主義論からメディア所有規制を検討すると，共通の議論の場を確保するために，何らかのコミュニティ横断的なメディアが必要である。ただメディア集中への懸念については，複雑で議論の余地のある事実認識に基づく評価に関する判断が必要であり，これらは立法府・行政府に委ねるべきであって，司法府が憲法原理に基づいて判断すべきではない。そして，どのようなメディア所有規制が最善であるのかを判断する単純明快な憲法原理が存在しないことから，複合的民主主義論は，この判断をさまざまな経験的要素に極めて敏感な立法府に委ねるよう要請しており，憲法上の原理は，立法府・行政府に調査権限を適切に委ねている。そのうえでプレスの自由条項の最も実質的な解釈は，

---

95) 395 U.S. 367, 389 (1969).

第1章 アメリカの放送産業構造規制の沿革

裁判所がメディアの民主主義的役割に関するすべての合理的概念に合致しない法規制のみを違憲無効と判断できることである。

第5章において Baker は，第4章でメディア所有規制に関して立法府・行政府の判断を尊重すべきとしたことをふまえて，具体的な規制のあり方について検討している。メディア所有規制の具体的アプローチとしていくつか検討したうえで Baker は，①メディア合併が承認された後も，編集，コンテンツ制作の独立性を確保させる，②一定の若しくはすべてのメディア合併に，編集若しくは制作部門の従業員の事前承認を義務づける，又は当該従業員に合併拒否権を認める，③地域住民，マイノリティ等の望ましいカテゴリーのメディア所有者によるメディアの設立・買収を奨励する税制，助成金制度の利用，④支配的メディア組織に特別な責任を課す，の4つを提示し，これらを複合的に採用すべきとしている。そのなかで④については，例えば，一定規模以上のメディアに対して，自らとは異なる見解（意見広告等）を掲載するよう義務づける（ただし内容に関する責任を免除する）等の措置が考えられるとしている。ただ，Baker もこれらのアプローチを実施したとしても効果は限定的であり，問題がすべて解決されるとは考えておらず，さらなる措置の必要性を認めている。

そのさらなる措置の例として，補遺において Baker は，コミュニケーション・パワーのより民主的な配分，扇動勢力の防止，監視機能の拡充等のリスク軽減，コンテンツ制作・提供における市場の失敗による悪影響の軽減の3つの視点から検討を行っている。まずコミュニケーション・パワーのより民主的な配分のために Baker は，①さまざまな分野，領域，集団による所有，②公的メディア（公共放送等），商業メディアと，より分散的，自発的な非営利コミュニケーション活動の並存及び相互均衡，③すべての事項を包括的に取り扱い，全員が信頼できる支配的メディアの存在が必要であるとする。

次にリスク軽減について Baker は，James Curran の見解[96]を紹介している。Curran によれば，メディアは，市民 (civic)，専門家 (professional)，社会市場 (social market)，私企業 (private enterprise)，コア (core) の5セクターで構成さ

---

96) James Curran, "*Rethinking Media and Democracy*" *in* James Curran & Michael Gretsch (eds) Mass Media and Society 120 (3d ed. 2000).

【補論（書評）】

れるべきである。各セクターは，独自の権限と任務があり，それぞれ監督の系統も財政基盤も異なったものであるべきである。このうちコアとして公共放送が共和主義的役割を果たし，包括的かつ広範にわたる情報を提供し，市民，社会市場は，それぞれが独自の多元主義的役割を果たす。そして専門家は，監視機能の遂行に特化したセクターである。これらの場合，あるセクターが集中化，扇動化しても，他のセクターがそれを抑制することができる。Bakerは，この見解のように「構造的多様性」(structural diversity) ともいえる，多様な形態のメディアの存在が望ましいと述べる。

さらに，コンテンツ制作・提供における市場の失敗による悪影響の軽減についてBakerは，より直接的な対応として日本の新聞社のように株式非公開とし，株主等からの収益拡大圧力に屈しないようにすること，良質コンテンツ制作のための助成金の拡充を提言している。

Ⅲ 若干のコメント

本書の対象とするメディア所有規制は，経済法の手法を用いて行われる規制である。しかし，経済法の手法を用いたとしても，それが憲法の観点から検討されなくてもよいということにはならない。ここで注目すべき点は，Bakerのような民主主義論を基本とすべきとする者だけでなく，市場主義アプローチ論者も，民主主義，言論の自由に関する議論を行っていることである。そしてわが国において一般に支持されている，Emersonの言論の自由の機能・価値論[97]，すなわち①自己実現，②真理への到達（思想の自由市場），③自己統治（民主的政治過程の維持），④社会の安全弁について，わが国の憲法・メディア法の議論では対立がないことが当然視されているきらいがあるが，アメリカのメディア法政策に関する議論においては，②と③のどちらを重視するのかで深刻な対立が存在している。

さらにプレスの自由の理論に関しても，基本的権利・自由の側面ではなく，民主主義あるいは国民の知る権利（視聴者の権利）に資するという客観的側面

---

97) T. I. EMERSON, TOWARD A GENERAL THEORY OF THE FIRST AMENDMENT (1966).

第1章　アメリカの放送産業構造規制の沿革

に着目した理論構成に注目すべきである。このことは，本書で言及されている通り，合衆国最高裁判所も採用する見解である。このことについてわが国のアメリカ憲法に関する理解は，あまり正確でないと思われる。

そしてBakerは，複合的民主主義論を提唱し，またメディア所有規制をどのように制度設計すべきであるかを論じている。この複合的民主主義論は，多元主義を基本としつつ，共和主義の共通討論の場の設定を採用しており，それに基づいて修正第1条の理論構築を行い，採るべき具体的規制のあり方について検討している。このように民主主義を憲法論として具体化し，個別の法政策でどのように実現させるべきかについて詳細に検討することは，極めて重要なものであるといえる。

ただ，多元主義を基本としつつ，そこに共通討論の場を設定できるのであろうか。

Baker自身も，第4章，第5章で支配的メディアの存在を認めているように，結局のところ，ある程度のメディアの集中を認めざるをえないと思われる。そこでBakerは，支配的メディアに何らかの特別な責任を認める等の措置を講じる必要性を主張しているが，かなり漠然としているように思われる。また一方，わが国の新聞社のように株式非公開とすることについては，国民から何らの圧力も受けないことによって政治的偏向，捏造等が生じるのではないかとの疑問が生じる。

さらに，Bakerはインターネットの役割についてあまり肯定的ではないが，もう少し評価すべきではないかと思われる。確かに独自取材を組織的に継続して行うには，既存メディアが圧倒的に有利である。しかし，既存メディアが取り上げないような事項を地道かつ丹念に調査すること，また既存メディアが排除するマイノリティの主張が，広く国民の目に触れられるようになる手段としての意義は大いに評価されるべきである。それゆえ市場主義アプローチのように既存メディアと同レベルに位置づけることはできないまでも，より積極的な役割を認めるべきではないだろうか。

最後にわが国のメディア所有規制に関する議論への示唆について考えてみると，わが国の議論では，この民主主義に関する視点があまり考慮されていない。メディア所有規制の問題は，民主主義，言論の自由という憲法上の価値に直結

【補論（書評）】

するものであり，Bakerの議論は，わが国におけるメディア所有規制の憲法論からの検討において，重要であると考える。またわが国の言論・プレスの自由論は，メディアの自由が無制約なものであるとの前提にたち，民主主義等の他の憲法上の価値は，ジャーナリストの自主性に委ねるべきとの見解が支配的であるが，Bakerのようにこれらの価値を法的なものとして捉えてみる必要があるのではないだろうか。

第 2 章　新聞・放送相互所有規制と修正第 1 条

I　はじめに

　第 1 章で検討した放送産業構造規制において，1934 年通信法の規制緩和を基調とした改正を目的とする 1996 年電気通信法が制定され，これらの規制の大幅な緩和が行われた。そして同法第 202 条（h）は，FCC に対して放送産業構造規制を隔年で審査し，公共の利益に資するものではないと判断された規制の改廃を命じている。同規定に従って FCC は審査を行い，報告書を公表している。

　そのなかで同一地域内でサービスを提供する日刊新聞社と放送事業者の合併等による，当該地域に提供される情報の多様性の縮減の防止を目的として，新聞・放送の相互所有が包括的に禁止されてきたが，第 202 条（h）に基づく審査の中で，そのあり方について市場主義アプローチ，公共の利益アプローチそれぞれの立場から盛んに議論されている。そこで本章では，新聞・放送相互所有規制（NBCO 規則）に関して，1996 年電気通信法に基づく審査の中で同規制のあり方が争点となった，2004 年の *Prometheus Radio Project v. Federal Communications Commission* を中心に[1]，情報の多様性の確保等の放送メディア法政策の理念を実現するために，すなわち「公共の利益」に資するためにいかなる規制が有効かについて検討する[2]。

---

1) Prometheus Radio Project v. Federal Communications Commission, 373 F.3d 372 (3d Cir. 2004).

II 新聞・放送相互所有規制の基本枠組み

1 放送産業構造規制の中での新聞・放送相互所有規制の位置づけ

アメリカで行われている放送産業構造規制のうち，第 1 章で検討したように，メディア相互所有規制について FCC は，1970 年に FCC が同一市場にサービスを提供しているテレビ局とラジオ局の相互所有を禁止し（1 市場 1 局規則）[3]，また放送ネットワークによるケーブル・システムの所有を禁止[4] している（1984 年ケーブル通信政策法（Cable Communications Policy Act of 1984）では，同一市場においてケーブル・システムが放送局を所有することも事実上禁止された）。

さらに 1975 年に FCC は，NBCO 規則として同一のコミュニティにある日刊新聞と放送局（テレビ，ラジオを含む）の合併及び事業譲渡等による相互所有を包括的に禁止した[5]。ただ同規則は，それまでに存在した新聞・放送の相互所有に関しては対象とせず（祖父条項（grandfather clause）），同規則実施後の合併，譲渡等を対象とした。

新聞・放送の相互所有は，1975 年までは広く認められていた。しかしなが

---

2) *Prometheus I* 判決及びこの問題に関する最近のアメリカでの議論状況については，以下の文献を参照した。Stephanie N. DeClerk, Case Note, Prometheus Radio Project v. Federal Communications Commission: *Where Will the Media Deregulation Trend End?* 58 Ark. L. Rev. 705 (2005); Josephine Soriano, Note, *The Digital Transition and the First Amendment: Is It Time to Reevaluate Red Lion's Scarcity Rationale?* 15 B.U. Pub. Int. L.J. 341 (2006).

3) Amendment of Sections 73.35, 73.240 and 73.636 of the Commission Rules Relating to Multiple Ownership of Standard, FM and Television Broadcast Stations, 22 FCC 2d 306, (1970).

4) Amendment of Part 74, Subpart K, of the Commission's Rules and Regulations Relative to Community Antenna Television Systems, Second Report & Order, 23 FCC 2d 816, (1970).

5) Amendment of Sections 73.34, 73.240 and 73.636 of the Commission's Rules Relating to Multiple Ownership of Standard, FM, and Television Broadcast Stations, 50 FCC 2d 1046 (1975).

第 2 章　新聞・放送相互所有規制と修正第 1 条

らFCCは同規則に関する制定作業において，地域ニュース及びその他の情報源であることがテレビ局及び日刊新聞の主要な役割であることを明らかにする研究に基づいて，「FCCは，新聞・放送の共同管理が，放送設備の運営において多様性を維持するすべての試みにおける重要な要素として，特に重要な問題であると懸念してきた。それが現在，当該問題の最も重大な側面は，テレビ局と一般に公刊される新聞の共同管理であることが明らかとなった」との認識を示した。そのうえでFCCは，「関係するマスメディア間の競争の促進及びサービスのソース並びに見解の多様性の最大化との目的」に資するものであるとして新聞と放送の相互所有を禁止した[6]。

合衆国最高裁判所も，NBCO 規則の合憲性が争点となった，1978 年のNCCB 判決において，同規則が「多様化されたマス・コミュニケーションに関する公共の利益を促進する合理的な手段」であり，修正第 1 条に違反しないとしている[7]。

その際合衆国最高裁判所は，次のように指摘して，情報の多様性の確保が修正第 1 条に根拠を有し，FCC が NBCO 規則等の放送産業構造規制の実施権限を有することを承認している[8]。

　　「……当裁判所の先例は，FCC の情報多様化政策の根底にある修正第 1 条及び反トラストの価値が，公共の利益の範囲の画定に関する判断において，FCC によって適切に考慮されるであろうとしてきた。『"公共の利益"基準は，必然的に修正第 1 条の諸原理……』，とりわけ『多様かつ相反する情報源からの可能な限り広範な情報の発信』の理念の考慮を必要とする……。そして，FCC はこの種の独占禁止法上の執行権限を有していないけれども，公共の利益基準に従った放送免許付与手続において，独占禁止政策上の考慮を行うことが認められている……。」

---

6) In the Matter of Amendment of Sections 73.35, 73.240, and 73.636 of the Commission's Rules Relating to Multiple Ownership of Standard, FM and Television Broadcast Stations, 22 FCC 2d 339, 344 (1970).

7) 436 U.S. at 802.

8) *Id.* at 795.

II　新聞・放送相互所有規制の基本枠組み

　しかしながら，多メディア・多チャンネル化及び規制緩和の潮流の中で，放送産業構造規制も大幅に緩和されることになった。1989年にFCCは，上位25テレビ市場において，その相互所有が承認された後に30の独立系放送事業者，いわゆる「ヴォイス」(voice) が存在することを理由として，1市場1局規則の適用除外申請を認める形で同規則を緩和した[9]。

　そして1996年電気通信法は，「すべての電気通信市場を競争状態にすることで，次世代電気通信及び情報通信技術の急速な進歩並びにすべてのアメリカ国民への提供を加速させることを目的とする競争促進的，規制緩和的な全米政策枠組み」の構築を目的とし（第2条），1市場1局規則の緩和（第202条（c））等を規定した[10]。また第202条（h）は，FCCに対し，放送局所有に関して「それらの規制が事業者間の有意義な経済的競争の結果として公共の利益のためにもはや必要なものでないのか否か判断する」(determine whether any such regulation is no longer necessary in the public interest as a result of meaningful economic competition between providers of such service) ための隔年（biennially）審査を行い，「もはや公共の利益のために必要ではないと判断したすべての規制を廃止又は緩和」(repeal or modify any regulation it determines to be no longer necessary in the public interest) するよう命じた[11]。

2　2002年規制改革審査

　第202条（h）に従ってFCCは，1998年[12]，2002年[13]に隔年での規制改

---

9) Amendment of Section 73.3555 of the Commission's Rules, the Broadcast Multiple Ownership Rules, 4 FCC Rcd 1741, (1989).

10) これをうけてFCCは，one to a market規則を緩和し，テレビ1局を所有する者が，(1) 当該合併後に少なくとも20の独立したヴォイスが存在する市場においては，ラジオ6局まで，(2) 当該合併後に少なくとも10の独立したヴォイスが存在する市場においては，ラジオ4局まで，(3) その市場における独立したヴォイスの数にかかわらず1局の所有を認められた。Review of the Commission's Regulations Governing Television Broadcasting, 14 FCC Rcd 12,903, (1999).

11) その後, 2004年包括的歳出承認法（2004 Consolidated Appropriation Act）において，隔年から4年ごと（Quadrennial）の審査へと変更された。

第 2 章 新聞・放送相互所有規制と修正第 1 条

革審査（Biennial Regulatory Review）を行い，報告書を公表した。1998 年規制改革審査報告において FCC は，情報の多様性及び地域性の確保，競争の維持の観点からケーブル・放送相互所有規制を検討し，同規制が公共の利益のために必要であると結論づけた。しかしながら，この FCC の決定の合憲性等が争われた，2002 年の *Fox Television Stations v. Federal Communications Commission* において合衆国コロンビア地区控訴裁判所は，FCC が競争の維持にとってケーブル・放送相互所有規制が必要であることに関する何らの合理的根拠も提示しておらず，また多様性の確保に関して提示された証拠が貧弱であり，現在運営されているテレビ局の数の増加を考慮していないとして，FCC の決定を破棄している[14]。

そして 2002 年規制改革審査報告は，新聞・放送，テレビ・ラジオの相互所有の包括的禁止がすべて公共の利益に資するものではないとして廃止した。その際 FCC は，新聞・放送の相互所有の包括的禁止を廃止する理由として，①ほとんどの広告主が新聞と放送局を密接に相互代替可能なものととらえていないことから，当該禁止が地域市場の競争を促進させるために必要ではない，②当該禁止によって高品質な地域ニュースの制作を可能にする企業合併が妨げられ，地域性の確保が困難になる，③所有が見解に影響を及ぼすとの観点から包括的禁止を根拠づけるに十分な証拠が存在しない，の 3 つをあげている。しか

---

12) 1998 Biennial Regulatory Review - Review of the Commission's Broadcast Ownership Rules and Other Rules Adopted Pursuant to Section 202 of the Telecommunications Act of 1996, 15 FCC Rcd 11058（2000）.

13) Report and Order and Notice of Proposed Rulemaking, 18 FCC Rcd 13620（2003）. 同報告では，新聞・放送相互所有規制以外にも複数放送局所有規制等 4 つの規制が審査されており，本件判決でも，これらの規制も争点となっている。

14) Fox Television Stations v. Federal Communications Commission, 280 F.3d 1027, 1051-52（D.C.Cir.2002）, *modified on reh'g*, 293 F.3d 537（D.C.Cir.2002）. また同判決では，FCC が前述の 1 市場 1 局規則に関する報告書において規制緩和を前提とした立場をとっていたのにもかかわらず，1998 年規制改革審査報告では規制緩和を行わなかったことも問題視され，規制を維持するより詳細な根拠の提示の必要性が指摘されている。

しながら FCC は，相互所有の包括的禁止は公共の利益に資さないが，そのことから規制そのものの必要性が否定されるものではないとし，新たに「相互メディア制限」(Cross-Media Limit) 規則を制定した。

その際 FCC は，メディア相互所有規制の維持が必要な市場を識別するために，「多様性指数」(Diversity Index, DI) を採用した。DI は，司法省（Department of Justice）や連邦取引委員会（Federal Trade Commission, FTC）が地域市場における競争に当該合併が与える影響を測定するために用いてきたハーフィンダール・ハーシュマン指数（Herfindahl-Hirschman Index, HHI）を，FCC が放送法政策分野に導入したものである。市場の HHI は，市場占有率の 2 乗和であり，高度に競争的な市場は，独占的市場よりも低い HHI となるとされ，DI も基本的には市場占有率の 2 乗和を採用している[15]。

DI を用いて検討を行った結果，新規則は，①小規模市場（大出力の営利又は非営利のテレビ局が 3 局以下）の場合，新聞と放送の合併及びテレビとラジオの合併を禁止する，②中規模市場（テレビ局が 4〜8 局存在）の場合，1 の者が 1 の新聞と，(a) テレビ局 1 局と地域レベルの複数ラジオ局所有規制の認める範囲での当該市場のラジオ局の 50 ％までの共同所有，又は (b) 地域レベルの複数ラジオ局所有規制の認める範囲での当該市場のラジオ局の 100 ％までの共同所有のいずれかを認める，③大規模市場（8 局以上のテレビ局が存在）の場合，相互所有規制を行わないこととなった。

このなかで FCC は，それぞれのメディアの位置づけを行い，インターネットを DI の対象に含めたが，ケーブルは除外した。その際 FCC は，①ケーブルが独自の地域ニュースを提供する範囲について重大な疑問があること（FCC のアンケート調査から，回答者の約半数が放送の地域ニュースとケーブルのそれを混同している，ケーブルの地域ニュースの視聴率がその市場で最低である等が明らかになったとされた），②ケーブルの地域ニュース・チャンネルがどこでも視聴可能なわけでなく，限られた地域に限定されていることを，その根拠としてあげている。

---

15) 司法省及び連邦取引委員会は，HHI が 1,800 以上の場合に「高度に独占的」(highly concentrated) であると認定し，当該市場での合併が競争に有害であるとし，DI も同様の基準を採用している（18 FCC Rcd at 13694）。

III　*Prometheus Radio Project v. Federal Communications Commission* 合衆国第3巡回区控訴裁判所判決（*Prometheus I* 判決）

以上のFCCによる規則改正を不服とした公益団体，消費者団体等が訴訟を提起し，第202条（h）の解釈，相互メディア規制のうちNBCO規則にあたるものの合憲性等が争点となったのが，*Prometheus Radio Project v. Federal Communications Commission* に関する合衆国第3巡回区控訴裁判所判決（*Prometheus I* 判決）である。

1　第202条（h）の検討

まず合衆国第3巡回区控訴裁判所は，第202条（h）の趣旨について，同規定の文言及び立法資料に基づいて合衆国議会が，放送メディア所有規制等の緩和によって生じる「市場における競争上の変化にFCCの規制枠組みが対応し続けられる継続的なメカニズム」として運用されるために，定期的な審査を行うとの意図を明らかにしていると指摘している。そのうえで同控訴裁判所は，「定期的な審査に関する規定は，FCCに対して『……競争の効果について監視し，……また規制の適切な調整を行う』ことを命じている」との立場を明らかにしている[16]。

次に同控訴裁判所は，第202条（h）の「必要」との文言の解釈について検討している。ここで問題となるのは，同規定の「必要」との文言の解釈によって規制緩和の程度が異なってくることである。この点について1998年規制改革審査報告書の合憲性等が問題となった，前述の2002年の *Fox Television Stations v. Federal Communications Commission* や，*Sinclair Broadcast Group, Inc. v. Federal Communications Commission* において合衆国コロンビア地区控訴裁判所が，「所有規制の廃止又は緩和を基本とすることを前提として」規制改革審査が行われなければならないとの立場を明らかにしている[17]。

---

16) 373 F.3d at 391.

17) Sinclair Broadcast Group, Inc. v. Federal Communications Commission, 284 F.3d 148, 159 (D.C. Cir. 2002) (*citing* 280 F.3d at 1048).

III　*Prometheus Radio Project v. Federal Communications Commission* 合衆国第 3 巡回区控訴裁判所判決

　一方 *Prometheus I* 判決において合衆国第 3 巡回区控訴裁判所は，第 202 条 (h) と同一の文言で電気通信分野における規制改革審査を規定する 1934 年通信法第 11 条の解釈が問題となった，2004 年の *Cellco Partnership v. Federal Communications Commission* を引用しつつ[18]，検討を行っている[19]。*Cellco* 判決において合衆国コロンビア地区控訴裁判所は，1934 年通信法第 11 条の「必要」との文言の意味はそのおかれた状況に影響されるとしたうえで，1934 年通信法の規定と明らかに矛盾しないすべての合理的解釈を採用するとしている。さらに同判決は，定期審査で用いられる「必要」との文言が，無意味な結果を回避するために行われる規則制定手続で用いられるものと同一であるとの FCC の解釈を肯定し，当該解釈が通信法に違反しないと結論づけている。また同判決は，「必要な」に関する FCC 解釈について，「本質的」(essential) 又は「不可欠」(indispensable) との意味ではなく，「有益」(useful) 又は「妥当」(appropriate) との意味であるとのそれまでの合衆国控訴裁判所判例と合致しているとしている。

　以上の *Cellco* 判決をふまえて合衆国第 3 巡回区控訴裁判所は，「……第 11 条の『必要』との文言を『不可欠』と定義することを否定する根拠が，第 202 条 (h) でも適用される」とし，その根拠として，第 11 条と第 202 条 (h) は，法律上別個の規定であるが，同一の法律上のものであること，第 202 条 (h) が第 11 条に基づく規制改革審査の一部として定期的な審査を義務づけていることをあげている。さらに同控訴裁判所は，第 202 条 (h) 前段を，FCC に対して公共の利益にとって不可欠か否かを判断するよう命じていると解釈することは，FCC に対して「もはや公共の利益のためにならないと判断したすべての規制を廃止又は緩和」するよう命じる同規定後段の趣旨と合致しないと指摘し，「『判断』に関する解釈が意味のあるものとなるために『必要』は，合衆国議会が『廃止又は緩和』との指示において採用したものと同一の『明白な公共の利益』(plain public interest) 基準を採用しなければならない」と結論づけている[20]。

---

18) Cellco Partnership v. Federal Communications Commission, 357 F.3d 88, 94-98（D.C. Cir. 2004）.
19) 373 F.3d at 393-94.

それと同時に同控訴裁判所は，FCC が「必要」を「適切」(convenient)，「有益」又は「妥当」と定義することは，何らの先例も逸脱していないとの立場を明らかにしている。そして，第 202 条（h）上の放送メディア所有規制が「公共の利益」に資するか否かの判断において同控訴裁判所は，「必要」が，「本質的」又は「不可欠」ではなく，「適切」，「有益」又は「有用」(helpful) との意味を有するものとして解釈すべきであると結論づけている。

次に同控訴裁判所は，「もはや公共の利益のために必要ではないと判断したすべての規制を廃止又は緩和」との文言の解釈について検討している[21]。同控訴裁判所は，第 202 条（h）が規制緩和を基調としたものであるとの認識を示しつつも，「そこから『公共の利益に資するよう廃止又は緩和』との指示が，一方通行的な方向にしか運用しなければならない，すなわち，FCC が時代遅れの規制を減らすためにのみ審査プロセスを利用することができると理解しない」として，公共の利益に資さないものはすべて廃止すべきとの見解を否定している。その根拠としては，この見解が「緩和」との文言と FCC が公共の利益に資するよう活動するとの命令を無視していることがあげられている。さらに同控訴裁判所は，FCC が公共の利益がより厳格な規制を要請していると合理的に判断した場合どうなるのかとの問題提起を行い，FCC がそのような判断を行う権限を否定されているわけではなく，明確な合衆国議会の指示がないと指摘している[22]。そして同控訴裁判所は，第 202 条（h）が現行規制の定期的な正当化を FCC に対して命じていることから，同規定が規制緩和に親和的であると指摘したうえで，「施行された時点で有益であると考えられた規制は，有益なものであり続けなければならない。もしそうでなければ，その規制は，廃止又は緩和されなければならない」との見解を示している。

2 NBCO 規則の合憲性及び「公共の利益」との関係

本件判決において合衆国第 3 巡回区控訴裁判所は，NBCO 規則のあり方につ

---

20) *Id.* at 394.
21) *Id.* at 394-95.
22) *Id.* at 395.

Ⅲ *Prometheus Radio Project v. Federal Communications Commission* 合衆国第 3 巡回区控訴裁判所判決

いて，①当該規則と修正第 1 条，②第 202 条（h）に基づいた審査の中で提示された DI の当否との 2 つの点を検討している。

まず①の修正第 1 条上の問題に関する検討について同控訴裁判所は，当該規則に適用される合憲性判断基準について検討している[23]。その際同控訴裁判所は，多メディア・多チャンネル化によって電波の有限稀少性が解消ないしは大幅に緩和されたとの見解について，「確かに現在は，*NCCB* 判決が下された 1978 年より多くのメディア（ケーブル，インターネット，衛星放送等）が存在する。しかし，これらのメディアが地域のニュース及び情報のソースとして見解の多様性に著しい貢献をしていると考えることはできない」として，有限稀少性が緩和されていないとの立場を明らかにしている。また同控訴裁判所は，「*NCCB* 判決において合衆国最高裁判所は，電波の『物理的稀少性』……に言及した。多くの非放送メディアが存在することが，放送電波をより稀少でないものとはしない」とも指摘しており，稀少性が，単なる物理的意味での電波の稀少性を対象とするのではなく，当該地域に提供される情報の多様性を対象とする，いわば社会的な意味での稀少性を問題とすべきとの立場をとっている。

そのうえで具体的な合憲性判断基準のあり方について同控訴裁判所は，「FCC の新聞・放送局の相互所有規制に合理性の基準を適用し，当該規制が実質的政府利益と合理的に関連付けられるのであれば，その合憲性を支持する」と述べて *NCCB* 判決を踏襲して *O'Brien* 判決基準を適用している。そして，「……FCC は，見解の多様性における公共の利益を促進するとして，新聞・放送局共同所有規制の存続を正当化した……。合衆国最高裁判所は，相互所有規制が見解の多様性における公共の利益を促進する合理的な手段であると判示した」として，NBCO 規則の合憲性を支持している。

以上をふまえて同控訴裁判所は，FCC による新聞・放送相互所有の包括的禁止の廃止の当否について，地域性及び情報の多様性の確保の観点から検討している[24]。

まず地域性の確保の観点について同控訴裁判所は，FCC が地域性の確保に

---

23) *Id.* at 398-99.
24) *Id.* at 399-402.

第 2 章　新聞・放送相互所有規制と修正第 1 条

おいて地域のニーズ及び関心に対応した番組選択，並びに地域ニュースの量と質を考慮するとしたことを評価している。そして祖父条項によって相互所有禁止以降も存続が認められていた新聞社所有の放送局が，他の放送局よりも多量かつより良質の地域ニュースを制作しているとの事実認定に基づいて，FCC が新聞・放送相互所有禁止が地域性の確保に関する利益を減少させていると結論づけたことを支持している。そのなかで，FCC が漠然とした事実にのみ基づいて政策決定をしているとの主張に対して同控訴裁判所は，FCC が単に統計的事実認定を例証するために事実考証に基づかない証拠を用いているだけであり，地域性の確保に関する自らの結論の全体的根拠として事実考証に基づかない証拠に基づいていないと指摘して，漠然とした事実にのみ基づいた政策決定が行われてはおらず，また地域性の確保が，客観的かつ実質的な政府利益であると認定している。

　次に情報の多様性の確保の観点について同控訴裁判所は，所有が通常見解に影響を与えるとの前提を崩す証拠を FCC が認定したが，その逆を肯定する証拠は認定しなかったこと，他のメディア・ソースが地域市場での見解の多様性に貢献していると認定する一方で，インターネット及びケーブルが新聞及び放送によって提供される見解に完全に代替すると認定しなかったことに注目している。そして同控訴裁判所は，「競争，地域性及び多様性に関する公共の利益の調整という FCC の目標を前提として，FCC は，ある程度の相互所有規制の存続が情報の多様性の確保にとって必要である一方で，相互所有禁止の廃止が，競争維持及び地域性の確保に必要であると合理的に結論づけている」として，FCC の判断を支持している。

　以上の NBCO 規則の合憲判断をうけて，次に同控訴裁判所は，②の問題のうち，特に DI におけるメディアの位置づけに関する FCC の判断の当否について検討している[25]。まず同控訴裁判所は，基本的な事実認識として，地域市場においてケーブル及びインターネットが放送及び新聞によって提供される見解の多様性を補完するものであり，程度の問題は別として，ケーブル及びイン

---

25) *Id.* at 402-408.

III　*Prometheus Radio Project v. Federal Communications Commission* 合衆国第3巡回区控訴裁判所判決

ターネットが見解の多様性に貢献しているとのFCCの認定を支持している。

　しかし同控訴裁判所は，FCCが相互メディア規制の正当化づけにおいてインターネットに過度の重点をおいているとも指摘している。そこで同控訴裁判所は，「独自の地域ニュースのソースとなるウェブサイトと，地域の新聞社及びテレビ局が既に紙上や番組で報じた情報を再公表するだけのウェブサイトには，決定的な違いが存在する。後者は，『独自の』見解を提示しておらず，地域市場での多様性への貢献を行っているととらえることはできない」と結論づけて，FCCに差し戻し，再審理を命じている[26]。

　このなかで同控訴裁判所は，それぞれのメディアの社会的役割・機能に基づいた民主主義的側面での相違も明らかにしている[27]。そこではまず，内容に関して新聞・放送といったメディアは，（程度は異なるが）地域の特定の関心事項についてチャット・ルームに投稿する個人にはできない方法で，地域ニュースを正確かつ深く報道していると指摘されている。さらに，より重要なものとして，メディアが，個人又は組織のウェブサイトとは全く異なった性格を有しており，全く異なった方法で見解の多様性に貢献している点も，指摘されている。このなかで同控訴裁判所は，とりわけメディアが情報の抽出機能（何が興味深く，重要で面白いのか判断する）と同時に集約機能（ニュース，情報を1か所に集める）を有していることに注目している。そこでは個人（公職候補者等）及び組織（自治体又はコミュニティ団体等）が，地域の関心事項に関する情報及び意見を発信することができるが，これらの個人，組織は，それ自体としては，メディアではないとされている。そのうえで同控訴裁判所は，インターネットが，民主主義における市民の義務を市民が履行するためのツールとしては有益であるが，見解の多様性の観点から自治体は，それ自体としてはメディアではなく，情報を発信するために偶然インターネットというメディアを利用しているだけ

---

26) そして同控訴裁判所は，FCCが実施したアンケートの中で，地域ニュースにアクセスするためにインターネットを利用するとした回答者の総数から，主に後者のようなウェブサイトを重視しているとした回答者を除外すべきであるとしている。*Id.* at 407.

27) *Id.*

であると指摘している。

さらに FCC が, インターネットがどこでも利用可能なものである一方で, 地域ケーブル・ニュース・チャンネルが限られた市場でのみ利用可能であることから, ケーブルとインターネットが異なったものであると判断したことについて同控訴裁判所は,「インターネットが地域ケーブル・ニュース・チャンネルよりも利用しやすいということが, インターネットが独自の地域ニュースを提供していることを意味しない」と指摘し, 差戻審理において FCC は, DI の対象となるメディアからインターネットを除外するか, ケーブルを除外してインターネットを含めることに関するより合理的な説明のいずれかを行うよう命じている。同時に同控訴裁判所は, メディア別の市場シェア配分に関する実証的データの不採用等に関する FCC の理由づけが非現実的なものであり, また DI に関する FCC の全体的アプローチ及びそこで提示された根拠理由と合致しないことも指摘している。

そして同控訴裁判所は,「市場の DI に関する指数のどこに許容できる又はできないラインを引くのかを決定する際に, FCC は敬意を払われてしかるべきであるが, 当裁判所は, 当該ラインが明らかに矛盾した方法で引かれることを肯定しない」として, FCC の DI 判断手続に明らかな裁量権の逸脱があったと認定している。その際同控訴裁判所は, 特に相互メディア規制が, 他では承認されえない企業合併よりも DI 指数が高い企業合併の幾つかを承認している点を問題視している。

3 2006 年規制改革審査報告

Prometheus I 判決をうけて FCC は, 再び NBCO 規則について審査し, 2006 年規制改革審査報告書において新たな規則を制定した[28]。

その際 FCC は, 新規則の趣旨として,「競争及び複数のヴォイスが存在する最大規模の市場においてのみ相互所有を認めるものとなる。同規則は, 地域独

---

28) 2006 Quadrennial Regulatory Review - Review of the Commission's Broadcast Ownership Rules and Other Rules Adopted Pursuant to Section 202 of the Telecommunications Act of 1996, Report and Order and Order on Recons., 23 FCC Rcd 2010 (2008).

Ⅲ *Prometheus Radio Project v. Federal Communications Commission* 合衆国第3巡回区控訴裁判所判決

占の著しい進行と多様性の毀損を回避しつつ，地域ニュースの入手可能性と継続性を支援する必要性を衡量している」点をあげている。そして，この趣旨に基づいてFCCは，今後の新聞と放送の合併が，以下の条件に合致した場合に公共の利益に資すると推定し，当該合併を承認するとした。

① 問題となる市場が，ニールセン（Nielsen）の上位20 DMA（Designated Market Area）[29]の1つであること。

② 合併が，単一の大手日刊新聞と単一のテレビ又はラジオ局のみに関するものであること。

③ 合併がテレビ局に関するものである場合，当該合併手続が完了した後に，少なくとも8の独立に所有，運営される大手メディア・ヴォイス（大手新聞及び大出力テレビ局を含む）が存在すること。

④ 合併がテレビ局に関するものである場合，当該テレビ局がDMAにおいて上位4局にランクづけられていないこと。

一方FCCは，以上の例外として，(1) 当該合併が，破綻若しくは破綻寸前の放送局又は新聞社に関するものである場合，(2) 当該合併が市場における地域ニュースの総量を著しく増加させる新たな情報ソースとなる場合，との2つの限定的な状況においても相互所有を認めるとした。

そしてFCCは，以上の条件でもって個別の交渉を審査するとし，それぞれの審査においては，明白かつ確信にたる証拠でもって，当該合併後に合併組織が，その市場での別個独自のメディアの多様性（別個の編集及び報道に関する判断等）を増加させ，それぞれのニュース・ソース間の競争を増加させることが論証されなければならないとしている。そしてFCCは，「それぞれの特定の合併作業の状況ごとに，メディア及び見解の多様性に関する公衆のニーズと，伝

---

29) ここでDMAとは，視聴率調査会社であるニールセン（Nielsen Media Research）社が，カウンティに対してテレビ所有世帯に置かれた記録装置に記録された視聴率に基づいて割振ったカウンティ・ベースの地理的エリアである。カウンティは，当該カウンティの視聴者の過半数又は（過半数に満たない場合）相対多数が，そのDMAに所在するテレビ局の番組に関する記録がなされた場合に，DMAを割当てられる。

統的メディアの財務上の健全性に関する懸念を衡量する」ために，その審査において合併しようとする事業者が論証すべき具体的項目として次のものをあげている[30]。

① 当該 DMA における集中のレベル
② 合併組織が，その市場における地域ニュースの総量を著しく増加させることの証明
③ 新聞及び放送が，それぞれ独自の報道及び編集スタッフを雇用し，それぞれが独自の報道上の判断権を行使できることに関する証明
④ 合併が提案されている新聞又は放送局の財務状況

IV　おわりに

以上の検討から，Prometheus I 判決を中心とした NBCO 規則のあり方に関する議論について，以下の点を指摘することができる。

まず市場主義アプローチ，公共の利益アプローチそれぞれの立場から，最近の合衆国控訴裁判所レベルでの判断状況をみると，市場主義アプローチからは，Fox 判決，Sinclair 判決を支持して，市場競争原理が有効に機能しない極めて例外的な状況を除いて規制が廃止されるべきであろうが，Prometheus I 判決のように，公共の利益アプローチには明確に言及しないまでも，市場主義アプローチとは距離をおき，合理的根拠が提示される場合には規制が存続されうるとの立場も支持されている。ただ，Prometheus I 判決でも指摘されているように，ここでは，合衆国最高裁判所が放送メディア規制の根拠として有限稀少性，社会的影響力を破棄しておらず，合衆国控訴裁判所もこれらの根拠を覆すほどの証拠を認定できていないということに注意しなければならない。

---

30) しかしながら，2017 年に公表された 2014 年規制改革審査報告で，本規則は廃止された。そこでは，新規メディアの出現・普及があり，また新聞産業の衰退もあり，その結果としてアメリカ国民の情報ソースへのアクセスのあり方が急激に変化していることが重視されている。2014 Quadrennial Regulatory Review, 32 FCC Rcd 9802 (2017).

Ⅳ　おわりに

　そして Prometheus I 判決は，放送メディア法政策の理念の観点から，NBCO 規則のあり方について検討している。ここで注目すべき点は，Prometheus I 判決において理念の内容の具体化，詳細かつ実証的なデータに基づいた規制のあり方に関する議論が前提とされている点である。これは，市場主義アプローチの影響によるものであるといえ，それぞれの理念の具体化及びそれを根拠づける実証的データの分析，理念の達成に関する詳細な判断基準の構築が行われている。

　しかし一方で，どのように理念を具体化していくか，また実証的なデータによる分析になじまない要素をいかにとらえるべきか等の問題も存在する。Prometheus I 判決では，NBCO 規則を正当化する情報の多様性とは何か，また多様な情報が存在するとはいかなる状態かに関する明確な判断基準とは何かが検討され，少なくとも FCC が提示した DI には問題点が多いとされている。特にここでは，DI の内容として，対象メディアの範囲，「市場」のとらえ方，すなわち経済の自由市場と思想の自由市場の違いが問題となっている。

　対象メディアの範囲について FCC は，ケーブルを除外してインターネットを含めたが，その判断基準となったのが，国民がケーブル独自の情報に容易にアクセスできるか否かである。ケーブルが提供する地域ニュースに特徴がない，万人が視聴可能ではないのも事実であろうが，Prometheus I 判決も指摘するように，メディアの機能を考慮するならば，ケーブルをメディアの範囲から除外できないのではないかと思われる。逆にインターネットでは，Prometheus I 判決も指摘するように，新聞社や放送局の公式サイトで，紙等で報じたニュースが掲載されることが多く，情報の多様性の観点から，独自のメディアとしてカウントすることには問題が多い等の指摘がなされうる[31]。しかしながら，ジャーナリスト達が独自に，その専門的能力を駆使して取材し，ブログ等に公表し，他のメディアと同一視できるものも存在する。また，テレビや新聞によるやらせ，捏造及び誤報をインターネットが指摘する場合，さらにインターネット上で問題提起され，その後メディアが詳しく報じる場合も多く存在する。

---

31) Baker, Media Concentration and Democracy, 113-23 (2007).

第2章　新聞・放送相互所有規制と修正第1条

このことから，ケーブル，インターネット等を一律に論じることは困難であり，間違いも多いと思われる。したがって，メディアの位置づけに関するより詳細な検討が必要である。

次に「市場」のとらえ方であるが，FCC は独占禁止法において用いられる HHI をアレンジして DI を構築したが，これは経済の自由市場と思想の自由市場を同一視した考えであるといえる。2つの市場は，類似する部分が多いのも事実であるが，異なった部分も多い。例えば報道においてある新聞が重大な政治的事件をスクープした場合，スクープした新聞社にとっての経済的利益だけでなく，社会全体に与える影響も考慮されなければならないが，それを経済的視点から分析することは不可能に近い。思想の自由市場を独自のものとしてとらえ，独自の基準を構築する必要があると考えるべきである。

合衆国控訴裁判所による差し戻しをうけて，FCC が DI を撤回したうえで新たに定めた規則は，結局 2017 年に廃止されたが，規制対象を限定して具体的な判断要素を提示している。そこでは，経済的視点以外のものも検討できるように試みられており，また合併後も編集上の判断を区別させる等，情報の多様性の確保の観点から必要な措置についても検討されている点も注目される。

以上のアメリカにおける NBCO 規則に関する動向をふまえて，わが国の状況をみると，以下の点を指摘することができる。

第1に，わが国の放送産業構造規制，特に放送メディア所有規制はアメリカと同様の3つの理念を採用しているが，その位置づけ，内容が具体化されていない。特にアメリカでは，情報の多様性の確保が憲法上のものであり，最も重要な理念であるとされているが，わが国の場合，あまり明確化されておらず[32]，並列・対等なものとして位置づけられる場合もある。3つの理念は，矛盾対立する場合もあることから，対等なものでなく，優先順位をつけなければならないと思われる。また，わが国の放送メディア所有規制は基本的に市場主義アプローチを採用して規制緩和を行っているように思われるが，情報の多様

---

32) 例えば総務省『デジタル化の進展と放送政策に関する調査研究会最終報告』（平成18（2006）年10月6日）第2章「マスメディア集中排除原則の基本的考え方」(7-17頁) 参照。

IV　おわりに

性及び地域性の確保の観点から，問題が多いと思われる。

　第2に，わが国では，アメリカのNBCO規則に相当するものとして，マスメディア集中排除原則において3事業（新聞，中波ラジオ，テレビ）支配の禁止の原則が定められているが（放送法第91条及び93条1項4号，同条2項等），例外規定が多く，形骸化しているとの指摘も少なくない。また2004年に明らかになった同原則違反事例をみても，現行規制が十分機能しているのかは，極めて疑問であり，2011年の放送法改正で維持義務が法定された（第104条及び電波法第76条4項）が，その適用例はまだなく，今後の動向に注目すべきである[33]。また，この問題においては，アメリカと同様，情報の多様性の確保の観点から，新聞，テレビ，ラジオ及びそれら以外のメディアをどのように位置づけるかに関する議論も必要になると思われる。これらの議論において，ここで扱ったアメリカの議論状況は，大いに参考になると思われる。

　また前述のように2017年にFCCは，NBCO規則を廃止しているが，批判も多い[34]。

---

33) 2011年放送法改正におけるマスメディア集中排除原則について，曽我部真裕「マスメディア集中排除原則の議論のあり方」法時83巻2号（2011年）93頁以下参照。
34) 佐々木秀智「米国連邦通信委員会2014年規制改革審査報告―メディア市場の変化とメディア所有規制の理念の実現」情報通信政策研究　第2巻第2号（2019年）1頁以下参照。

第3章 複数放送局所有規制の具体的展開と電子メディア法の理念

　本章は，1996年電気通信法に基づく規制改革審査，それに対する合衆国控訴裁判所の諸判決のうち，特に2002年規制改革審査以降の全米レベルでのテレビ局所有（NTSO）規則，地域レベルでのテレビ局所有（LTSO）規則，ラジオ局所有（LRSO）規則について検討する[1]。ここでこれらの規則を対象とするのは，一連の審査手続及び訴訟等において最も問題とされているからである。

I　1996年電気通信法における複数局所有規制の概要

1　1996年電気通信法の基本的立場

　1996年電気通信法は，「アメリカの電気通信消費者への低価格かつ高品質のサービスを保証するために競争を促進し，また規制を緩和し，並びに新しい電気通信技術の導入を促進する」ことを目的とする法律である（第2条）。このこ

---

[1] なお，ここでアメリカの法学説の研究も重要であるが，それは別途行いたい。わが国においてアメリカの表現の自由・メディア法に関する学説研究は多いが，実際の法規制はあまり研究されていないといわざるをえない。アメリカの法学説はアメリカの実際の法規制を前提としており，実際の規制に関する理解がなければ法学説の十分な理解は不可能である。そこで本稿は，個別の法規制，判例に検討対象を限定する。なお，アメリカのこの分野に関する研究としては，*See* Mark Cooper, Media Ownership and Democracy in the Digital Information Age (2003); Philip M. Napoli, Foundations of Communications Policy: Principles and Process in the Regulation of Electronic Media (2001); Mark Lloyd, Prologue to a Farce: Democracy and Communication in America (2006); Jacob Rowbottom, Democracy Distorted: Wealth, Influence and Democratic Politics (2010); Philip M. Napoli, Media Diversity and Localism: Meaning and Metrics (2013).

I　1996年電気通信法における複数局所有規制の概要

とについて同法に関する下院委員会報告書は、「電気通信市場が規制された独占よりも競争的なものとなったならば、技術的進歩がより急速なものとなり、サービスが低廉な価格で広く利用されるようになる」と指摘し[2]、上院委員会報告書も、「政府は、技術及びサービスに関する広範な基準を設定するという技術革新を促進する重要な役割を果たしてきたが、それぞれの技術革新の最終的な成功は、公衆及び市場によって決定される」と指摘している[3]。

放送局所有規制に関しては、主に下院において議論された。放送局所有規制のあり方について下院委員会報告書は、まず映像配信技術の普及及び番組提供業者の成長にもかかわらず、無料のテレビ放送が映像市場に必要不可欠なものとして存続するとの認識を示した。そのうえで、放送産業が多チャンネルのメディア市場において効率的に競争できる能力を維持するために、新しい市場実態に基づいた規制枠組みに改革しなければならないとした。そして、同報告書は「この目標を達成させるために下院委員会は、放送規制に関する伝統的な観念から離脱し、さらに競争的な市場力に依拠することを選択する。競争環境の中で、放送局所有規制に関する不合理な制限及び配信アウトレット間の合併又は共同事業の包括的禁止は、もはや必要ではない」との基本方針のもとで規制の見直しを行うと結論づけている[4]。

ただ、同法が市場主義アプローチに基づいて規制緩和を基調としていることに対して批判もあった。たとえばマーキー（Edward J. Markey）議員らは、公共の利益アプローチに基づいて、規制緩和がマスメディアの寡占化を促進し、一方で所有の多様化が見解の多様性確保のための唯一の手段であり、放送局所有規制の廃止によって、公衆が地域のニュース及び情報に関する様々な見解へのアクセスの確保のための手段を失うと批判している[5]。

---

2) H. REP. 104-204, 104th Cong., 1st Sess. 1 (1996). なお、1996年電気通信法に関する議会資料については、THE TELECOMMUNICATIONS ACT OF 1996: LAW & LEGISLATIVE HISTORY (1996) に収録されているものを参照した。

3) S. REP. 104-23. 104th Cong., 1st Sess. 9 (1995).

4) H. REP.104-204, at 55.

5) Id. at 217.

第 3 章　複数放送局所有規制の具体的展開と電子メディア法の理念

2　複数局所有規制の概要

　1996 年電気通信制定時点では，第 202 条（c）は，NTSO 規則に関して，従来の 12 局との局数制限を廃止し，1 の者が所有できる局の上限を全米テレビ所有世帯の 35 ％（当該局所在地の DMA 内のテレビ所有世帯で算定）を超えないものと規定し，LTSO 規則に関しては，複占規則に，①それらの局の少なくとも 1 つが当該 DMA において上位 4 局の中にランキングされていないこと，②提案された企業結合がなされた後に，当該 DMA において独立に所有され，かつ運営されている営利又は非営利の大出力テレビ局が少なくとも 8 局存在することの 2 つが追加されていた（top four ranked/ eight voices test）。LRSO 規則に関しては，① 45 以上の大出力の営利及び非営利のラジオ局を有する市場においては 8 局までの営利局を所有できること（AM，FM の同一のサービスを行う局は 5 局まで），② 30 〜 44 までの大出力の営利及び非営利のラジオ局を有する市場においては 7 局までの営利局を所有できること（AM，FM の同一のサービスを行う局は 4 局まで），③ 15 〜 29 までの大出力の営利及び非営利のラジオ局を有する市場においては 6 局までの営利局を所有できること（AM，FM の同一のサービスを行う局は 4 局まで），④ 14 局以下の大出力の営利及び非営利のラジオ局を有する市場においては 5 局までの営利局を所有できること（AM，FM の同一のサービスを行う局は 3 局まで）が規定されていた。

　しかし，これらの規制緩和に対する批判もあり，たとえば，NTSO 規則に関してマーキー議員らは，「視聴者到達上限の規制緩和は，垂直的に統合した，全米的テレビネットワークの手中への集中を増大させる。ネットワークが貪欲に次々と地域局を買収するのを認めたならば，これらの地域局への配信をコントロールすることによって，メガ・ネットワークは全米的広告を販売する能力を向上させる」と批判している[6]。また，地域性の確保の観点からの懸念も表明され，たとえばホリングス（Ernest Hollings）議員は，地域性の確保の観点から NTSO 規則の調整が重要であるとして，「地域のテレビ局は我々のコミュニティに必要不可欠なサービスを提供している。地域番組は，我々市民に自然災

---

6)　*Id.* at 220-21.

害を報道し，地域の出来事に関するニュースを提供し，またコミュニティが蓄えてきた他の便益を提供することから，この価値ある地域のリソースを削減することはできない」と指摘している[7]。さらに，LTSO 規則についても，情報の多様性の確保の観点から，全面的改正によってマスメディア環境が根本的に変化し，相対的に少数のネットワーク経営者層にすべてのアメリカ人向け番組の決定権が与えられるとの懸念が示されている[8]。

II　規制改革審査の実施

　前述（第2章III 1）のように第202条（c）（2）は，LTSO 規則の所有上限について存続又は改廃の検討を行うよう命じ，さらに同法第202条（h）は，FCC に対して隔年（後に4年毎）で電子メディア所有規制に関する規制改革審査を行うよう規定した。そして同規定は，FCC に対して「それらの規制が競争の結果として公共の利益にとって必要か否かを判断」し，「もはや公共の利益に資さないと判断されたいずれの規制も廃止又は改正」するよう命じている。

1　LTSO 規則の緩和

　これをうけて FCC は，まず LTSO 規則に関して規制改革審査を行い，1999年に LTSO 規制に関する命令（Local Ownership Order）を公表した[9]。その際 FCC は，LTSO 規則の基本目的が情報の多様性の確保及び競争の維持であることを確認したうえで，同規則が，より強大な放送局を誕生させ，かつ公衆へのサービスを向上させる規模の経済等の共同所有が産業及び公衆に与える便益と，放送局所有の集中によって生じる所有の多様性及び市場の競争性の減少とのバ

---

7) S.Rep. 104-23, at 69.
8) H.Rep. 104-204 at 205. 同様の指摘は，マーキー議員らの意見の中でも提示されている。*Id.* at 221-3.
9) Review of the Commission's Regulations Governing Attribution of Broadcast and Cable/MDS Interests, Report and Order, 14 FCC Rcd 12903 (1999), *on recons.*, 16 FCC Rcd 1067 (2002).

第3章　複数放送局所有規制の具体的展開と電子メディア法の理念

ランスを保たなければならないとした[10]。またFCCは，他のマスメディアの普及による市場の発展及び競争の増大を考慮に入れなければならないとの立場を明らかにしている。

そのうえでFCCは，地域コミュニティに様々なメディアが存在するとし，特にケーブルの急速な普及をふまえて，多数の別々の免許所有者及び多様な他のメディアが存在する市場において，一定の場合，共同所有の便益が多様性への制約を上回ると結論づけた[11]。さらにFCCは，共同撮影，スタジオ及び事務設備の共有，業務及び技術スタッフの共有，広告及び取材活動における経済性等の同一市場におけるテレビ局の共同所有・運営に固有の顕著な効率性が存在し，これらが番組ニュース及び公的事項に関する番組の増加，娯楽番組の質の向上等の便益に寄与できるとした。そして多数の別々のテレビ免許所有者の存在する市場において，共同所有に関する公共の利益上の便益は，合併を認めることによる多様性及び競争へのコストを上回るものとなると結論づけた[12]。しかし，FCCは，アメリカ社会における放送の重要性をふまえ，またコミュニケーション産業が急速な変化の渦中にあり，寡占化を加速させていることから，同規則を廃止せず，現行の制度を緩和するにとどめると結論づけた[13]。

以上をふまえてFCCは，①Garde B信号端子の重複があっても異なったDMAにある局との合併（及び経過措置として，当該信号端子が重複しない場合，同一のDMAにある局間の合併），②合併後に当該局の他に8つの（営利及び非営利目的の）独立系大出力テレビ局が存在する場合の同一のDMA内での合併，③合併する2局が当該市場において上位4位内に該当しない場合（視聴者シェアで判断）の合併の承認を決定した。またFCCは，適用猶予（wavier）として，適用猶予申請前4ヶ月間放送を行っていない又は破産手続中の破綻局（failed station），低視聴者シェア及び過去数年間財政的に困窮状態にある経営困難局（failing station）をあげ，また未設置局の建設となる合併も，その申請者が証明すれば適

---

10) 14 FCC Rcd at 12911.
11) *Id.* at 12922.
12) *Id.* at 12930.
13) *Id.* at 12930-31.

Ⅱ　規制改革審査の実施

用猶予となるとした。

　このなかでDMAを採用する利点についてFCCは，信号端子の重複の有無との基準に比べて，DMAが実際の視聴パターンを正確に把握し，放送事業者，番組供給業者及び広告主がそのサービスや製品を売買する経済市場に関するより的確な把握方法として機能する（また実際，放送及び広告業界において当該方法が広く採用されている）と指摘している[14]。また，②についてFCCは，当該基準が市場における情報の多様性に関する総量の最低レベルを確保するための明確な基準を提供するとし，その根拠として，アメリカ社会における放送の役割の重要性，テレビ放送以外のメディアのテレビ放送代替性の認定の困難さの2つをあげている[15]。さらに，③についてFCCは，その市場における大手局の合併による競争上の弊害の防止を目的として，大手局がそのサービス提供地域において視聴者及び広告市場に占めるシェアの大きさを理由として，それらの局を別々に運営させることが競争を促進させると指摘している。そして自らの調査からFCCは，各市場において一般的に上位4局が地域のニュース放送を行い，一方，そのコストから低位の局が重要な地域ニュース番組をあまり放送しておらず，これら2つのカテゴリーに該当する局間での合併を承認することが，地域のニュース報道における見解の多様性に与える影響は少ないと指摘している[16]。

2　1998年規制改革審査報告とNTSO規則の緩和

　第202条（h）に基づいてFCCは，2000年に1998年規制改革審査報告を公表した[17]。同報告では，主にNTSO規則を含む4つの放送局所有規制に関する審査が行われたが，そこでFCCは，放送局所有規制の理念として競争の維持及び情報の多様性の確保をあげたうえで，各規則に関する検討を行っている。

　まず競争に関してFCCは，競争が規制の必要性を解消したか否かについて，

---

14) *Id.*

15) *Id.* at 12934-35.

16) *Id.* at 12933-34.

17) 1998 Biennial Review Report, 15 FCC Rcd. 11058（2000）.

第3章 複数放送局所有規制の具体的展開と電子メディア法の理念

映像番組配信市場,広告市場及び番組制作市場における競争のレベルの観点から検討し,情報の多様性に関しては見解,アウトレット,ソースの3類型の多様性を促進しているかの観点から検討するとした。またFCCは,第202条(h)の解釈に関し,「各規則の公共の利益上の判断は,競争的市場環境の観点から,競争及び多様性双方の問題の検討に基づいている」とした[18]。

これらに基づいてFCCは,各メディアの市場環境について調査を行った[19]。そこでは,全米の1億世帯が様々な種類の映像アウトレットの提供を受け,テレビ放送アウトレットは1,243の営利のテレビ局(UHF 682局,VHF 561局),373の非営利教育テレビ局(UHF 248局,VHF 125局),2,100の小出力テレビ局が存在するとされている。そして営利のテレビ局の60%が4大ネットワーク(ABC, CBS, Fox, NBC)の系列下にあり,8%が新規全米ネットワーク(UPN, WB, Paxnet)の系列下にあるとされている。その他の営利のテレビ局は,小規模ネットワークの系列下にあるか,独立系であるとされている。また全米の全世帯のうち,9%が20局以上受信できる一方で,36%が13以上のテレビ局を受信でき,全米の平均的世帯は,13局を受信できるとしている。また,アメリカの視聴者の約3分の2が地域のテレビ局をケーブル・システム経由で視聴しているとしている。

以上をふまえてFCCは,NTSO規則を存続させるとの判断を下した[20]。その根拠としてFCCは,①上限が35%と電気通信法で規定されており,FCCが変更できるものではないこと,②(前述の)LTSO規則改正の効果を調査,検討すべきであること,③電気通信法によってNTSO規則が35%に緩和されたことで生じた影響を検討すべきであることの3つを提示した。そして,NTSO規則を廃止又は緩和することによって生じる弊害として,系列局に対するネットワークの交渉力の増加,全米に提供される見解の多様性の減少,全米広告市場における集中の進行,番組制作市場における独占的支配力の拡大の危険性を指摘し,それが廃止又は緩和の便益を上回ると結論づけている。

---

18) *Id.* at 11061-62.
19) *Id.* at 11062-66.
20) *Id.* at 11073.

II 規制改革審査の実施

　さらに FCC は，NTSO 規則緩和によるテレビネットワークとその系列局との関係の変化について，それが系列関係から所有関係に移行し，ネットワークの交渉能力を増強させる場合がある一方で，より大規模で，より強力なグループが設立されることにより，グループ所有の系列局の交渉能力を増大させているとの認識を示し，NTSO 規則の緩和を検討する際に，この規則がネットワーク及び系列局の交渉上の地位に与える潜在的影響に注意するとの立場を明確にした[21]。そのうえで FCC は，全米ネットワークが，すべてのネットワーク番組の送信に強固な経済的利益を有しており，また独立系の加盟局が，ネットワーク番組を送信するか，自ら免許を得ている地域コミュニティの需要及び利益により資すると判断する他の情報ソースからの番組を代わりに放送するかの決定権を有することから，独立系局が対抗勢力としての重要な役割を果たしていると結論づけ，また非ネットワーク番組のためのアウトレットの提供によって，局の独立所有が番組の多様性を増大させるとも指摘している[22]。

　他方，UHF ディスカウントのあり方について FCC は，UHF 信号の電波が弱く，視聴可能地域が限定される等の問題が生じやすく，また運用の高コスト性から，競争上の不利があり，デジタル放送の普及が完了するまで，ディスカウントを存続させるべきと結論づけている[23]。

3　FCC による規制緩和に対する司法審査

(1)　LTSO 規則

　FCC が LTSO 規則を存続させたことが問題となったのが，2002 年の *Sinclair* 判決である[24]。合衆国コロンビア地区控訴裁判所は，まず FCC の決定が「恣意的かつ気紛れな」(arbitrary and capricious) ものであるか否かの行政手続法上の問題について検討を行っている。同控訴裁判所は，本件での考慮事項として，

---

21)　*Id.* at 11074-75.

22)　*Id.*

23)　*Id.* at 11078-80.

24)　Sinclair Broad. Group, Inc. v. Federal Communications Commission, 284 F.3d 148 (D.C.Cir. 2002).

第 3 章　複数放送局所有規制の具体的展開と電子メディア法の理念

放送における番組の多様性が抽象的かつ容易に定義できないものであることから FCC の裁量が広くなること，また第 202 条（h）が「所有規制の廃止又は修正を重視するとの前提に基づいている」ものであり，規制緩和を前提としていることの 2 つを指摘している[25]。

そして同控訴裁判所は，*NCCB* 判決及び *Metro* 判決に基づいて，メディア所有が集中した場合に同規則が情報の多様性を確保するために必要であることを支持したうえで，FCC が関連する事実を提示し，十分な説明を行っているか否かについて検討している。そこで同控訴裁判所は，当該規則の具体的判断要素として，①ケーブル，DBS，インターネット等の非放送メディアの普及によって消費者の選択肢が増加した一方で，テレビ・ラジオ局数が 1970 年より 85 ％ 増加していること，②地域ニュース・情報の入手源として非放送メディアは未成熟なものであり，いまだ放送が主要な情報源であること，③非放送メディアが放送メディアに代替しうるほどの経済的能力を有するとする明確な証拠がないことをあげて，規制緩和にとどめて廃止までしなかった FCC の判断を支持している[26]。

ただ，同規則の中で考慮される，ヴォイスの算定方法については，特に，同様の規制手法を採用するラジオ・テレビ相互所有規制と異なる算定方法を採用していることが問題となった。同控訴裁判所は，「委員会による 8 という選択とその『ヴォイス』の定義の間に明確な相互関係がある」としたうえで，「『委員会に提出された証拠に自らの行為が違反せず』，その行為に関して合理的な説明を行わなければならない」として，同規則を FCC に差戻し，「……差戻し審査において委員会は，『ヴォイス』の定義だけでなく，数値的な制限を調整することができる」としている[27]。

その際同控訴裁判所は，FCC がその根拠として提示した，①テレビ放送がほとんどのアメリカ人の主要な情報源のままであること，②放送以外のメディアがテレビに代替するほどの経済的能力を有していないことの 2 点に関する検

---

25) *Id.* at 152.
26) *Id.* at 160.
27) *Id.* at 169.

討を行っている。まず、①につき、FCCがテレビ放送と他のメディアの区別を前提とした検討を行っていないとし、②につき、FCCが相互所有規制において他のメディアをヴォイスとして算定することが、その市場における多様性及び競争の実際のレベルを正確に反映すると認定しつつ、それらがLTSO規則に関するヴォイスの定義において反映されるべきでないとすることについての説明がなされていないと指摘している。そのうえでケーブルやDBS等が提供する地域番組のほとんどがテレビ局によって制作されているとのFCCの判断に対して、相互所有規制でのケーブルに関する自らの認定の含意を無視していると指摘し、放送以外のメディア普及の偏在や情報格差（digital divide）の問題もFCCの判断に関する決定的な根拠にならないとして、8ヴォイス規則から放送以外のメディアを除外することで、第202条（h）における「公共の利益に必要」なものであるとの立証に失敗したと結論づけている[28]。

一方、同判決では、LTSO規則が修正第1条に違反するか否かも問題となった。まず同控訴裁判所は、*NCCB*判決がケーブル、DBS、インターネット等の新たな電子メディアの出現によっても変更されないとして、LTSO規則に関する合憲性判断基準として合理性の基準を維持したうえで、LTSO規則がメディア数の多様性及びテレビ放送における十分な競争の確保という目的と合理的関連性を有するか審査し、同規則が修正第1条に違反しないと判示している[29]。

(2) NTSO規則

98年規制改革審査報告でのFCCによるNTSO規則存続が問題となったのが、2002年の*Fox*判決である[30]。合衆国コロンビア地区控訴裁判所は、まず、「放送規制において公共の利益は伝統的に多様性（及び地域性の確保）を含み、第202条（h）の中に伝統的な枠組みからの離反を示すものを見出すことはできない」として、競争の維持、情報の多様性の確保及び地域性の確保の3つがFCCの規制の基本目標となるとしている[31]。そのうえで同控訴裁判所は、競

---

28) *Id.* at 165.
29) *Id.* at 168-169.
30) Fox Television Station Inc. v. Federal Communications Commission, 280 F. 3d 1027 (D.C. Cir. 2002).

第3章　複数放送局所有規制の具体的展開と電子メディア法の理念

争の維持に関して，テレビ放送事業者の不当な市場支配力を根拠とする NTSO 規則の合理性に関する客観的な証拠を FCC が提示しておらず，また NTSO 規則が競争へのセーフガードとして必要であるとの合理的な根拠を提示していないと結論づけている[32]。情報の多様性の確保に関しては，それが NTSO 規則の規制根拠となることに関する検討及び評価が十分になされていないとし，また 84 年報告において同規則と全米レベルでの多様性が無関係であるとしたことを否定する理由を説明しておらず，FCC が過去に行った全米レベルでの多様性と NTSO 規則の関係性に関する説明が不十分であると結論づけている[33]。

そして同控訴裁判所は，98 年規制改革審査報告で FCC が具体的根拠として提示した 3 つの根拠について検討している。まず，LTSO 規則の緩和の効果に関する検討をうけて NTSO 規則を検討すべきであるとの点について同控訴裁判所は，LTSO 規則の緩和と NTSO 規則の存続との間に何ら明確な関係がないとしている[34]。また同控訴裁判所は，35 ％と電気通信法で規定され，FCC が改廃できるものではなく，また NTSO 規則の上限が 35 ％とされた効果を検討すべきであるとした点について，35 ％とされたのは，FCC が改正の必要性を調査すべき出発点を決定しただけであり，「同条が委員会に対して，35 ％との新たな NTSO 規則を批判的に検証し，それが必要なものであり続ける場合に限って存続させるとの義務を課している」との見解を示している[35]。さらに同控訴裁判所は，系列局の交渉力の強化が情報の多様性の確保に資するものであると認めたが，84 年報告がグループ所有されていない局がコミュニティの需要によりよく応えていることを示唆している等の証拠は存在しないとしていた点について，FCC が 98 年規制改革審査報告においてそれを否定する理由を提示しなかった点を批判している[36]。

---

31) *Id.* at 1042.
32) *Id.* at 1041-42.
33) *Id.* at 1042.
34) *Id.*
35) *Id.* at 1043.
36) *Id.*

さらに FCC によるメディア市場の認識のあり方も問題となり，同控訴裁判所は，FCC が「問題となる市場を定義することなく，単に，テレビ所有世帯数，テレビ局数，ネットワーク系列局の割合，及び平均的な視聴者が受信できる局数を列挙し，そこでの競争状態を調査しているだけである」と批判して，FCC によるメディア市場に関する調査が不十分であるとして，列挙された事実と NTSO 規則の存続との関連付けを行うよう差戻した[37]。

他方，同控訴裁判所は，修正第 1 条上の問題についても検討し，放送電波の有限稀少性論につき，「……当裁判所は，もはや稀少性による根拠づけが合理的なものでなくなったとしても，それを拒絶することができる立場にはない」として，合衆国最高裁判所による判例変更がない限り，電波の有限稀少性論を維持するほかないとの立場を示している[38]。さらに同控訴裁判所は，NTSO 規則が産業構造を対象とする内容中立規制であり，*O'Brien* 判決基準が適用されるとし，「多くの所有者を有する産業は，他方で，より集中した産業よりもあまり効率的なものでないかもしれない。消費者満足と潜在的運用コストの双方が当該規則の結果として犠牲にされる」との認識を示しながら，放送規制において合衆国議会が情報の多様性の確保といった効率性以外の価値を追求することが憲法上可能であるとして，「合衆国議会が，たとえ特定の市場で視聴されるヴォイスが同じ場合であっても，全体としてより多くのヴォイスが聴かれること，全米のおよそ 3 分の 1 のそれぞれを優先することは，不合理なものではない」と判示している[39]。

III　2002 年規制改革審査報告

1　2002 年規制改革審査報告の基本的立場

FCC は，2003 年に 2002 年規制改革審査報告を公表した[40]。同報告では，地域レベルの所有規制として，LTSO 規則，LRSO 規則の各規制及び相互所有

---

37) *Id.* at 1044.
38) *Id.* at 1046.
39) *Id.* at 1047.

第3章　複数放送局所有規制の具体的展開と電子メディア法の理念

規制が検討されている。また個別の規制を検討する前提作業としてFCCは，3つの理念のあり方，2002年段階のメディア市場の状況把握を行っている。そこで，まず3つの理念に関して2002年時点のFCCがどのような認識であったかについて明らかにしたうえで，LTSO規則，LRSO規則の検討を行う。

　まずFCCは，メディア市場の変容について「今日のアメリカ人は，以前と比べて自らが入手できる，より多くのメディア選択肢，より多くのニュース及び情報源，より多様な娯楽番組を有している。……今日，数多の映像番組チャンネルがこの国のすべての市場において利用可能であり，インターネットを経由してアメリカ人は，すべての話題のほぼすべての情報にどこでもアクセスできるようになった」との認識を示している。そしてFCCは，このようなメディア市場において「……技術の進歩が自宅，学校及び職場に情報及び番組への前例のないアクセスをもたらした一方で，FCCの放送所有規制は，過去からの遠い山彦のように，ラジオ及びテレビの放送免許を所有する者を，あたかも放送事業者がアメリカの情報の門番であるかのごとく，規制し続けている」と問題視している。そのうえでFCCは，現行規則がケーブルの競争的な地位を十分に評価せず，インターネットの多様性向上的価値を無視しているとの問題点を指摘し，政策的観点からも，法的観点からも，現行規則が公共の利益のために必要であるとはいえず，現行規則は，「つまり，原理上は称賛に値するが，それらが資するよう求めている利益に資していない，執行不可能かつ弁護不能な規制のパッチワークである」と結論づけている[41]。

　以上の市場認識をふまえてFCCは，情報の多様性，地域性，競争の3つの理念を維持することを明らかにしたうえで，それぞれの理念の具体的内容及び測定方法について検討を行っている。

(1)　情報の多様性

　まず情報の多様性についてFCCは，これを見解（viewpoint）の多様性，アウ

---

40) In the Matter of 2002 Biennial Regulatory Review - Review of the Commission's Broadcast Ownership Rules and Other Rules Adopted Pursuant to Section 202 of the Telecommunications Act of 1996, 18 FCC Rcd 13620 (2003).

41) *Id.* at 13623.

トレット (outlet) の多様性，番組 (program) の多様性，情報源 (source) の多様性に分類して分析している[42]。

見解の多様性に関してFCCは，多様な分析視点を反映するメディア・コンテンツの入手可能性であると定義し，多様かつ活発な思想の自由市場は，民主主義の基礎であるとしている。そしてFCCは，アウトレット所有者が発信されるべき内容を選択することを根拠として，表明される見解とアウトレットの所有の間に明確な相関性があるとの前提をFCCが伝統的に採用してきたとし，また公衆に提供される見解を多様化するために，複数の会社間でのメディア・アウトレットの分散を追求してきたとし，2002年規制改革審査報告においてもこの立場を維持している[43]。またFCCは，財務上のインセンティブが地域のニュース報道をバイアスのないものとさせることから，多様性を促進するために地域レベルでの所有規制は不要であるとの指摘に対して，①メディア企業は，ニュースに関する決定に至るまで様々な財務上のインセンティブを有しており，バイアスの明示を避けることは，そのような財務上のインセンティブの1つに過ぎない，②財務上のインセンティブ以外にも，ニュース報道に関する判断において考慮される要素が存在し，バイアスのないニュース報道を行う際にメディア企業が有している財務上の利益がどんなものであれ，財務上のインセンティブがニュース報道における判断の唯一の要素ではないことをあげて，規制不要論を否定している[44]。

そのうえでFCCは，見解の多様性の測定方法について，「映像及び音声メディアのすべてのコンテンツが見解を表明する可能性を有しているが，見解の多様性はニュース及び公的事項に関する番組を通じて最も容易に測定される」とし，その理由として測定の容易性に加えて，ニュース番組等がメディアにおける活発な民主主義的議論を促進するという中核的な政策目的に直接関係することをあげている[45]。ここでテレビショーが公的事項を扱う場合の取り扱い

---

42) なお，ここでマイノリティ及び女性による所有も分析項目として提示されているが，省略する。
43) 18 FCC Rcd at 13627.
44) Id.

第 3 章　複数放送局所有規制の具体的展開と電子メディア法の理念

について FCC は，テレビショーは次に述べる番組の多様性で考慮されるべきであり，見解の多様性では検討しないとしている。

　番組の多様性に関しては，番組フォーマット及びコンテンツの種類を意味するとされている。そこでは，テレビに関しては，料理，音楽等の専門番組チャンネルとドラマ，連続ホームコメディ等が含まれるとされ，ラジオに関しては，ジャズ，ロック等の音楽フォーマットや，スポーツ及びニュース・フォーマットの多様性に番組の多様性が反映されるとされている。そして番組の多様性に関して FCC は，政府規制よりも，配信システム間の競争に委ねた方がよりよく達成されるとの立場を明らかにしている。そのうえで FCC は，放送市場が競争的である限り，消費者の嗜好に応えようとするメディア企業に委ねることにより番組の多様性が最もよく達成されるとし，「配信システムは消費者の関心を集めるために強力に競争し，消費者の多様な番組需要に資するために自ら提供する番組を適合させる強力な財務上のインセンティブを有している」と指摘している[46]。

　アウトレットの多様性に関して FCC は，ある市場において複数の独立所有の企業が存在することを意味するとし，アウトレットの多様性はそれ自体が目的ではなく，見解の多様性を確保するための手段であるとしている。また FCC は，アウトレットの多様性の確保が，刷新性[47]，公共の安全[48]の確保という別の公共の利益に資するとしている。

　情報源の多様性に関して FCC は，多様なコンテンツ制作者からメディア・コンテンツを容易に入手できることであると定義し，情報源の多様性が見解の多様性及び番組の多様性の「小売り」(retail) に貢献するものであると説明し

---

45)　*Id.* at 23631.

46)　*Id.* at 13631-32.

47)　ここでは，特にラジオが新規に参入しやすい点が重視されており，メディア企業が成長するための経験を積む手段としてラジオが位置づけられている。*Id.* at 13632.

48)　これは，緊急時に特定の市場において複数の独立した放送企業間で放送設備及び職員を分離させておくことが，1 つの企業が必要不可欠な公共の安全情報を送信できないことで，そのサービスを提供する他の放送局所有者が存在しない状態におかれるのを回避することを意味している。*Id.* at 13633.

ている。そしてFCCは，情報源の多様性は視聴可能なチャンネル数が限定されていた時代には有益なものであったが，視聴可能なチャンネル数の著しい増加等といった今日のテレビ市場の劇的な変化に照らして，情報源の多様性を促進するために政府規制が必要であるとはいえず，「情報源の多様性を当委員会の放送所有規則の政策目標とすべきであると結論づけることはできない」としている[49]。

以上のようにFCCは，情報の多様性をさらに4つに細分類し，それぞれを詳細に分析し，それがLTSO規則とどのように関連づけられるかを実証的に分析している。ここで注目されるのは，情報源の多様性が多チャンネル化によって地域レベルでの放送局所有規制を根拠づけられなくなったとしている点である。

(2) 競　争

競争の維持に関してFCCは，放送メディア所有規制の合憲性を認めた合衆国最高裁判所判例を提示し[50]，また1996年電気通信法第202条等を示して[51]，憲法上及び法律上の根拠を主張している。そのうえでFCCは，「競争は，当委員会の公共の利益義務に密接に関係しているポリシーであり，また我々が遂行するよう制定法によって義務づけられているものである」との立場を明らかにしている[52]。そこでは，「消費者は，1又は少数の企業が市場支配力を行使する市場よりも，競争的な市場において，より多くの選択肢があり，低廉な価格で，またより刷新的なサービスを受け取ることができる。これらの競争による便益は，活力ある競争が可能となる市場構造を規制機関が正確に把握する場合

---

49) *Id.*

50) Federal Communications Commission v. Sanders Brothers Radio Station 309 U.S. 470 (1940); United States v. Storer Broadcasting Co., 351 U.S. 192 (1956).

51) またここでは，合衆国議会の上下両院共同解釈声明（Joint Explanatory Statement）が，1996年電気通信法が「すべての電気通信市場を競争にさらすことによって，民間部門による高度な電気通信及び情報技術並びに全国民へのサービスの迅速な普及を加速させることを目的として設計された，競争親和的，規制緩和的な全米政策枠組みを提示している」と述べている点も引用されている。

52) 18 FCC Rcd at 13638.

第 3 章　複数放送局所有規制の具体的展開と電子メディア法の理念

に達成できる」と指摘されている[53]。

　次に FCC は，経済法上の競争と放送局所有規制における競争の関係について，「経済的競争を促進するために放送局所有を制限する際に，当委員会はまた，思想の自由市場における競争の保護——見解の多様性——という当委員会の別個の政策目標を保護，促進するための重要な試みを行っている」として，修正第 1 条が前提としている思想の自由市場での自由な思想，情報の交換を競争の手法でもって達成させることが重要な目的であると指摘している。その理由として FCC は，「このことは，独占禁止の理論が，その核心において，当委員会の見解の多様性の促進という目標と類似した目的を有しているからであり，双方の公共政策上の目的は，少数の企業による過度な市場シェアの集約が公共の福祉に危害を与える傾向があるという共通の信念を共有しており，双方とも高度に集中した市場が，一部の企業に極めて有利に，また当該企業に対抗する者には不利になるように支配力の適正な均衡を傾けるという信念に基づいて構築されている」ことをあげている[54]。そのうえで FCC は，放送局所有規制における競争の意味について，次のように指摘している[55]。

　　「放送局所有規則は経済的な競争分析に根拠づけられるものであるが，それはまた，地域ニュース及び公的事項に関する番組の制作を通して，地域における見解の多様性への著しい貢献者となるのがほぼ確実となる地域テレビ局を別々に所有することによる効果を生じさせている。にもかかわらず，……収集された記録の分析によって，競争的な市場を維持することが，すべての事例において見解の多様性を適切に保護することはないとの結論に至った。……当委員会は，小規模市場における一定の企業結合が，標準的な独占禁止の理論に基づくと競争上の危害を生じさせない場合であっても，見解の多様性に不当な脅威となりうるとの結論に至った。」

以上をふまえて FCC は，競争の測定方法について検討を行っている[56]。ま

---

53)　*Id.*
54)　*Id.* at 13639.
55)　*Id.*
56)　*Id.* at 13639-40.

72

ずFCCは，従来の測定方法が，「放送アウトレット間の競争が，消費者の番組嗜好に合致する番組を提供可能な状態にしておくことによって消費者に便益を与えることができる」との事実認定を前提として，メディア市場における消費者の福祉から派生するものとしての広告市場における競争の調査に重点を置いてきたとしたうえで，メディア市場の変化に対応するために，他の指標を採用するとの立場を明らかにしている。特に従来テレビ局は他のテレビ局とのみ，またラジオ局も他のラジオ局とのみ競争していたが，今日，テレビ及びラジオ事業の財務モデルが変化してしまった点が重視されている。2002年規制改革審査報告の時点においては，テレビ事業における収益の大部分は消費者による直接的な支払いによって構成されているとされ，そこでは全米総世帯の85％が，テレビ番組を視聴するために，ケーブル，DBS等の配信システムを通じた多チャンネル映像番組配信サービス事業者（Multichannel Video Programming Distributer, MVPD）によって供給されているテレビ番組と契約していることが指摘されている。そしてMVPDがCNN, MTV等の非放送系番組ネットワークに対して，それらのチャンネルを契約者に送信する権利の対価を支払っている。したがって番組ネットワークによって受領された支払金は，番組ネットワークの収入源の1つとなる。また番組ネットワークは自らのチャンネルの広告時間を販売している。これらから，放送事業者との競争において，非放送番組ネットワークは番組の制作又は購入のための2つの収入ルートを有していることになると指摘されている。

またFCCは，ケーブル及びDBSの事業モデルが，広告のみのテレビ放送局に対するさらなる競争上の有利性を提供すると認定している[57]。そこでは，視聴者の番組嗜好の傾向を放送では把握できない一方で，MVPDsでは，基本サービス，プレミアム・サービス等とチャンネルを区分けして，それぞれの料金を設定し，料金を支払ってでも視聴したいチャンネルを把握することができることが理由としてあげられている。

以上の2点に基づいてFCCは，視聴占拠率（audience share）を指標の1つと

---

[57] *Id.* at 13640-41.

第3章　複数放送局所有規制の具体的展開と電子メディア法の理念

して採用するとの立場を明らかにしている。また広告市場による測定は，視聴占拠率による分析が十分ではないと FCC が判断した個別の市場に限定するとしている。

同時に FCC は，価格競争に焦点を当て，競争的な市場構造の運用を通じた経済的効率性を確保することに関心を払う独占禁止法の観点とは異なり，放送局所有規制における競争が消費する公衆に競争の減少が与える最終的な影響を考慮するものであるとしている。そして FCC は，「公衆は，地上波放送の信号を受信するために契約料金を支払わないけれども，当委員会は，情報の多様性及び地域性とは別個の目標である，放送市場を競争的なものとし続けることによって競争のすべての便益が公衆にもたらされるのを確実にする公共の利益義務を有している」と結論づけている[58]。

他方 FCC は，理念としての競争の中に，刷新 (innovation) を付加すべきであるとしているが，その具体的内容，測定方法について詳細には検討されていない[59]。

以上から FCC は，競争法上の市場とメディア規制の対象となる市場を区別していることが明らかになる。そして，メディア規制の対象となる市場は，競争上の市場に加えて，情報の多様性をも対象とする広義のものであり，また多様性の確保のための手段として競争を用いるとの立場を明らかにしている。それは，情報の多様性の確保が憲法上の原理であり，競争が法律上のものにすぎないという点からも理解できる。一方測定方法については，MVPDs との事業構造の相違に注目した検討がなされているということができる。

(3)　地域性

地域性の確保に関して FCC は，1996年電気通信法に関する立法資料が「地域性は，高い価値を有している。合衆国議会は，それが本質的に重要な価値のあるものであり，次の世紀のための法改正を行って地域性の価値を維持，発展させなければならないと確信している」と述べていること[60]，放送局の系列所有規制の合憲性が問題となった1943年の *NBC* 判決において合衆国最高裁

---

58) *Id.* at 13642.

59) *Id.*

74

判所が「地域番組サービスは,コミュニティの生活の重要な部分を占めている。放送局は,地域コミュニティの需要に資する準備を行い,能力を持ち,意欲を持っていなければならない」と判示している部分をふまえて[61],「当委員会は,放送メディアにおける地域性の促進に関与することを再確認する」と結論づけている[62]。

そして FCC は,地域性の測定方法として,①地域の需要及び利益に対応した番組選別,②地域ニュースの量及び質の2つを提示している。

なお2002年規制改革審査報告において,地域性に関する検討は以上であり,他の理念と比較して地域性は,主に地域レベルを対象とした規制を検討していることもあって,あまり重視されていないといえる。

2 NTSO 規則の検討

以上の理念をふまえて FCC は,NTSO 規則の上限を 35 ％から 45 ％に緩和し,そのテレビ所有世帯の算定方法について当該事業者が局を所有する各市場におけるテレビ所有世帯数を加えた[63]。45 ％に緩和した根拠として FCC は,① 35 ％の上限が個々のネットワークとその系列局との番組毎の優先買取権のレベルに関する交渉力に何らの影響力も与えていないこと,②放送ネットワークが所有及び運営する局が地域ニュース制作に関して地域コミュニティにより十分なサービスを提供し,ネットワーク所有局がその系列局よりもより多くの地域ニュース番組を放送していること,③スポーツ等の高額な番組をネットワークが無料のテレビで放送することを奨励する規制が公共の利益に資することの3点をあげている[64]。

また,UHF ディスカウントに関しても,その存続を決定した。その際 FCC

---

60) H. Rep. No. 104-104, 221 (1996).

61) National Broadcasting Co. v. United States, 319 U.S. 190, 203 (1943).

62) 18 FCC Rcd at 13643.

63) Id. at 13842-45. ここでテレビ保有世帯の算定の際,その局の視聴率に関わらず,当該市場の潜在的視聴者のすべてが算入される。したがって,全米のテレビ保有世帯のシェアと,全米のテレビ局のシェアは異なるとされている。

64) Id.

は，UHF 局の技術的不利（電波の到達地域の狭さ等）が VHF 局との競争に重大な影響を与えること，UHF ディスカウントによって，新規ネットワークの市場参入が容易になり，そのネットワークがケーブルや DBS 未加入者を含む全アメリカ人に関する消費者選択及び番組の多様性を促進してきたことをあげている[65]。ただ，デジタルテレビへの移行が完了したならば，UHF ディスカウントを全米ネットワーク所有局に関して廃止するとしている。

3　LTSO 規則の検討

　2002 年規制改革審査報告において FCC は，*Sinclair* 判決をふまえた LTSO 規則の再検討を行っている。まず FCC は，競争の観点から現行の LTSO 規則について検討し，現行規則の一部が競争の維持にとって必要なものではないとしている。具体的には，8 ヴォイス基準が小規模及び中規模市場において効率性を向上させ，競争を促進させる合併を禁止しており，また 2 を超えるテレビ局の共同所有を禁止していることによって，大規模市場において効率性を向上させる合併を禁止していると指摘している。一方，上位 4 局同士の合併の禁止に関しては，競争を促進するために必要なものであり，存続させるとしている[66]。

　このような判断を行った前提として，第 1 に FCC によるテレビ市場の分析がなされている[67]。そこでは，テレビ市場が，配信映像番組市場（market for delivered video programming），映像広告市場（video advertising market），映像番組制作市場（video program production market）の 3 つに分類されている。FCC は，自らの関心が視聴者に関する競争の促進であって，視聴者に直接影響を与えるのが配信映像番組市場であるとして，同市場が最も重要であるとしている。他の 2 つに関しては，これらの市場における競争の維持が公衆への付加的な保護を追加し，すべてのテレビ放送事業者が広告収入及び番組制作に関して公正に競争できるようにする限りにおいてのみ重要であるとしている。そして，政策目

---

65) *Id.* at 13845-47.
66) *Id.* at 13671.
67) *Id.* at 13671-72.

III 2002 年規制改革審査報告

標としての競争にとって必要不可欠なものは，十分な数の強力な競合事業者が視聴者をめぐる競争に活発に関与する状況を確保することであり，配信映像番組市場に多くの競合事業者が存在する限り，視聴者の利益が増進されると指摘している。

　FCC は，配信映像番組市場に関してパブリック・コメント等で提出された事実を分析したうえで，まずテレビ視聴者が非映像娯楽（読書，音楽鑑賞）及び非配信映像（ビデオカセット，DVD，映画館）をテレビ視聴に十分代替しうるものとは考えていないと認定している。それに対して，ケーブル・DBS の契約料金がインフレ率以上の高騰をしている一方で，その高騰がケーブル・DBS の契約解除，又は世帯がテレビ視聴に費やす総時間数の減少につながることがないことから，ほとんどの視聴者にとって，地域テレビ放送局及びケーブル・DBS から提供される番組が，相互に十分代替しうるものであると認定している。

　しかしながら FCC は，放送とケーブル・ネットワークを区別するとの立場を継続すると結論づけた。その理由としては，典型的なケーブル・ネットワークは全米向けの番組を全米に向けて提供しており，ケーブル・ネットワークは全国市場の条件に適合しようとするインセンティブを有していることがあげられている。そして，いずれの市場におけるテレビ放送局間の合併も全国的ケーブル・ネットワークの競争上の戦略を変更させることはありえず，逆に一般的には DMA 以上とはならない地理的エリアに全国向け番組と地域向け番組を取り混ぜたものを提供していることから，地域テレビ放送事業者が地域市場の諸条件に適合しようというインセンティブを有していると指摘している[68]。

　また FCC は，配信映像番組市場におけるテレビ放送局の共同所有の効率性について検討している。そこで配信映像番組市場での参加者間の合併は配信映像番組の流通数に影響を与えないかもしれないが，合併会社によって提供される番組のタイプ又は性質に，視聴者の不利益となる悪影響を与えるとの一般理論を提示しつつも，視聴率データから合併後の方が状況が改善するという事実認定に基づき，地域テレビ市場における合併の緩和によって，効率性を促進し，

---

68) *Id.* at 13673.

第3章　複数放送局所有規制の具体的展開と電子メディア法の理念

視聴者に好まれる番組の配信がなされると結論づけている[69]。

次に FCC は映像広告市場について分析し，現行規則が多くの放送事業者を最適以下の規模に制限し，広告収入に関する他メディアとの競争能力を阻害していると結論づけている[70]。その理由としては，まず，競争的なテレビ広告市場が配信映像番組市場における競争を維持するために必要なもの以上の配信映像番組所有者数を必要としており，映像番組市場における競争を確保することは，公衆に付加的なレベルの競争を提供することとなることがあげられている。また地域市場におけるテレビ放送局所有者数がより多くなることが，特定の放送事業者による市場支配力の行使の可能性を低減させ，広告収入に関する小規模又は合併していない放送事業者の競争を補助することも指摘されている。

最後に FCC は映像番組制作市場に関して分析し，その前提として映像番組シンジケーターの状況を分析したうえで，シンジケーターはテレビ放送事業者，ケーブル事業者等を同一視し，代替可能なものと理解しており，同一市場における合併が個々の地域テレビ局に番組を直販しているごく少数のシンジケーターにとって懸念事項であると認定している。そのうえで，ほとんどの市場においてテレビ放送局の共同所有を排除することで，現行規則は番組シンジケーターが受領するその番組の適正な価格を維持するのに必要以上のものを規定していると結論づけている[71]。

第2に地域性の確保について FCC は，地域レベルでのテレビ局の合併が地域ニュース及びその他の地域の関心事項に関する番組の質並びに量にいかなる影響を与えるのかについて分析する必要性を指摘し，実証的データ及び逸話的データの収集に重点をおいている。その結果，地域番組の質及び量に関しては，同一市場での結合組織の所有者又は運営者が自らのコミュニティの需要及び利益により対応した番組を提供する能力もインセンティブも有しており，多くの場合実際に行っていると認定している。そのうえで FCC は，現行規則の改正が地域性を増進する可能性が高いと結論づけている。また地域ニュース番組等

---

69) *Id.* at 13675.

70) *Id.*

71) *Id.* at 13677.

の制作コストの問題について，ニュース制作その他のコストの高騰によって放送事業者がより費用のかからない番組選択肢に頼るようになっていると認定している。そして同一市場内での結合と地域番組の提供の間に明確な相関関係があるとして，現行規則の改正が，制作コストの削減等を行い，放送事業者が新規の地域ニュース及び公的事項に関する番組に投資すること，又は少なくとも現在の地域番組を維持することが可能となる効率性を生じさせると結論づけている[72]。

第3に情報の多様性の確保に関してFCCは，過半数の市場で見解の多様性が豊富であるとして，非放送メディアの役割を重視している。そして，見解の多様性を確保するために，複数テレビ局の所有によって創出されるかもしれないし，されないかもしれない経済的インセンティブのみに依拠することはできないとしつつ，地域市場において非放送メディアが見解の多様性に貢献しているとして，現行規則が多様性の目標を達成するには必要なものではないと結論づけている。そのなかでFCCは，テレビのみが地域市場における見解の多様性に貢献する唯一のメディアではないとし，見解・思想の市場は，放送局が競争する経済的市場よりも広いものであると指摘している。さらにFCCは，テレビのみを規制することを問題視し，言論の自由を不当に侵害する恐れがあるとして，現行規則が情報の多様性の確保を根拠として正当化されえないと結論づけている[73]。

番組の多様性に関しては，それまで番組の多様性がLTSO規則を根拠づけることはないとの立場をとっていたが，2002年規制改革審査報告において番組の多様性が当該規則を根拠づけるとの立場に変更している。そして前述のFCCの基本的立場に基づいて，「市場が競争的であり続ける限り，消費者の嗜好にメディア企業が対応しようとすることによって番組の多様性が達成される」と述べて，番組の多様性が政府規制よりも配信システム間での競争に委ねる方が最もよく達成されるとしている[74]。ただ，1990年子供のテレビ法（Chil-

---

72) *Id.* at 13678-83.
73) *Id.* at 13688-89.
74) *Id.* at 13690.

第 3 章　複数放送局所有規制の具体的展開と電子メディア法の理念

dren's Television Act of 1990) が子供に提供される教育・教養番組の総量を増加させるよう命じているのに対して，合併によって同一の市場で共同所有されている局が同一の教育・教養番組を放送した場合，この種の番組の多様性が低減されるとして，1 の市場において複数の局が共同所有され，同一の教育・教養番組を放送する場合，それらの局の 1 つのみが同法に基づいて行われている FCC による規制の対象となるとしている[75]。

以上をふまえて FCC は，LTSO 規則の「改正が番組の多様性を増大させるかもしれないが，当委員会は見解の多様性よりも番組の多様性を優先することはない。むしろ当委員会は，地域レベルのテレビ所有規制の全体枠組みを他のメディアの貢献及び地域テレビ市場における見解の多様性を反映させるために改正している。付加的な便益として，今回の規則改正が，市場のさまざまな力によってより多くの番組の多様性が生み出されるのを可能にする」と結論づけている[76]。

以上の理念からの検討を前提として FCC は，次のような LTSO 規則の改正を行うとした。①17 以下のテレビ局を有する市場においては，2 局までの共同所有を認め，18 以上のテレビ局を有する市場においては 3 局まで共同所有を認める。②この基準に基づくテレビ局の算定において，ニールセン（Nielsen）社によって割り当てられた DMA 内のすべての大出力の営利及び非営利のテレビ局を対象とする。③1 の者が視聴占拠率に基づいて当該市場における上位 4 局に順位づけられる複数の局を所有することになる局の結合を禁止する（5 局未満の市場内での結合も禁止される）。他方，8 ヴォイス基準は廃止された。

その際 FCC は，新しい LTSO 規則が対象とする危害を明らかにし，また独占の測定基準について検討を行っている[77]。まず対象とする危害については，①一方的効果（unilateral effect）として，複数の免許を所有する者が視聴者の不利となるように自らの競争的行動を変更することが利益となると判断すること（共同所有するチャンネル上での地域ニュース番組の中止等），②協調的効果（coordi-

---

75) *Id.*
76) *Id.* at 13691.
77) *Id.* at 13693.

nated effect) として，集中の進行によって視聴者に危害を与える方法でもってすべての市場参加者の競争的行動に共同的変更を生じさせることの2つをあげている。

次に独占の測定基準について FCC は，司法省・FTC の合併ガイドライン (DOJ/FTC Merger Guideline) で採用されている HHI を基本とした基準を採用するとしている[78]。そして HHI が 1,800 以上であれば高度に寡占的とされるが，FCC は，1,800 というのが，6つの均等な競合事業者の存在に対応するものであるとしている。ただ HHI は，FTC 等が全産業を対象としたものであって，産業特定的なものでないとし，特に配信映像番組市場に特化した判断基準を作成する必要性を強調している。その際 FCC は，①配信映像番組市場の特性から，各シーズンの新規の番組選択に関して継続的な番組の刷新が存在し，番組を配信する企業の収容能力は，企業の現在の市場シェアと同様に，市場の競争的な構造の測定において重要な要素となること，②各放送局が免許を必要とすることから，市場において企業がコントロールする免許数はその番組配信能力を測定する基準となることをあげて，合併ガイドラインの単純な適用は不可能であるとしている。

4　LRSO 規則の検討

LRSO 規則に関して FCC は，当該規則が地域ラジオ市場の競争を維持するとの公共の利益に必要であるとして，規則を存続させるとの立場を明らかにしている[79]。その理由として FCC は，次のように指摘している[80]。

「何らかの抑制がなければ，代替するものがほとんどないまま，聴取者，広告主及び番組制作事業者を置き去りにしつつ，1の者による地域コミュニティの限定された数のラジオ放送チャンネルのすべて又は著しい部分の取得が可能となる。そのような状況はまた，相対立する局グループを構築するために取得できるラジオ局が極僅かしか存在しないことから，新規参

---

78) *Id.*
79) *Id.* at 13712.
80) *Id.* at 13735.

第3章　複数放送局所有規制の具体的展開と電子メディア法の理念

入者による市場参入のコストを上昇させうる。事業刷新の最も可能性のあるソースが新規参入から生まれることから，参入コストを著しく上昇させる市場構造は，事業刷新及び番組の質の観点から最善ではない結果を生じさせ，公共の利益に損害を与える。」

このことを前提としてFCCは，地域市場において1の者が所有できるラジオ局数に制限を課すことはラジオ局が競争する市場における適切な競争の維持のために必要であると結論づけている。このことから，FCCが事業刷新，番組の質の維持・向上のために競争的環境を整備する必要があると考え，特に新規参入の促進の観点からの規制の必要性を重視しているということができる。

ただ一方でFCCは，現行のLRSO規則は，①ラジオ市場の画定に関する信号外辺重複基準との現行手法及び当該市場における放送局の計算方法が，地域ラジオ市場における競争を維持する手段として破綻していること，②地域ラジオ市場における非営利ラジオ局との競争について十分に考慮していなかったことをあげて，これらの2点に対応するために改正を行うとしている。

そして①につき，信号外辺重複基準に代えて，Arbitron Metro 市場（Arbitron Metro Market）との基準を新たに採用するとし，②については，当該ラジオ市場における非営利局も計算対象とするとした[81]。以上と同時にFCCは，競争の維持との目的に沿う形で，共同売買協定（Joint Sales Agreements, JSAs）が一定の場合に被仲介局を仲介免許所有者に連結させると結論づけている。

(1) ラジオ市場の分析

このなかでFCCは，競争の分析の前提として地域ラジオ市場を，ラジオ広告市場（radio advertising market），ラジオ聴取市場（radio listening market），ラジオ番組制作市場（radio program production market）の3つに分類して，ラジオ以外のメディアとの区別について検討している[82]。

ラジオ広告市場に関してFCCは，パブリック・コメントにおいて提出された意見及び委託研究のデータを示したうえで，広告主がラジオ局を新聞及びテレビ局に代替しうるものとみなしておらず，また少なくとも収益を得るとの広

---

81) *Id.* at 13712-13.
82) *Id.* at 13713.

告主の顧客としての観点において，ラジオ広告，新聞広告，テレビ広告は別個の市場を形成していると結論づけている。

ラジオ聴取市場に関しては，まず読書，テレビ視聴等の音声以外の娯楽の選択肢がラジオに十分に代用しうるものと聴取者が考える証拠が存在しないとしている[83]。またインターネット上でのラジオ番組のストリーミング放送は，コンピュータを使用する職業及び小規模事業所においては地上波ラジオに十分代替しうるものとなるが，音声聴取のほとんどは，(自動車運転時等)自宅又は職場の外でなされ，モバイル端末によってインターネット上のストリーミング放送にアクセスできないことから，当該放送がラジオに代替しうるとはいえないと結論づけている。同時に衛星ラジオについても，その加入者数が極めて少ないことを理由に，地上波ラジオ放送に代替しえないとしている。

以上をふまえて FCC は，広告収入及び番組に関してラジオ放送事業者が公正に競争するのを可能にすることで，ラジオ広告市場及びラジオ番組制作市場における競争が聴取者に間接的な影響を与えるが，公衆にほぼ直接的な影響を与えるのは，聴取者市場における競争のみであるとしている。そして FCC は，競争的な競合事業者に対するインセンティブの増大が番組の質を向上させ，既存の聴取者に好まれる番組を制作する可能性を増大させるとし，LRSO 規則は，多数の競合事業者が聴取者の関心を得るために競争することを確かなものとすることによって，ラジオ聴取市場における競争を促進していると結論づけている[84]。

最後にラジオ番組制作市場に関して FCC は，ラジオ局が多様な音声番組制作事業者から音声番組の購入を希望しており，また音声番組販売事業者の多くが地域ラジオ局に十分代替しうるものを有していないとの事実認定を行ってい

---

83) *Id.* at 13716.
84) *Id.* その理由として FCC は，ある市場が競争的である場合，競合事業者が新規聴衆を引き付けること，また競合事業者の番組から既存の聴衆を引き付けることによって収益を得るのに対して，独占事業者であれば，新規の聴衆を引き付けることができるだけであり，自らの他の番組から既存の聴衆を引き付けても収益を得ることはできないとしている。

る。そのうえで FCC は，地域コミュニティにおいてラジオ局が 1 又は少数の会社によって所有されている限り，当該会社がそのコミュニティの消費者にラジオ番組制作事業者が自らの番組を提供できるようにする能力を阻害するボトルネックとなりうると指摘している[85]。

以上のように FCC は，LRSO 規則の大前提となる市場について詳細に分析し，いかなる市場の競争が重要であるのかについて論拠を提示しているといえる。ここでは特に番組の種類，質の向上が重要視され，番組制作・流通についても十分に検討されている点が注目される。

(2) 信号外辺重複基準及び LRSO 規則の検討

FCC は，次に信号外辺重複基準について検討し，パブリック・コメントにおいて同基準変更提案に関して何らの異議も提示されなかったこと，同基準における算定基準自体の問題（算定対象となるラジオ局数）を理由として，当該基準が地域ラジオ市場における競争維持の手段としては破綻しており，市場の定義に関して全く新しい基準を構築する必要があると結論づけている[86]。

そして FCC は，新たな基準として地理的基準に基づいた市場の定義が必要であるとして，Arbitron Metro 市場基準を採用している。Arbitron Metro 市場基準は，全米のラジオ格付けサービスの大手民間企業である Arbitron 社が導入したもので，全米の人口の多い都市部のほとんどをラジオ市場として定義しており，その市場は合衆国行政管理局（Office of Management and Budget）が指定した広域都市圏（Metropolitan Areas）に基づくものである。同基準採用の理由として FCC は，個々の局の信号到達地域の測定において，地理的地域に基づいた基準が信号外辺基準よりも正確ではないが，ラジオ局が土地ではなく人間に役務を提供するものであり，ラジオ無線信号が誰も住んでいない土地又は水面で重複する一方で，国民は，人口密集地周辺に分散する傾向があることを指摘している。もっとも Arbitron Metro 市場基準は，全米を網羅するものではなく，全米の営利ラジオ局の約 60 %，全米のカウンティの 30 %，全米の 12 歳以上の人口の 78 % しかカバーしていないと指摘されていた。そのことから FCC は，

---

[85] *Id.*

[86] *Id.* at 13718.

Ⅲ 2002年規制改革審査報告

当分の間信号外辺重複基準も補完的に存続させるとした。

　Arbitron Metro 市場基準に変更したうえで FCC は，LRSO 規則のあり方について検討を行っている。その際，数値規制を行うことそのものの必要性について次のように指摘している[87]。

> 「ほぼすべてのラジオ電波が免許制であることから，ラジオ市場における参入障壁が高くなっている。したがってラジオ放送は，市場参入を締め出している。すなわち新規参入は，一般的に，既存のラジオ放送事業者から電波を取得することでのみ行われる。ラジオの閉鎖的参入特性は，新規参入に用いられうる能力の範囲が，ラジオ放送において市場支配力が展開されるか否かを判断する際に重要な影響を与えることを示唆している。ラジオ局所有に関する数値規制は，少数の所有者の手に『集中する』ような状況から，新規参入に利用可能な能力を隔離することを支援し，地域ラジオ市場における市場支配力の形成を防止するのを支援する。」

　次に FCC は，経済法上の数値規制の基準となる 6 の競合事業者（結合事業者と 5 の競合他事業者）の存在について，まず「競争に関する理論は，競争の完全な便益が現実化するのを担保するのに必要な，均等な規模の競合事業者の数に関する厳格なルールを提示するものではないが，経済理論及び実証的研究は，5 以上のより比較的に均等な規模の会社が分散的かつ構造上競争的な市場に相当する市場効果を達成することができることを示唆している」との一般的認識を示している。そのうえで，その認識をラジオ放送事業に当てはめて，「27 〜 51 のラジオ局がある市場において 5 又は 6 程度の大体均等な規模のラジオ局会社が存在することが確実となっている。上位 100 の Arbitron Metro 市場の分析から，これらの市場の多くがこの範囲内に存在する」と認定している[88]。そして FCC は，現行規則によって認められている集中のレベルが競争に関する一般理論に適合するラジオ放送にとって合理的かつ必要な調整を反映しているとして，規制緩和を否定している。また一方で FCC は，合併が認められる上限を 8 局とすることによって，極めて少数の所有者の手に集中させる市場の

---

87) *Id.* at 13731.
88) *Id.*

第3章 複数放送局所有規制の具体的展開と電子メディア法の理念

最も強力な局間の合併に対する保護措置を講じ，またラジオ放送への新規参入の機会を与える市場構造を確保するとの立場を明らかにしている[89]。さらにAMとFMで差を設けること（AM/FM subcap）についてFCCは，AMとFM間の著しい技術的相違，市場の相違を無視することはできないと指摘している。他方，非営利局をラジオ市場規模の判定の際に排除してきたことについてFCCは，その市場における非営利局の存在が潜在的聴取者の一定層の関心を集めようとする当該市場の他のすべてのラジオ局に競争上の圧力を与えることを理由としてあげ，それが公共の利益にとって必要でないとしている[90]。

他方地域性の観点からの検討においてFCCは，LRSO規則が地域性の確保の利益を著しく増進することを示すものを認定できなかったと結論づけている[91]。

さらに情報の多様性の確保に関してFCCは，見解の多様性，番組の多様性の2点から分析を行っている。まず見解の多様性の観点についてFCCは，LRSO規則が見解の多様性の確保に貢献すると認定している[92]。その際FCCは，ラジオの特性として，①ラジオが他のマスメディアよりも容易に一定の地理的グループに到達すること，②他のマスメディアと比べて相対的に費用負担が軽いことを示して，ラジオが，特に市場の需要に合致させようとする，又はサービスを受けられないコミュニティに番組を提供しようとする小規模事業者，女性，マイノリティ及びその他の企業家によるメディア事業への新規参入の有望な方法であると指摘している。そして「新規参入は，アウトレットの多様性を促進し，同様に見解の多様性及び公共の利益を向上させる」ことから，FCCは「競争を基本とした地域ラジオ局所有規制は，十分な数の独立したラジオ・ヴォイスを確保することによってだけではなく，新規及び過小代表の者による地域メディア市場への参入を促し，競争促進的な市場構造を維持することによって，見解の多様性を促進する」と結論づけている。他方で番組の多様性に

---

[89] *Id.* at 13732-33.
[90] *Id.* at 13733-34.
[91] *Id.* at 13738.
[92] *Id.* at 13739.

Ⅲ 2002年規制改革審査報告

関しては，確立した調査手法に関する理論が確立されておらず，LRSO 規則の正当化根拠として用いることはできないとされている[93]。

以上とは別に 2002 年規制改革審査報告において FCC は，ラジオ局に関する JSAs について検討を行っている。JSAs とは，放送局の取引において免許所有者に支払われた料金の対価として，仲介業者による被仲介局の広告時間の販売を認めるものである。この場合，仲介業者が当該局に関する市場リスクを負担することから，JSAs は，仲介業者に対して，営業職員の雇用，広告料の設定等についての決定権を付与するのが一般的であった。しかしながら，JSAs は，FCC による利害関係規則の対象となってこなかったことから，LRSO 規則による所有上限規制の対象とならなかった。このことから，2002 年規制改革審査報告において FCC は，ある免許所有者が地域市場において複数局について所有又は株式上の利益を有している場合，被仲介局の 1 週当たりの広告時間の 15 ％を超えるものに関する当該市場の他局の共同広告販売があったならば，仲介免許所有者の所有上限に被仲介局も含めるとした[94]。

そこでは特に，JSAs が地域ラジオ市場における競争に与える影響が懸念されている。FCC は，1 局が特定の市場において広告時間の大きな割合をコントロールする場合，当該局が市場支配力を行使する潜在的能力を有していると認定し，JSAs が小規模放送事業者の競争能力に関する懸念を生じさせ，地域ラジオ産業全体の健全性に否定的な影響を与えると指摘している[95]。そこでは，JSAs が価格及び放送方針に関する判断を単一の組織に認めることになり，ラジオ局間の競争の代わりに，単一の組織がすべての局の時間のパッケージ販売を行い，当該市場における競争を縮減させると指摘されている。さらにまた FCC は，仲介業者が被仲介局の広告収入に関してコントロールを行うことから，正当な連結に関する重大な競争上の懸念を生じさせるに十分な局の中核的な運営への影響を与える可能性があると認定している。

以上のように，LRSO 規則に関して FCC は，新基準を採用して，市場での

---

93) *Id.* at 13742.
94) *Id.* at 13742-43.
95) *Id.* at 13743.

第3章　複数放送局所有規制の具体的展開と電子メディア法の理念

競争の維持のあり方について詳細に検討している。そこでは特にラジオ市場への新規参入に重点がおかれ，そこでの市場支配力の行使について問題視している。また 6 の競合事業者の理論のように競争に関する一般理論を LRSO 規則にも導入しようと試みている。そして AM/FM サブキャップ，JSAs といった個別の問題にも市場構造を把握したうえで規制を行うという立場が明らかとなっている。

5　NTSO 規則に関する合衆国議会の反発

以上の 2002 年規制改革審査報告に対して合衆国議会の上院は，NTSO 規則を 35 ％とする「テレビ放送サービスにおける地域性の確保，番組の多様性及び競争の維持に関する法律」(Preservation of Localism, Program Diversity, and Competition in Television Broadcast Service Act of 2003) 案を可決した。

同法案第 2 条で示された事実認識は，FCC による規制緩和を明確に否定している。同条は，まず地域性の確保が複数局所有規制の基本原理であることを確認し（1項），電気通信法において全米視聴者到達が 35 ％を超えるテレビ局を 1 の者が所有又は支配するのを禁止したが，①全米レベルでの集中の進行が緩和されないこと，② FCC による他の放送局所有規制廃止による規制上の変化が全米テレビネットワークの力を増強させたこと，③ネットワーク系列下にない局の独立性は，ネットワーク所有が 35 ％を超えた場合に脅威にさらされることを認識したからであったことを明らかにしている（2項）。そして，このような規制がない場合，①有害な効果が解消されない全米レベルでの寡占化が生じ，②地域局がネットワークの番組伝送の単なる導管となる危険にさらされることによって非ネットワーク局の独自性が脅威にさらされる，との 2 つの懸念を示している（3項）。そのうえで，「全米レベルでの複数局所有規制は，地域局で放送される番組を指示するネットワークの力を制限し，地域性を確保することができる」としている（4項）。また，1980 年代以降の放送局所有規制の大幅緩和，ネットワークによるケーブル及びインターネット・コンテンツ事業によってネットワークの力が強大化し，地域の利益ではなく，他の利益（全米広告，海外への販売，シンジケーション番組等に関する利益）が考慮され，地域の視聴者が軽視されていると指摘している（5項）。

ただ，同法案が上院で可決された段階でブッシュ（George W. Bush）大統領が拒否権行使を示唆したため妥協が図られ，2004年包括的歳出配分承認法第629条でNTSO規則の上限を39％と規定した[96]。また，規制改革審査について，隔年としていたのを4年毎（quadrennially）と変更された。

IV *Prometheus I* 判決

2002年規制改革審査報告による地域レベルの複数所有規制改革の妥当性が問題となったのが，*Prometheus I* 判決である[97]。

1 LTSO規則

LTSO規則に関して合衆国第3巡回区控訴裁判所は，まずFCCが経済法的手法を用いて電子メディア所有規制を行うことの妥当性について検討を行っている。そこでは特に，アメリカにおいて経済法政策を担当するFTC，経済法訴訟に対処する司法省とは別個にFCCが独自に規制を行うことの意義について検討されている。このことについて同控訴裁判所は，「独占禁止規制当局は，結合企業が競争的なレベルを超えて価格を上昇させないとの独自の目的を有する一方で，FCCは，放送免許の譲渡が多様性，競争及び地域性という公共目的に資するのを確保する」と指摘している。そのうえで同控訴裁判所は，FCCの規制と独占禁止目的での規制との違いについて，視聴者嗜好（audience preference）をあげたうえで，LTSO規則が，次の3つの方法でもって視聴者嗜好を反映させていると指摘している[98]。①FCCは，番組配信市場が視聴者に直接影響を与えることを理由として，当該市場に焦点をあてて競争分析を行ってい

---

96) この39％との判断は，当時問題となっていたViacomとCBSの合併が39％となることから，当該合併に関する政治的配慮といえる。

97) Prometheus Radio Project v. Federal Communications Commission, 373 F.3d 372 (3d. Cir. 2004), *cert. denied*, 545 U.S.1123 (2005). 同判決の評釈として，*See, e.g.*, Johannes M. Bauer and Steven S. Wildman, *Looking Backwards and Looking Forwards in Contemplating the Next Rewrite of the Communications Act*, 58 FED. COMM. L.J. 415 (2006).

98) 373 F.3d at 414.

第 3 章　複数放送局所有規制の具体的展開と電子メディア法の理念

る。②FCC は，地域レベルでのテレビ局の共同所有が番組の質を向上させると結論づけるのを補強するために，視聴者嗜好データを用いている。③FCC が，上位 4 局間の結合規制を，ほとんどの市場における上位 4 局と第 5 位局との間の視聴者シェアの緩衝帯を証拠として正当化している。

　一方同控訴裁判所は，放送以外のメディアが放送に代替できるほどに地域における情報の多様性確保に貢献するかについては，「FCC が決定した特定の数値規制を根拠づける非放送メディアの正当な代替性を論証する」よう再検討を命じている[99]。ここで同控訴裁判所は，FCC の提出した記録が「見解の多様性のソースとしてケーブルが地上波テレビ放送の代用となることに関する貧弱な証拠のみ」であると指摘し，またインターネットについては，インターネットの利用可能性が限定的であり，その地域ニュースの情報源としても限定的なものであるとしている[100]。そのうえで同控訴裁判所は，FCC が「地域放送局の結合が見解の多様性に与える脅威を軽減させるものとしてケーブル及びインターネットに依拠できる程度は，限定的である」と結論づけている[101]。

　次に同控訴裁判所は，2002 年規制改革審査報告において FCC が 8 ヴォイス基準を廃止する前提として，地域市場におけるテレビ局の共同所有が無駄な出費を削減する等の消費者の福祉のための効率性を上昇させると認定したことについて検討している。その際 FCC がこれらの効率性が地域ニュース及び公共の利益番組に転化され，地域性の確保が促進されるとしたことについて同控訴裁判所は，①共同所有局が他局よりも地域ニュースを送信し，他局と同等の質量の地域ニュースを放送する可能性が大きいこと，②企業結合が視聴者格付けを一般的に向上させるとの調査研究が存在することをあげて，FCC の判断を支持している[102]。

---

99) *Id.* at 414-415.
100) *Id.* at 415. その例として同控訴裁判所は，FCC がすべてのケーブル加入者中の 30 ％だけが地域のケーブル・ニュース・チャンネルにアクセスできると認定していることを指摘している。
101) *Id.*
102) *Id.* at 416.

IV　*Prometheus I* 判決

　同控訴裁判所は，さらに FCC が上位 4 局基準を存続させたことの妥当性について検討している。特に 5 局以下の市場において合併が事実上禁止されることが問題となったが，同控訴裁判所は，FCC が市場支配力の集中による損失が効率性の便益に優越すると判断したことは不合理ではないと判示し，その理由として，企業結合が全体として便益的なものとなる小規模市場において上位 4 局基準の執行停止が認められていることをあげている[103]。

　そして同控訴裁判所は，ほとんどの市場において 4 位局と 5 位局の間に視聴者シェアの差があることを認定し，それが同基準の維持を根拠づけると指摘している。その際同控訴裁判所は，①通常，系列局の地域市場におけるランキングに反映されるネットワークの全国視聴者調査において，4 位と 5 位にランクされるネットワークの間に，実質 40 ％の視聴者シェアの低下があること，② 10 大市場において，上位 4 局の結合により，それぞれの市場における地域商業シェアの少なくとも 69 ％（平均 83 ％）を支配することになり，10 大市場のすべてにおいて 3 位局と 4 位局間の結合が新たな最大手局を誕生させることになることを認定している[104]。

　さらに同控訴裁判所は，FCC がほとんどの市場において 6 の同規模の競合局を創出するとしたことについて検討を行っている。そこでは，特にこの判断を根拠づける合理的理由が存在するのかが争点となった。この点に関して同控訴裁判所は，他の産業よりもテレビ産業の市場シェアが変動するとの前提を補強する証拠が 2002 年規制改革審査報告に提示されていないこと，また他の産業とは異なり，テレビ局所有者が免許制という参入障壁に直面し，テレビ局所有者という市場参加者数が減少していることから当該前提が事実ではないという指摘に FCC が反論できていないと指摘している。そして同控訴裁判所は，「FCC の規制範囲画定に関する判断を当裁判所が審査する際の FCC の裁量に対する尊重は，当該範囲画定が証拠に合致するものであるか，『明らかに不合理な』ものでないものに限定される」との基本原則を提示したうえで，FCC の平等な市場シェアという前提を補強する証拠は存在せず，現実の市場シェアを

103）*Id.* at 416-17.
104）*Id.* at 418.

第3章　複数放送局所有規制の具体的展開と電子メディア法の理念

無視するとのFCCの判断を根拠づける合理的説明もなされていないとして，「改正規則は，FCCの設定する競争の基準点である1,800（HHI）を超える集中の程度を認める点において，規制根拠と結果の間に明白な不一致があり，かつまた不合理である」と結論づけて，FCCに差し戻している[105]。

2　LRSO 規則

　LRSO 規則について同控訴裁判所は，まず市場画定基準を Arbitron Metro 市場基準に変更したことについて FCC が合理的根拠を提示しているか検討している。同控訴裁判所は，Arbitron Metro 市場基準が都市部のみを対象とし，農村部を対象としていないことから，全国的に適用できないとの主張に対して，「実際，全米の約70％のカウンティが，287の Arbitron Metro 市場外にある。しかし，人々は一定の人口密集地域に分散する傾向があり，全米の総人口中，12歳以上の者の78％が Arbitron Metro 市場に居住している。また FCC は，Arbitron Metro 市場内に居住していない公衆のマイノリティを無視していない。FCC は，これらの地域に関する市場の定義を明確化するための規則制定手続を開始しており，中間報告において『現行制度の問題のある側面を最小化する』信号外辺重複基準の修正版を使用すると決定した」として，アメリカの人口状況から Arbitron Metro 市場基準が乖離していないと認定している。

　そして，現行の信号外辺重複基準が競争上の危害を実際に生じさせることを証明していないとの主張に対して同控訴裁判所は，①自らの信号がより多くの局と重複するところの最有力局がより多くの局を買収する能力を有していることから，信号外辺重複基準が「強固なインセンティブ」問題を生じさせること，②信号外辺重複基準が矛盾なく定義された市場における競争を適正に測定し，比較する FCC の能力を減じさせていることをあげて，同基準によって生じる

---

[105]　*Id.* at 420. なお，Scirica 裁判官の一部同意・一部反対意見は，法廷意見が同規模シェアの前提に関する FCC の事実認定を補強する証拠が存在しないとしたことに対して，FCC による認定が合理的であったとしている。また，その際には法廷意見が，地域レベルでの規制が情報の多様性という目標に貢献するとの FCC の主張を軽視していると批判している。*Id.* at 476.

Ⅳ　Prometheus I 判決

不一致性は単なる机上の空論ではないとする結論を FCC が的確に正当化していると結論づけている。その際，FCC が当該改正に関する合理的な説明を行っていないとの指摘に対して，「FCC が固定的で地域を基準とした市場定義が，取引特定的で信号を基準とした定義よりも，より容易に競争の測定及び比較を行うことを可能とすると結論づけることは，合理的なものである」と述べている[106]。

また，Arbitron Metro 市場基準が，Arbitron 社という民間企業が作成したものに基づいていることも争点となった。この点に関して同控訴裁判所は，「FCC は，潜在的危険を認識し，Arbitron Metro 市場の境界変更又は当該市場へのラジオ局の追加のいずれかによって便宜を受け取りうる潜在的市場操作を抑止するための特定的な予防措置を適切に設定している」と判示し，その理由として「Arbitron 社は集中を測定するための手段を提供しているだけである。申請されたラジオ局の結合が公共の利益に資するか否かの唯一の審判者は FCC のままであることから，不適切な権限移譲は生じえない」と指摘している[107]。

さらに，Arbitron Metro 市場基準の中に非営利局を入れることの妥当性も問題となった。特に非営利局を算入することによって，市場の総局数が増加し，企業結合が認められやすくなるという点が問題となった。それに対して同控訴裁判所は，このような主張は事実に関する前提が間違っており，また市場の定義において非営利局を算入したとしても，Arbitron Metro 市場基準への変更は，ほとんどの規模の市場において最終的には減少方向に作用すると指摘して，退けている[108]。

同控訴裁判所は，JSAs を所有上限の対象とすることの妥当性についても検討を行っている。まず同控訴裁判所は，FCC の認定を支持して，JSAs を所有上限の対象とすることが公共の利益に資するものであるとし，民事法の領域に関する政府規制に合衆国憲法修正第 5 条の経済的デュープロセス論を適用する基準を定立した，2003 年の *State Farm Mutual Automobile Insurance Co. v. Camp-*

---

106) *Id.* at 424-25.
107) *Id.* at 425.
108) *Id.* at 426.

第3章　複数放送局所有規制の具体的展開と電子メディア法の理念

bell 合衆国最高裁判所判決[109]基準に基づいて,「……当裁判所は,FCC による今回の改正をこれまでの政策の『不適正さ』(inaccuracy) の修正として解釈することから,FCC が介在する特定の変更を引用しなかったことが,合理的な分析にとって致命的なものではない」と結論づけている[110]。さらに,JSAs によるメディアの連結が経済的デュー・プロセスを保障する合衆国憲法修正第5条に違反するかが問題となったが,同控訴裁判所は「JSAs 等の契約は修正第5条で保護される財産上の利益であるが,FCC は,何らの契約も無効にしたり,妨げたりしてこなかった。JSAs による連結を決定した際に FCC は,JSAs の対象となる局は,一定の状況下において,ある市場において仲介組織が何局所有できるかを決定する際の規制上の制限において考慮されなければならないとのみ決定した。それ以上に局所有者は,いずれの特定の規制上の枠組みの継続に対しても,全く既得権を有していない」として,JSAs を上限の対象とすることが修正第5条に違反しないと結論づけている[111]。

一方同控訴裁判所は,具体的な規制のうち,5の同規模競合他事業者基準に関して,合理的な説明がなされていないとして,FCC に差戻している。もっともこの際,2002年規制改革審査報告において FCC が示したデータに基づいて,FCC が数値規制を行うこと自体は合理的なものであり,公共の利益に資すると判断している。さらに FCC 以外の機関の行った研究を引用して同控訴裁判所は,1996年に現行規制が実施されて以降,ラジオ局数が 5.4 ％増加したにもかかわらず,ラジオ局所有者数は 34 ％減少していること,現在 10 の親会社が全米のラジオ産業を支配し,全米の視聴者及びラジオ収益の3分の2を支配していることを認定している[112]。さらに同控訴裁判所は,原告側の提出した記録から,企業結合の増加によって局の価値が上昇し,そのことが新規市場参加者の機会を制限し,結果として局所有及びアウトレットの多様性を制限していること,さらに企業結合によって地域で制作されるラジオ・コンテンツ総

---

109) State Farm Mutual Automobile Insurance Co. v. Campbell, 538 U.S. 408 (2003).
110) 373 F.3d at 429-430.
111) *Id.*
112) *Id.* at 432.

量が減少し，大規模グループ所有者が，地域の職員が制作する番組に代えて，遠く離れた全国事務所で制作された番組を放送することが多いと認定している[113]。

そのうえで同控訴裁判所は，FCCが合理的な分析でもって現行の数値規制を維持するとの決定を理論づけていないと結論づけ，特に数値規制がほとんどの市場における対等な5の競合他事業者を前提とする理論が十分に証拠づけられていないことを問題視している。

ここでFCCは，5の対等な競合他事業者の存在によって地域市場が分散的なものとなり，構造的に競争的なものとなるとの前提についてゲーム理論（game theory）に依拠していた。そして訴訟において3つの論文を提示していたが，原告側がこれらの論文が対等な規模の競合事業者が存在しない市場を競争的な市場から除外していない点を理由として不十分であると指摘し，同控訴裁判所もそれを支持している。また同控訴裁判所は，司法省及びFTCが改訂した最新の合併ガイドラインが5の対等な規模の他の競合事業者の存在する市場を高度に独占的なものとしていることと矛盾しているとし，LTSO規則においては同ガイドラインに準拠しつつ，LRSO規則においては採用しないことは疑問であるとしている[114]。

そして同控訴裁判所は，FCCが当該数値規制の下で5の同規模の競合他事業者が出現しうる，又は実際に出現してきたことを十分に正当化しておらず，このことは上位局の結合が低位局の結合と同様に競争的であるとの前提に論理的に矛盾すると指摘している[115]。さらに同控訴裁判所は，認定した証拠から，現行の数値規制が5の同規模の競合他事業者を前提としていないことが明らかになるとしている。当該証拠によれば，ほとんどの市場が1又は2つの大規模局所有者によって支配されており，上位4局の所有者がともに当該市場の大部分を統制していることが明らかになるとされている。そして4局の所有者が同規模であったとしても，当該市場のHHIが2,500になると予想され，合併ガ

---

113) Id.
114) Id. at 433.
115) Id.

第 3 章　複数放送局所有規制の具体的展開と電子メディア法の理念

イドラインが高度に独占的であると認定する基準の 1,800 を超えていると指摘されている[116]。

また他方で同控訴裁判所は，FCC が AM/FM サブキャップ規則を存続させたことについて，なぜ AM にサブキャップを設ける必要性があるのかについて全く説明を行っていないと批判している[117]。

以上をふまえて同控訴裁判所は，FCC に LRSO 規則の再検討を命じた。

3　小　括

以上から，*Prometheus I* 判決では，まず LTSO 規則の基本枠組みの存続は支持された。

しかしながら，各理念との具体的関連性，また規制の対象とする問題状況の実証的な把握を要求しているということができる。

LRSO 規則については，特に市場の把握方法について厳格な証明を FCC に対して要求しているということができる。とりわけ経済学の手法を用いることについて，3 つの理念，特に競争の維持の観点から，実証的かつ客観的データを要求しているといえる。

V　2006 年規制改革審査報告と *Prometheus II* 合衆国控訴裁判所判決

1　2006 年規制改革審査報告

(1)　2006 年規制改革審査報告の基本的立場

Prometheus I 判決を受けた 2006 年規制改革審査報告において FCC は，2006 年時点のメディア市場の状況について，まず「……今日のメディア市場は，伝統的な『主流派メディア』がいまだ多くの側面において主導的な役割を維持し，またそれらのメディアが新しいデジタル及びオンライン環境に対応しつつあるけれども，ダイナミックな競争の場のままである」と放送が重要な役割を果たしているとしつつ，今回の規制改革審査手続において収集された「記録は，

---

116) *Id.* at 433-434.
117) *Id.* at 434.

Ⅴ　2006 年規制改革審査報告と *Prometheus II* 合衆国控訴裁判所判決

まったく新規のメディアの出現よりも，技術及び市場の改善の本質において多くの記録に値する進展が現れていることを反映している」と述べて，新規メディアの開発の段階から普及の段階に移行しているとの認識を示している。そのうえで FCC は，「特にオンライン・メディアは，音声，映像及び文字コンテンツの配信のためのもう 1 つのプラットフォームとして十分に認識されている。今日，新旧双方のメディア企業は，自らの競争上の地位を維持するために技術の最善の利用を明らかにするよう努めている」と，ネット・メディアが放送に代替しうる市場規模になりつつあると指摘している[118]。

そのうえで FCC は，次のように述べている[119]。

　「5 年前，当委員会は，デジタル技術がより多くの消費者の選択肢となり始めていると認識した。その時から，消費者の選択肢の増加がまた，聴衆の細分化を生じさせていることが明確となった。同様に，このような進歩により，伝統的なメディア企業が，自らのコミュニティに対するニュース及び情報の入手並びに発信を含む（またそれに限定されない），自らの経営を支援するというビジネス・モデル上の効果があった。本記録は，委員会がメディア所有に関する規則を最後に検討した時から，オンライン限定のアウトレットが成長したにもかかわらず，伝統的なメディア・アウトレットの数がほとんど変化していないことを明らかにしている。その結果，伝統的なメディア事業体は，新たな配信モデルを導入しつつ，収入の拡大を維持する方法を模索し続けてきている。オンライン及びデジタル環境に注意を払いつつ，かつて報じられた新聞発行会社の安定性が疑問の余地あるものとなった一方で，放送局所有者間の統合のスピードが遅くなっているように思われる。」

FCC は，以上のように市場の細分化[120]と伝統的なメディア事業を維持す

---

118) In the Matter of 2006 Quadrennial Regulatory Review - Review of the Commission's Broadcast Ownership Rules and Other Rules Adopted Pursuant to Section 202 of the Telecommunications Act of 1996, Report and Order and Order on Reconsideration, 23 FCC Rcd 2010, 2014（2008）.

119) *Id.* at 2015-16.

第3章 複数放送局所有規制の具体的展開と電子メディア法の理念

るのに必要な収入の減少にもかかわらず，市場，特にニュース，情報提供に関する市場における主要な役割を維持していることを指摘している[121]。その根拠としてFCCは，自らの調査研究によって，地域ニュース及びその他の非娯楽番組に関して消費者がいまだテレビ及び日刊新聞を最重視していること（一方，ラジオ局に関してはテレビほど重視されていないとされている），ニュース入手に関するインターネット利用の特質に関する調査から，新聞社及びテレビ局によって運営されているサイトが極めて多くの割合の消費者の関心を集めていることが明らかになっていると指摘している。また，その理由としてFCCは，既存の新聞社や放送事業者が長年にわたって消費者の親近感や信頼を勝ち得ており，競争的な市場においてブランド力を有している点を指摘している。さらにFCCは，まとめサイトやブロガー等の新規メディア・アウトレットが引用するような，独自の取材・報道をほとんど行っているのが伝統的なメディアであることも，その理由として指摘している。以上をふまえてFCCは，「オンライン上のメディア世界の将来がどのようになるのかは想像困難であるが，想像可能な近い将来のうちは，伝統的なメディア・アウトレットが，特に地域レベルにおいては，ニュース及び情報の主要なソースのままでいることは明らかである」と結論づけている[122]。以上から，メディア市場に関する認識として2006年規制改革審査報告では，放送等の伝統メディアの社会的役割として，独自に取材・報道している点が重視されているといえる。ただ，このことは個人ブロガー等のネット・メディアが独自に取材・報道できればその差がなくなることを意味しているといえる。またブランド力（信頼性）についても，同様

---

120) 当時のアメリカにおいては，ケーブル加入者が増加し続け，また放送以外のネットワークの全体数が増加し続けていることから，テレビ放送局の視聴者シェアは，減少し続けていた。See Annual Assessment of the Status of Competition in the Market for the Delivery of Video Programming. 21 FCC Rcd 2503, 2550-51 (2006). それと同時に，MVPDs技術の導入及び採用によって，ケーブル事業者の市場シェアの減少が生じているとされ，ケーブル事業者の市場シェアは，2004年に71.6％だったのが，2005年には69.4％に減少していた（Id. at 2617.）。

121) 23 FCC Rcd at 2016.

122) Id.

V 2006年規制改革審査報告と *Prometheus II* 合衆国控訴裁判所判決

のことがいえる。

以上の基本的立場を前提としてFCCは，2006年規制改革審査報告において，LTSO規制及びLRSO規制に関して検討を行っている[123]。

(2) LTSO規則

2006年規制改革審査報告においてFCCは，LTSO規制に関して2002年規制改革審査報告以前の規則に戻すとの方針転換を行った。そこでは「視聴者に関する競争及び地域テレビ広告市場における競争の維持」との公共の利益が存在し，当該規制が「地域テレビ市場における競争の適正なレベルの維持」のために必要であるとの立場が明確にされている[124]。

ここで指摘されている公共の利益に関してFCCは，次のように述べている[125]。

「公衆は，数多の競合事業者が視聴者に関して競争する状況において最もサービスの提供を受ける。映像番組市場において，競合事業者は，新規視聴者を引き寄せることによって，また既存の視聴者を競合他事業者から引き寄せることによって利益を得ることができる。したがって競争は，良質な番組への投資及び視聴者に好まれる番組の提供へのインセンティブをテレビ局に提供する。地域コミュニティは，視聴者に高品質な番組が提供されるという形式でもって，テレビ放送局間の競争による便益を得ることができる。」

そのうえでFCCは，ほとんどのケーブル番組がケーブル・ネットワークによって提供され，またそれらのネットワークが主に全国的及び地方的な諸勢力に対応するものであることから，地域の需要及び利益に対応するためにケーブル番組制作事業者と競争していないとの認識を示し，地域のテレビ局は地域市場における諸条件に対応するインセンティブを有しており，これらのインセン

---

123) 2006年規制改革審査報告においては，この2つの規制の他にも，日刊新聞・放送局（第2章参照），ラジオ・テレビ相互所有（cross ownership）規制，二重ネットワーク（dual network）規制に関しても検討がなされている。
124) 23 FCC Rcd at 2060.
125) *Id.* at 2064.

99

第3章　複数放送局所有規制の具体的展開と電子メディア法の理念

ティブは，反競争主義的なレベルにまで競争を減少させる局間の合併によって消滅させられるとしている。またFCCは，広告市場の観点から「地域のテレビ放送局間の競争は，自らの商品をテレビで広告したい地域企業による広告に関する競争を維持するためにもまた必要である。広告費用の削減は，効率性を促進し，また事業者が広告を行う商品の広告費用削減分を消費者に波及させることを可能にすることによって，消費者に恩恵を及ぼす」と指摘し，2002年規制改革審査報告においてテレビ市場における市場支配力の行使が，テレビに十分に代替する手段を有している広告主に対する価格上昇なしに，そのような代替可能な手段を有しない広告主に対して，目標が設定された，非統一的な価格上昇を生じさせることを再確認している。

　以上をふまえてFCCは，8ヴォイス基準に関して，「それぞれの市場は，4大ネットワーク（ABC，NBC，CBS及びFOX）に加盟する4局，また，4大ネットワークに加盟していない，独立的に所有・運営されているテレビ放送局が含まれることで維持されている」と指摘し，独立局を存置することが，「競争によって刺激を受けた地域テレビ局が，地域ニュース及び公的事項に関する番組を含む，動的かつ躍動的な代替メニューを提供することが確保される」ことを支援するとしている。そして，系列局と独立局の競争によって双方の局の放送する番組が向上するとしている[126]。また，同基準に大出力局のみを対象とする理由として，LTSO規則の主な目的が地域テレビ局間の競争の促進であることがあげられ，「地域市場における見解の多様性に関係する他のアウトレットが存在することを理由として，LTSO規則が多様性を促進することはもはやなく，また単一サービスの所有の制限はもはや多様性を促進するために必要ではない」と結論づけられている[127]。そして同基準がLTSO規則にのみ限定されることが明確にされており，「当該規則が地域テレビ局間の競争を促すことを主目的とするが故に，当該規則を存続させることが必要であるとした当委員会の判断は，他の映像番組アウトレットへの競争上の影響に基づくものではない」として，あくまでもテレビに限定されることが強調されている[128]。

---

126) *Id.* at 2065.

127) *Id.*

V　2006年規制改革審査報告と *Prometheus II* 合衆国控訴裁判所判決

　他方，2002年規制改革審査報告においてFCCは，当該規則の緩和による効率性がより多くの，また高品質の地域ニュース及び公的事項に関する番組を生み出すとしていた。しかしながら2006年規制改革審査報告においては，複数局所有が地域番組に与える影響に関して説得的な証拠が得られなかったとしている。そのことを理由としてFCCは，地域性の確保を目的とせず，「同規則を維持することに関する公共の利益の目的が地域のテレビ局間の活発な競争を維持するためである」と結論づけるにとどまっている[129]。

　また，その市場における上位4局間の合併を禁止することに関してFCCは，視聴者シェア割合の数値の重要な緩衝帯（cushion）が上位4局と5位の局を分離し続けていると認定している。そのうえでFCCは，「4大ネットワーク（その加盟局はその市場の上位4局である傾向がある）が広告量及び価格に関連して他の放送事業者に対する大きな，かつ拡大しつつある優位性を享受することを理由として，上位4局のうちの2局の合併を認めることは地域テレビ放送広告市場における競争に危害を与える」と結論づけている[130]。

　以上のFCCの判断から，情報の多様性が重要であるとしても，実証的な根拠づけが得られなければ，情報の多様性の確保を理由として当該規則の正当化は不可能であり，それよりも実証的な根拠づけが可能な，競争の維持が重要になったといえる。

(3)　LRSO規則

　2006年規制改革審査報告においてFCCは，LRSO規則が第202条（h）の基準を満たしていると結論づけて，規則の改正を行わないとした。その際にFCCは，当該規則が，ラジオにおける競争の維持，地域性の確保及び情報の多様性との公共の利益に資するものであり，現行の地域ラジオ局所有の数値制限がFCCに提出された証拠の分析に基づくものであるとしている[131]。そのうえでFCCは，3つの理念を個別に検討している。

　まず競争の維持に関してFCCは，2002年規制改革審査報告を踏襲し，LRSO

---

128)　*Id.* at 2066.
129)　*Id.* at 2067.
130)　*Id.*

第3章　複数放送局所有規制の具体的展開と電子メディア法の理念

規則が競争の維持という公共の利益の促進のために合理的な手段であるとし，ラジオ局所有に関する数値規制が，「1又は少数の所有者の手中に『囲い込み』される状況から，利用可能な無線電波を確保することを補助し，もって地域ラジオ市場における市場支配力の形成を防止することの補助となっている」と認定している[132]。そしてFCCは，現行の数値規制を維持することによって，「当委員会は，市場における最大手局のさらなる統合によって極めて少数の所有者の手中に入ることを防ぎ，またラジオ放送への新規参入の機会を与える市場構造を維持することを求めている」と参入障壁の排除の必要性を指摘している。その根拠としてFCCは，営利ラジオ局所有者数が1996年から2007年の間に39％減少したが，その減少のほとんどは，1996年電気通信法制定後5年の間に生じていると認定している[133]。その際には，すべてのArbitron Metro市場の営利ラジオ局所有者の平均的な所有局数は9.4局であるが，各Arbitron Metro市場における最大手社は，当該市場のすべてのラジオ広告の平均46％を占めており，大手2社では，その74％を占めているとのデータが示されている。さらに，299のArbitron Metro市場のうち111市場において，営利局所有者の上位2つがラジオ広告収入の少なくとも80％を支配しているとのデー

---

131) *Id.* at 2071. なお，本報告に関するパブリック・コメントの中で，FCCがラジオ規制の中で，①地域性の確保と情報の多様性の確保を別個の政策目的として理解していない，②地域性の確保及び情報の多様性の確保を競争の維持の副産物的な位置づけしかしていない，③競争が地域性及び情報の多様性を確実なものとするという証拠が欠けている，との問題点が指摘され，政策目的に合致する地域性及び情報の多様性に関する多角的な測定手法の構築が提案されていた。また，ラジオ局の統合がどの程度効率的であるのか，そしてFCCがラジオ事業への参入条件について非統一的な審査を行っているとの批判もなされた。後者の2点に関してFCCは，第1に，経済学の理論から，統合によって企業が規模及び事業対象の経済を達成できるようになり，同様に，そのような効率性を達成できない企業は競争に勝ち残る可能性が低いことから，統合企業に対してより多くの効率性を達成する能力を提供すべきであるとし，第2に，数多くの企業譲渡が現在も行われていることから，審査が統一的でないとは言えないと反論している。*Id.* at n368.

132) *Id.* at 2072.

133) *Id.* at 2073.

V　2006年規制改革審査報告と *Prometheus II* 合衆国控訴裁判所判決

タも示されている。これらの証拠から FCC は，営利ラジオ市場における集中の増加が，たとえ小規模であっても，広告料の明らかな高騰を生じさせているとしている[134]。

他方，地域ラジオ局所有規制の強化については，企業分割の拡大を必然的に生じさせることによって市場を混乱させると指摘されているとして FCC は，さらなる企業分割を要求することは，10年前，競争に必要な規模の経済を構築するために政府規制による救済を放送事業者が必要としていた，市場における明確な期待を毀損するとしたうえで，「多くの放送事業者が本規則の下で認められた局の追加的取得による著しい財務上のリスクを負担し，現在の自らの規模の経済に基づいた業務改善の将来計画を作成している。当該制限を下げることは，その市場に対して顕著な衝撃を与えるだろう。それ以上に，上限を下げることが，そのような会社が他の方法でもって現在の自らの規模の経済から得られる効率性の増進，また局の経済的地位向上を支援し，高品質の番組を自らの地域コミュニティに提供する能力を向上させる効率性の増進を毀損する」とし，規制の強化が現行規則よりも公共の利益をより効率的に達成するとの説得的な証拠が存在しないならば，市場を混乱させることはできないと結論づけている[135]。

次に地域性の確保に関して FCC は，「地域性という目的は，免許を有する放送設備が免許を付与された地域のコミュニティの需要と利益に資し，対応することを確かなものとするという当委員会の使命から派生するものである」とし，「健全かつ競争的な地域ラジオ市場を維持することによって，地域ラジオ局所有規則は，我々の地域性に関する利益の促進を補助する」と述べている。ただ実際問題として FCC は，「競争的なラジオ市場から生じる地域性に関する肯定的な効果の点から離れてみると，当委員会は，地域レベルのラジオ局所有規則が地域性の利益を著しく促進することを認定することは，これまでなかった」として，地域性の確保の観点が，LRSO 規則においてはあまり意味のあるものではないとの認識を示している[136]。そのうえで FCC は，地域市場における企

---

134) *Id.*
135) *Id.* at 2073-74.

第3章　複数放送局所有規制の具体的展開と電子メディア法の理念

業結合が地域性を害すると証明する証拠が存在しないとしている。

　情報の多様性に関してFCCは，2002年規制改革審査報告の立場を維持するとの立場を明確にしている[137]。その際FCCは，ラジオ以外のメディアが地域ニュース及び公的事項に関する情報の発信において重要な役割を果たしている一方で，十分な数の独立系ラジオ・ヴォイスの確保及び地域ラジオ市場への新規参入を促進・奨励する市場構造の維持によって競争ベースの地域ラジオ局所有規制が多様性を促進するとしている。

　そのうえでFCCは，パブリック・コメントで提出された規制存続論，廃止論それぞれを検討したうえで，地域ラジオ局所有に関する競争を基本とした数値規制が2002年規制改革審査報告において提示したのと同じ根拠でもって多様性を間接的に促進すると結論づけている。そしてFCCは，当該規制が競争の観点から公共の利益に資するとして規則の存続を正当化している。

　他方FCCは，AM/FMサブキャップについても検討を行っている。FCCは，①ラジオが他のマスメディアよりも容易に一定の人口層に到達できること，②他のマスメディアに比べて比較的費用負担が容易であることを理由として，ラジオがメディア事業への新規参入における王道であり続けているとの事実認定を行っている[138]。そこでは特に，十分な役務を提供されていないコミュニティに番組を提供することによって市場の需要にこたえようとする中小企業，女性，マイノリティ及び企業家による新規参入が重視されている。この事実認定に基づいてFCCは，競争を基本としたサブキャップが，新規かつ過小評価されている当事者による地域メディア市場への参入を促進・奨励することによって，間接的に多様性を促進すると結論づけている。またFCCは，上位にランクされているAM局を有する一定の地域市場において，当該サブキャップは1の局所有者の手に集中することによる過度な市場支配力を防止するために必要であるとしている。

---

136) *Id.*

137) *Id.* at 2078.

138) *Id.* at 2079.

V 2006年規制改革審査報告と *Prometheus II* 合衆国控訴裁判所判決

2 *Prometheus II* 判決

以上の 2006 年規制改革審査報告における地域レベルでの放送局所有規制に関する決定を不服としたメディア等が訴訟を提起したのが，2011 年の *Prometheus Radio Project v. Federal Communications Commission* に関する第 3 巡回区合衆国控訴裁判所判決である（*Prometheus II* 判決）[139]。

まず本件において同控訴裁判所は，行政手続法上の審査基準及び第 202 条 (h) に関して，*Prometheus I* 判決で自らが示した判断基準を維持している[140]。そして電子メディア所有規制に関しても，この規制が表現内容中立規制であり，競争の促進及び見解の多様性の確保という実質的な政府利益に資するものであり，その政府利益達成のために所有規制を行うことは，合理的な措置であるとしている[141]。また，放送メディア規制の憲法上の根拠に関して同控訴裁判所は，*NCCB* 判決を引用しつつ，「当裁判所は，この先例に拘束される」とし，「とにかく，自らの先例を変更する権限を有しているのは合衆国最高裁判所である」との立場を維持している[142]。

(1) LTSO 規則の検討

LTSO 規則に関して同控訴裁判所は，まず第 1 に 2006 年規制改革審査報告において FCC が，当該規則の廃止が地域市場におけるテレビ局間の競争に有害であると認定した際に，この産業におけるメディア・アウトレットの爆発的増加を考慮しつつも，視聴者に関する競争及び地域広告市場における競争の維持との公共の利益のために当該規則の存続が必要であるとした点を支持している。次に同控訴裁判所は，当該規則の根拠について FCC が，2002 年規制改革審査報告においては他のメディアも検討対象としながら情報の多様性の確保のみに依拠していた一方で，2006 年規制改革審査報告においてはテレビ局間の

---

139) Prometheus Radio Project v. Federal Communications Commission, 652 F.3d 431（3d Cir. 2011). 本件判決につき，*See, e.g.*, Cynthia Conti, *Accepting the Mutability of Broadcast Localism: An Analytic Position*, 21 COMMLAW CONSPECTUS 106（2012).
140) 652 F.3d at 444-45.
141) *Id.* at 464.
142) *Id.* at 465.

第3章　複数放送局所有規制の具体的展開と電子メディア法の理念

競争の促進に限定している点を評価している。そのうえで当該規則の根拠について次のように判示している[143]。

> 「当該規則が情報の多様性の促進に必要なものではないことを理由として，FCC が当該規則を公共の利益に資するものではないと結論づけた限りにおいて，情報の多様性の確保は，もはや当該規則の根拠たり得ない。FCC が情報の多様性と競争を融合させているとの全米放送事業者連盟の指摘とは逆に，情報の多様性の目標は地域メディア市場が様々な見解の多様性で満たされていることを確保することにあるのに対して，競争の便益は，『競争は，……放送局に対して良質の番組への投資及び視聴者に好まれる番組の提供に関するインセンティブを与える』という独自のものである……。それ以上に，当該規則が競争及び見解の多様性の確保という 2 つの目的を促進することでもって，――競争のみを前提とする―― FCC の根拠づけが不合理なものとはならない。」

第 2 に同控訴裁判所は，合併する放送局の 1 つが当該市場において上位 4 局にランクづけられていないこととの基準，また 8 ヴォイス基準に関して検討を行っている[144]。まず *Sinclair* 判決において 8 局の中から非放送メディアを排除したことが公共の利益に資することがないとし，また見解の多様性に基づく根拠づけを退けていたことについて，「本件において FCC は，競争というこの政策選択に関する新規かつ合理的な根拠を提示している」として，*Sinclair* 判決と区別している。また同控訴裁判所は，「当該規則の目的が放送局そのものの間の競争を促進することから，当該規則は，他の映像番組の影響に基づいていない」とも指摘している。次に上位 4 局の例外に関しても同控訴裁判所は，上位 4 局における合併によって誕生したテレビ局が他局より市場シェアを獲得し，多くの視聴者にアピールする番組制作へのインセンティブを減じさせる等の FCC の認定を支持している。

第 3 に，テレビ放送のデジタル化によって多チャンネル放送が可能となったことから，それらを個別にとらえて所有規制を強化すべきとの指摘に対して

---

143) *Id.* at 459.
144) *Id.* at 460-1.

V 2006年規制改革審査報告と *Prometheus II* 合衆国控訴裁判所判決

FCC が規制を強化しなかった。このことに関して同控訴裁判所は，次の3点をあげて FCC の立場を支持している[145]。①地上デジタルへの移行は 2006 年規制改革審査報告が公表された時点では完了しておらず，2006 年規制改革審査手続中に存在していた問題としてまったく検討しなかったかは不明である。②規則を変更しないとの FCC の決定は，1999 年以降の規則が地域市場における放送局間の競争に対して危害となると証明されていなかったからである。③FCC は，ある者が同様の規模の経済を得て，多チャンネル放送によって新たな収入を生み出すことのみを理由としてより厳格な規則を制定する必要はない。

(2) LRSO 規則の検討

LRSO 規則に関して同控訴裁判所は，FCC の決定が十分な証拠に依拠した合理的な分析に基づいていないとの主張に対して，FCC は自らの決定のもととなった証拠と相反する証拠も検討しており，また FCC は反対の論者の提案する規則案よりも自らの採用した規則が優れていることを論証するよう命じられておらず，「むしろその採用した規則が FCC に提示された証拠によって根拠づけられる合理的な分析に依拠するよう命じられている」と判示している[146]。また，AM/FM サブキャップについて同控訴裁判所は，FCC の行った事実認定を検討したうえで，これらの事実認定が当該サブキャップの維持を正当化するのに十分であると結論づけている。その際に同控訴裁判所は，「提示された記録において，上位市場の多くにおいて現在 AM は極めて重要なラジオ・ヴォイスであること，またさらなる結合に関して，マイノリティ及び女性による所有の促進という目標への危害を含む，公共の利益を毀損する証拠が存在する」と指摘している[147]。

以上をふまえて同控訴裁判所は，LRSO 規則の維持という FCC の決定を支持している。さらに，その際，ラジオ放送のデジタル化を規則の検討に反映すべきであるとの指摘に対して同控訴裁判所は，検討は時期尚早であるとしている[148]。

---

145) *Id.* at 461.
146) *Id.* at 462.
147) *Id.* at 463.

第 3 章　複数放送局所有規制の具体的展開と電子メディア法の理念

3　小　括

本件判決で合衆国第 3 巡回区控訴裁判所は，2006 年規制改革審査報告において示されたいずれの規則も支持することとなった。

まず LTSO 規則について考えてみると，同規則が情報の多様性の確保に直接関係していなくとも，競争に関係すればよいとされているといえる。また競争の維持の観点から，他メディアも含めた検討では対象範囲が拡大しすぎるのに対し，テレビ局間に対象を限定することで市場を明確にしたのが同控訴裁判所によって評価されているといえる。

LRSO 規則については，2006 年規制改革審査報告における FCC の実証的データに基づく詳細な検討をほぼ認める形になっているといえる。

VI　おわりに

FCC は，2011 年に 2010 年規制改革審査に関する手続を開始した[149]。しかしながら，手続が難航したため，2010 年規制改革審査報告の取りまとめを放棄し，2014 年規制改革審査手続が開始され，2017 年に 2014 年規制改革審査報告が公表され，LTSO 規則のうち 8 ヴォイス・テストについて明確なデータ証拠が提示されなかったことを理由に，同テストの廃止を行っている[150]。そして Prometheus II 判決で支持された LTSO 規則，LRSO 規則それぞれが，その後のメディア市場の変化に対応しうるか検討されている[151]。このように電子メ

---

148) Id.

149) 2010 Quadrennial Regulatory Review - Review of the Commission's Broadcast Ownership Rule and Other Rules. Adopted Pursuant to Section 202 of the Telecommunications Act of 1996, Notice of Proposed Rulemaking, 26 FCC. Rcd 17489（2011）.

150) 2014 Quadrennial Regulatory Review, 32 FCC Rcd 9802（2017）.

151) このなかで LTSO 規則の規則改正提案においては，信号外辺重複基準に代えて，DNLSC（Digital Noise Limited Service Contour）という新たな基準が提案されている。LRSO 規則においては，改正すべきではないとの立場が明らかになっている。また，唯一 LRSO 規則の JSAs に関する規制が LTSO 規則にも導入されることが決定されている。

ディア所有規制は，メディア市場の急激な変化等に対応する必要性等から，適時の対応が困難となっている。

　このような状況を念頭においたうえで，2002年規制改革審査報告以降のFCCの試み及び合衆国控訴裁判所の判断を検討した結果，以下のことが明らかになる。

　まず，FCCがそれぞれの規制改革審査報告において，その時点のメディア市場について詳細に検討し，それぞれの電子メディアが果たしている社会的役割について多角的に分析している点があげられる。また司法がFCCの分析・判断に高い実証性を要求し，理念の細分化，各規制との具体的関連性の論証を要求している。たとえばLTSO規則についてみると，ケーブル，DBSとの比較の点が重視され，それぞれのメディアの収益構造，主に対象とする視聴者層等が分析され，地域テレビ局の社会的役割等を明確にした具体的な規制の根拠が提示されている。

　次に，3つの理念について詳細な検討が行われている点があげられる。

　第1に競争の維持に関しては，FTC等の行う経済法の一般理論に基づいた規制とは別個の規制をFCCが行っている点が強調され，またその根拠が提示されている。そこでは，修正第1条に保障されている言論の自由が前提とする「思想の自由市場」論に基づいて，物品の市場と思想・情報の市場が異なることが明確にされている。ただ，結局はFCCも，思想の市場においても経済法で用いられるHHIを採用しており，それが合衆国控訴裁判所によって問題視されていることから，具体的な区別は困難なものであるといえる。

　また，競争の具体的測定のあり方として，放送以外のメディアをどのように位置づけるかが詳細に分析されている。そこでは，2002年規制改革審査報告では，ケーブル，DBSが主な対象とされていたが，その後はインターネットメディア等が追加されているように，最近10年ほどの間のメディア市場の急激な変化にどのように対応すべきか難しい問題が生じている。

　第2に情報の多様性の確保については，具体的には，見解の多様性，番組の多様性，情報源の多様性等に分類されている。この点，わが国の議論においては情報源の多様性のみが重視されることが一般的である点とは，極めて異なっている。そして，2002年規制改革審査報告でFCCがLTSO規則において情報

第3章　複数放送局所有規制の具体的展開と電子メディア法の理念

源の多様性が当該規則を正当化しないとしている点も，わが国の一般的な見解と異なる点である。

　またアメリカでは見解の多様性，番組の多様性が，それぞれの規則をどのように根拠づけるのかについて詳細かつ実証的な検討がなされている。わが国の議論においては，特に実証的なデータを基にした法的議論が一般的には受け入れられていないように思われるが，2つの*Prometheus*判決にも明らかなように，アメリカにおいては，表現の自由の保障を最大化するために，明確かつ実証的な根拠を提示する必要性が一般に認識されているといえる。

　第3に地域性の確保については，逆に具体的内容があまり詳細に検討されていないと思われる。もっとも，それぞれの規制が地域性の確保とどの程度根拠づけられるのか，また根拠づけられないのかについては，詳細に検討されている。

　以上の検討をふまえて，わが国への示唆を考えてみると，第2章Ⅳでも指摘したように，日米間のメディア市場構造に小さくない相違（NHKの存在等）があることから，具体的な規制のあり方について指摘することはできないが，同様の理念が採用されていることから，それぞれの理念の内容の整理・具体化がまず必要ではないかと思われる。そして，メディア市場構造を法的に分析し，具体的な規制を行っていくべきである。特に，競争の維持と情報の多様性の確保についてみていくと，まず競争について，その前提となる「市場」を明確化すべきである。わが国の表現の自由論においても思想の自由市場論が一般的に支持されているが，思想の市場と経済の市場は同一視してよいのか，区別すべきなのかといった議論が必要ではないだろうか。前述のように，この問題について様々な議論を行っているアメリカの状況は（実際に採用するか否かは別として）非常に参考になるといえる。

　情報の多様性の維持に関しても，前述のように，わが国では情報源の多様性（多元性）のみが重視されているが，このことについて十分な説明がなされていないように思われる。表現の自由の保障を最大化するためには，漠然とした法概念を用いることは極めて重大な問題を生じさせる。したがって情報の多様性の確保を理念として採用するのであれば，同概念の明確化，具体的な規制との関連性等について詳細な根拠づけが必要になり，現在この問題に対応を試みて

VI　おわりに

いるアメリカの議論は，極めて有益なものとなる。

　ただ，FCC が 2011 年規制改革審査報告をまとめることができなかったように，さまざまな新規メディアの出現等のメディア市場構造の断続的な変化に適時に対応し，具体的な規制を実施することは困難である。

第 4 章　ケーブル規制と修正第 1 条

I　はじめに

　アメリカにおいて現在主要な電子メディアは，ケーブルである。FCC によれば，2015 年 12 月時点で，全米でケーブル，DBS，テレビ放送等の何らかの MVPD のサービスをうけている世帯のうち，53.1％がケーブル事業者のサービスをうけているとされている[1]。もっともインターネット・アクセスはモバイルが（特に 2010 年以降）主流となりつつあるが，固定回線でのインターネット接続はケーブルが主流である[2]。

　一方，言論・プレスの自由を保障する修正第 1 条に関する議論においては，表現方法・媒体の違いによって修正第 1 条の保障の程度が異なっており，ケーブルに関しては，自ら番組制作を行う場合もあるが，放送事業者及び他の番組制作事業者が制作した番組をそのまま送信していることが一般的であったことから，ケーブル事業者が表現活動を行っていないとして，通信と位置づけて修

---

[1] Annual Assessment of the Status of Competition in the Market for the Delivery of Video Programming, 32 FCC Rcd 568（2017）。なお同報告書は，MVPD がインターネット上での配信サービスに注力している点にも着目しているが，同報告の検討対象とはしていない（para18）。

[2] FCC の調査によれば，2016 年 12 月末時点で，全米でモバイル・固定合計 37,622,100 回線の高速インターネット（High Speed Lines）接続（上り下りのいずれかが 200 kbps 以上）で，そのうちモバイル 27,049,400 回線，固定 105,727,000 回線で，そのうちケーブルが 6,335,200 回線である。See Internet Access service as of 12/31/16（2018）。

I　はじめに

正第1条の保護を受けないとの見解もかつてはあった[3]。しかし，現在ではいかなる番組を送信するかとの判断，すなわち編集上の判断（editorial judgment）を行っていることから，修正第1条の保護の対象となるとされている。そしてアメリカの情報通信政策の法的基本枠組みを規定する1934年通信法も，電子メディアを通信，放送，ケーブルに分類している。

またケーブル規制のあり方を論じる際には，ケーブル事業者の言論の自由を不当に制約してはならないのは当然であるが，一方で，修正第1条に根拠を有する民主的政治プロセスの維持を最終目的とした情報の多様性を確保するために法規制を行うことの必要性が一般に支持されている。このことについて合衆国最高裁判所は，ケーブルの修正第1条上の位置づけについて初めて態度を明らかにした，後述の1994年の *Turner I* 判決において，「公衆による多様な情報源へのアクセスを保障するのは，高次の法（highest order）であるところの政府の目的である。というのも，その理念は，修正第1条の中核的な価値を促進するからである。実際，『多様かつ相対立する情報源から，可能な限り広範な情報を発信することは，公共の福祉に本質的なものであるということは，長い間，全米的通信政策の基本理念であり続けている』」と指摘して，ケーブル規制のみならず，情報通信政策において情報の多様性を確保することが，修正第1条の中核的価値に根拠づけられるとしている[4]。さらにブレイヤー（Stephen Breyer）合衆国最高裁判所裁判官は，*Turner II* 判決において，情報の多様性を確保するための政策が「何年も前にブランダイス（Louis D. Brandeis）合衆国最高裁判所裁判官が指摘したように，民主的政府が前提とし，また修正第1条が達成しようとしている，公的議論，情報提供を受けた討議の促進を目的としている」と明確に指摘している[5]。他方で情報の多様性の確保を具体化し，その実

---

3) たとえばダグラス（William O. Douglas）合衆国最高裁判所裁判官は，後述の1979年の *Federal Communications Commission v. Midwest Video Co.* において，「ケーブルは，電話会社が行っている以上のメッセージ内容へのコントロールを有していない単なるキャリア（carrier）である」と指摘している（440 U.S. 649, 680 (1979).）。

4) Turner Broadcasting System v. Federal Communications Commission, 512 U.S. 622, 663 (1994).

第 4 章　ケーブル規制と修正第 1 条

効性を担保するものとして，1934 年通信法において地域性の確保（localism），公正競争（fair competition）の維持が政府利益として提示され，合衆国最高裁判所も，*Turner I* 判決において地域性の確保がケーブル規制の実質的な政府利益であることを認めている[6]。

　以上から，どちらも修正第 1 条に根拠をもつ，情報の多様性の確保のためのケーブル規制と，ケーブル事業者の言論の自由をいかに調整すべきか問題となる。特にそこでは，合憲性判断基準を決定するケーブルの規制根拠に関する議論がなされてきた。さらに近時においては，前述のようにアメリカにおいてケーブルの占める割合が高いことから，他の電子メディア規制のあり方に関する議論においても，ケーブル規制に関する議論が前提とされている。そこでまず本章では，放送番組のケーブル上での再送信を義務づける再送信義務づけ規則（must carry rule）を中心に，修正第 1 条上のケーブル規制の根拠が確立された，*Turner* 判決までにいかなる憲法理論が構築されてきたのか検討する。

---

5) 520 U.S. 180, 227（1997）（Breyer J., concurring）. ブレイヤー裁判官の民主主義に関する理解につき，*See* Stephen Breyer, *Our Democratic Constitution*, 77 N.Y.U. L. Rev. 245（2002）. なお，ブランダイス裁判官は，共産主義政治団体を助け，それに加入したことが刑事サンディカリズム法によって処罰されたことの当否が問題となった，1927 年の *Whiteney v. California* において，「アメリカの独立を勝ちとった人々は，個人が思い通りに考え，考えた通りに発言する自由が政治的発見及びその発展のために必要不可欠な手段であること，言論・集会の自由なくしては，その議論も無益なものとなること，これらの自由があってこそ初めて，その議論が通常有害な理論の伝播を防ぐための適切な保護を与えること，自由への最大の脅威は無気力の国民であること，公の討論は政治的義務であること，そして，それは，アメリカの政治の基本原理であるべきことを信じていたのである」と指摘している（274 U.S. 357, 375（1927）.）。

6) 情報の多様性の確保，地域性の確保は，ケーブルテレビ規制に加えて，放送規制においても実質的な政府利益として認められている。これらにつき，本書第 1 章参照。

II　ケーブル規制の確立

1　1984年ケーブル通信政策法の制定
(1)　ケーブル規制の必要性の認識

ケーブルが導入された当初，ケーブルは過疎地の難視聴地域解消のためのものと位置づけられていたが，その後，様々な番組を提供するようになり，（高層ビル等による都市難視聴の解消という事情もあったが）都市部にも普及した。それに対して1950年代FCCは1934年通信法によってケーブルの規制権限がFCCに付与されていないとの立場をとっていた。その理由としてFCCは，ケーブル・システムが地上波を使用しないことから，1934年通信法上，放送事業者（broadcaster）に該当しない（47 U.S.C. §153 (o)）ことをあげていた[7]。しかしながら，1965年にFCCは，ケーブルの急成長を危惧する放送事業者によるロビー活動をうけて[8]，ケーブルの成長が放送への重大な脅威となっているとして自らの規制権限を正当化する報告書を公表した[9]。そして後述のようにFCCは，マイクロ波を利用したケーブルは，自らサービスを提供している区域内のテレビ局の要請に基づき，営利放送及び非営利放送を含むすべての地域テレビ放送局の放送波について，番組内容を変更することなく再送信しなければならないとの再送信義務づけ，その区域外の放送波の再送信（以下，「区域外再送信」という）に関し，地域営利放送局との番組重複の差控え等の規制を実施した[10]。さらにFCCは，1966年に，これらの規制をマイクロ波以外のすべてのケーブルにも適用し，また再送信義務づけに関してテレビ市場規模の大小に応じた規制を行うとする報告書を公表した[11]。

---

[7]　Report and Order, 26 FCC 403, 427-31（1959）. さらにこの判断は，合衆国最高裁判所によっても支持されるところとなった。Fortnightly Co. v. United Artists Television, Inc., 392 U.S. 390, 398-402（1968）.

[8]　*See* Besen, *The Economics of the Cable Television "Consensus"* 17 J. L. & Econ. 39（1974）.

[9]　Cater Mountain Transmission Co., 32 FCC 459, 464（1962）.

[10]　Rules In re Microwave-Served CATV, First Report and Order, 38 FCC 2d 683（1965）.

[11]　Second Report and Order, 2 FCC 2d 725（1966）.

第 4 章　ケーブル規制と修正第 1 条

　これらについて合衆国最高裁判所は，区域外再送信に関する規制が 1934 年通信法上認められるか否かが問題となった，1968 年の *United States v. Southwestern Cable Co.* において，ケーブルに関する FCC の規制権限を「FCC は，『統一的な管轄権』及びすべての形態の電気通信，すなわち電話，電信，ケーブル又は無線によるとを問わず，それらに対する規制権限を，『唯一の政府機関』として行使するよう期待されてきた」と述べて認めている。そのうえで合衆国最高裁判所は，これらの権限の具体的な根拠規定の問題に関して，特に FCC による有線及び無線による州際又は国際通信の規制権限について規定する同法第 152 条（a）に基づいて，「……当裁判所が 1934 年通信法第 152 条（a）において認定している権限は，FCC の有するテレビ放送規制に関する多様な義務の効果的な履行に十分に補助的（reasonably ancillary）であるものに限定される。FCC は，これらの目的のために『公共の利益，便益又は必要』に矛盾することのない『規則』を制定し，規制及び条件を課すことができる」との見解を示し，ケーブル規制が「十分に補助的」であると結論づけている[12]。

　そして合衆国最高裁判所は，合衆国議会及び FCC が，これらの義務を履行するために，「適切な規模のすべてのコミュニティが，その地域の自己表現のアウトレットとして，少なくとも 1 つのテレビ放送局を有する」といった無料の地域放送局制度の創設が必要であるとし，それを具体化するために「利用可能な UHF チャンネルの極めて広範な利用がなされなければならない」こと，「現在教育目的のために確保されているテレビ・チャンネルの効率的な利用のために音声及び適切な番組を発信するよう，コミュニティに奨励すること」が必要であるとしたことを支持している[13]。そのうえで合衆国最高裁判所は，もしケーブルが規制されないならば，ケーブル産業がテレビ放送の財務力に対する脅威となるとの FCC の事実認定を支持し，「ケーブルテレビが『FCC の最重要目的のいくつかの実現』……を可能にする場合もあるが，区域外の信号を地域局のサービス提供区域に提供することはまた，「テレビ放送事業者によって提供されるサービスを破壊し，品質を低下させることになり，最終的には，

---

12) United States v. Southwestern Cable Co., 392 U.S. 157, 178（1968）.
13) *Id.* at 174-75.

116

Ⅱ　ケーブル規制の確立

公衆から地域放送局システムの様々な便益を奪うことになる」としている[14]。

その後，1972年にFCCは，「わが国のコミュニケーション枠組みの基本目標——地域レベルでの表現の機会を拡大する新たな設備の創設，テレビ番組の多様性の促進，教育テレビの高度化，地方団体情報サービスの充実——は，ケーブルによって推進される」との理念に基づいて，再送信に関する規制及びケーブル番組に関する規制を実施する報告書を公表した[15]。まず，再送信に関する規制については，再送信義務づけ規則として，ケーブルが立地しているテレビ市場のすべてのテレビ放送を再送信しなければならないとされ，再送信義務づけ規則の要件を満たし，さらに空きチャンネルがある場合には他のテレビ放送の再送信を提供できるとの再送信許容規則（May Carry Rule），再送信許容規則の範囲内で再送信を行う局を選択する場合には，できる限り隣接（同一の州というのが原則）するテレビ市場から選択しなければならないとする，リープフロッキング規則（Leapfrogging Rule）が定められた。またシンジケーション番組に関し[16]，アメリカ国内のテレビ放送局がシンジケーション番組購入後1年以内，及び地域局がシンジケーション番組の独占的放送権を有している期間内は，上位50位のテレビ市場に立地するケーブル事業者に限り，その期間内のシンジケーション番組の再送信を禁止する，シンジケーション番組独占規則（Syndicated Exclusivity Rule），2つの放送局のネットワーク番組が重複する場合には，当該地域から近い局の再送信を優先し，さらに地域局が当該番組の独占的放送権を有している場合にはその再送信を禁止する，ネットワーク独占規則（Network Exclusivity Rule）が規定された。

次にケーブル番組に関する規制について，上位100位のテレビ市場においてケーブル・システムを有する場合には，最低20チャンネル分の伝送容量（20ch

---

14) *Id.* at 175.

15) Cable Television Report and Order, 36 FCC 2d 143（1972）．これらにつき，菅谷実『アメリカの電気通信政策——放送規制と通信規制の境界領域に関する研究』（日本評論社・1989年）参照。

16) シンジケーション番組とは，提携関係にないテレビ放送（非ネットワーク系）用番組のうち，生中継を除き，アメリカ国内の1つ以上のテレビ放送局免許所有者に販売許可，分配，提供される番組をいう。

第 4 章　ケーブル規制と修正第 1 条

× 6Mz = 120Hz）及び非音声用上り通信を可能にする施設を備えなければならないとのチャンネル容量規則（Channel Capacity Rule），上位 100 位のテレビ市場においてケーブル・システムを運営する場合には，先着順で誰もが利用できる非営利用の公衆アクセス・チャンネルを最低 1 チャンネル確保し，それに加え，地域教育機関のための教育用アクセス・チャンネルも最低 1 チャンネル確保しなければならないとする，公衆アクセス規則（Public Access Rule），チャンネル容量規則及び公衆アクセス規則に基づくチャンネル使用率が一定割合以上である場合，6 ヶ月以内にチャンネル容量規則及び公衆アクセス規則のチャンネルと同一の目的でもって利用できるチャンネル容量を確保しなければならないとする，容量拡大に関する規則（Expansion of Capacity Rule），3,500 人以上の加入者を有するケーブル・システムは，自主放送用の専用チャンネルを確保しなければならないとの自主制作番組規則（Original Cablecast Rule）が規定された。

　さらに 1976 年には，ケーブル・システムに対し，公共の，教育上の，政府のもの以外に賃貸されるアクセス・チャンネルを提供するよう義務づける賃貸アクセス・チャンネル規則（Leased Access Channel Rule）が実施された[17]。しかしながらこれらの規則は，再送信義務づけ規則以外ほとんど 1984 年までに，後述の賃貸アクセス・チャンネル規則のように合衆国最高裁判所によって通信法上の根拠を欠き無効とされるか[18]，公衆アクセス規則のように FCC 自らの判断で廃止された[19]。

(2)　1984 年ケーブル通信政策法の概要

　合衆国議会は，FCC がケーブルに対していかなる規制権限を有するのかを 1934 年通信法上明確化するために 1984 年ケーブル通信政策法（Cable Communications Policy Act of 1984）を制定した[20]。

---

17) Amendment of Part 76 of Commission's Rules and Regulations Concerning the Cable Television Channel Capacity and Access Channel Requirements of Section 76.251, 59 FCC 2d 294（1976）.

18) Federal Communications Commission v. Midwest Video Co., 440 U.S. 689（1979）.

19) Cable TV Access Channel Rules, Order, 83 FCC 2d 147（1980）. 同規則につき，See Manhattan Community Access Corp v. Halleck, 139 S. Ct. 192（2019）.

20) Cable Communications Policy Act of 1984, Pub. L. No. 98-549, 98 Stat. 2780（1984）.

Ⅱ　ケーブル規制の確立

　合衆国議会は，同法の政策目的として，同法第2条で，①全国的なケーブル政策の確立，②ケーブル産業の育成及び助成を行い，ケーブル・システムがコミュニティの需要及び利益の充足を維持するフランチャイズ手続の確立，③ケーブルに関する連邦，州，地方団体それぞれの権限範囲の画定，④ケーブルが公衆に対して可能な限り広範にわたる多様なサービスを提供するようにすること，⑤法の規定する基準に適合するケーブル事業者の不当な更新拒否を防止するフランチャイズ更新手続の確立，⑥競争を促進し，不必要なケーブル規制を最小限にすることの6点をあげている。これらの目的を達成するために同法は，料金決定機関（47U.S.C. §543）及び地方団体並びに州が実施可能なフランチャイズ料金（47 U.S.C. §542）を規定すると同時に，最初のフランチャイズ手続及びその更新手続に関する基準（47 U.S.C. §§541-546），公衆アクセス規則（47 U.S.C. §531），賃貸アクセス規則（47 U.S.C. §532）等を規定し，またこれらの規制についてFCCに規制権限が付与された。

　同法第2条は，「ケーブル・サービス」(cable service) を「(A) 加入者への(ⅰ) 映像番組，又は (ⅱ) その他の番組サービスの一方向的伝送，及び (B) (可能であれば) 当該映像番組又はその他の番組の選択のための加入者との相互作用」と定義した（47 U.S.C. §522 (6)）。また，「ケーブル・システム」(cable system) を「一連の閉鎖的伝送路及び集合信号の発信，受信によって構成される施設及び映像番組を含む，コミュニティ内の多数の加入者を対象にケーブル・サービスの提供を目的とするコントロール設備」と定義している（47 U.S.C. §522 (7)）。さらに「ケーブル事業者」(cable operator) は，「(A) ケーブル・システムを通じてケーブル・サービスを提供する，若しくは当該ケーブル・システムに直接，あるいは1以上の系列にある者を通じて特別な利益を有している，又は (B) 当該ケーブル・システムの管理及び運営に対して，何らかの合意でもって，コントロールを及ぼす，あるいは責任を有しているすべての個人若しくはその組織」と定義されている（47 U.S.C. §522 (5)）。

　また同法は，ケーブルを既存の電子メディア規制の枠組みの中でいかに位置づけるかに関して，「いかなるケーブル・システムも，ケーブル・サービスの提供を理由として，コモン・キャリア又は公共事業の規制対象とされない」と規定し，原則としてコモン・キャリアとしては扱わないことを明確にした

第 4 章　ケーブル規制と修正第 1 条

(47U.S.C. §541 (c))。しかし，賃貸アクセス規則等ケーブル事業者にコモン・キャリアと同様の義務を課す規定の存在から，ケーブルが既存の電子メディア規制の枠組みの中でいかに位置づけられるかの立法上の解決は，明確にはなされなかった。

2　ケーブル規制と修正第 1 条

(1)　合衆国最高裁判所の立場

ケーブル規制の修正第 1 条上の位置づけについて合衆国最高裁判所が初めて言及したのは，1972 年から FCC 規則で実施されていた，ケーブル事業者を「一定のチャンネルにおいてコモン・キャリアとして取り扱う」としていた賃貸アクセス規則の合憲性が問題となった 1979 年の *Federal Communications Commission v. Midwest Video Co.* である[21]。合衆国最高裁判所は，ケーブル・システムに対しこのような規制を実施することに関する FCC の明確な権限を示す 1934 年通信法の規定が存在せず，また 1934 年通信法に放送事業者をコモン・キャリアとして規制することを禁止する明確な規定が存在するとして，FCC が通信法上の権限を逸脱していると判示している[22]。その際，合衆国最高裁判所はケーブル規制の修正第 1 条上の位置づけについて詳細に検討しなかったが，「ケーブル事業者は，放送事業者が有している自らの番組が取り扱うものに関する著しく広範な編集上の裁量を享有している」と指摘して，ケーブル事業者が少なくとも放送事業者が有しているものと同一の修正第 1 条上の利益を有しているということを認めている[23]。

さらに，ケーブル事業者がロサンゼルス市においてケーブル事業を行うために行った設備建設申請を，市が排他的フランチャイズ規則に基づいて既にロサンゼルス市において事業を行っている他の事業者の存在を理由として拒否したことが問題となった，1986 年の *City of Los Angeles v. Preferred Communications Inc.* において合衆国最高裁判所は，ケーブルの業務は，新聞及び雑誌のように，

---

21) Federal Communications Commission v. Midwest Video Co., 440 U.S. 689（1979）.
22) *Id.* at 708.
23) *Id.* at 707.

120

Ⅱ ケーブル規制の確立

ニュース，情報及び娯楽の混合物を加入者に提供するものであり，新聞と同様にケーブル事業者も自らの独創的な内容のものを提供しつつ，それと同時に自らの利用可能なスペースの一部を他のメディアの通信のリプリント（又は再送信）のために使用していることを理由として，「……被上告人が従事しようとしている活動は，明らかに修正第1条の利益に関係すると考えられる」としている[24]。そのうえで合衆国最高裁判所は，「被上告人が申請した活動は，無線地上波放送事業者の言論が有効な周波数の稀少性に基づく政府の規制に屈服するが，修正第1条の領域内であると Red Lion 判決において当裁判所が認定した，地上波放送の活動に関係している修正第1条の利益に関係する」として，ケーブル事業者が，放送と同程度の修正第1条上の保護の対象となるとしている[25]。

このことにより，放送と同様にケーブルが修正第1条の保護の対象となり，ケーブル規制が修正第1条の観点から審査されることとなった。ただ，ここで注目しなければならないのは，なぜケーブルが放送と同様に電波の有限稀少性を有しているかについての検討が十分になされないまま Red Lion 判決法理が採用され，合憲性の審査がなされていることである。特に Preferred Communications 判決においては，当該規制が言論内容中立規制であるとされただけで，O'brien 判決基準が採用されている。

(2) 合衆国控訴裁判所レベルでのケーブル規制根拠論の検討

以上のように合衆国最高裁判所の検討が不十分であったことから，合衆国控訴裁判所レベルにおいて O'brien 判決基準を採用することへの疑問が提示されたり，様々なケーブル規制の根拠が提示されたりした[26]。たとえば，合衆国コロンビア地区控訴裁判所は，再送信義務づけ規則の合憲性が問題となった，

---

24) City of Los Angeles v. Preferred Communications Inc., 476 U.S. 488, 494 (1986).

25) *Id.* at 495.

26) ケーブルの修正第1条上の位置づけ，規制根拠について検討するものとして，*See* PATRICK PARSONS, CABLE TELEVISION AND THE FIRST AMENDMENT (1987); Daniel Brenner, *Nineteenth Annual Administrative Law Issue: Article: Cable Television and the Freedom of Expression*, 1988 DUKE L.J. 329.

第4章 ケーブル規制と修正第1条

　後述の1985年の *Quincy Cable TV Inc. v. Federal Communications Commission* において，「本件の審査において，*O'Brien* 判決で採用された利益衡量基準に依拠することの適切性について重大な疑問が残されている」と指摘している[27]。

　ただ一方で同控訴裁判所は，憲法上のケーブルの規制根拠に関する議論の前提として，合衆国最高裁判所が採用する「ニュースメディアの特性の相違は，それらに適用される修正第1条の基準の相違を正当化する」との法理について，新たな通信方式に与えられるべき保護を評価する際に，伝統的な修正第1条の原則を破棄すべきではないとしたうえで，「修正第1条の中核的価値は，メッセージが運ばれる様々な運送手段に特殊な事柄に優越する。むしろ，発言者が自らの見解を表明できる，ますます多様なものとなっているメカニズムを識別する顕著な特質に注意深く関心を払うことによって，これらの価値が達成されることを認識することが目標となる」とこの法理の重要性を強調している。そのうえで同控訴裁判所は，放送とケーブルの技術上の相違について，「映像を少数の信号でのみ運ぶことができる電波で送信する通常のテレビ放送と異なり，ケーブルは，200又はそれ以上のチャンネルを送信する技術的能力をもつ同軸ケーブルでもって家庭に到達する」と指摘している[28]。

　合衆国控訴裁判所レベルでのケーブルの規制根拠としては，特に電波の有限稀少性論，自然独占（natural monopoly）論，電柱共架（pole attachment）論が検討されてきた[29]。電波の有限稀少性論は，放送の規制根拠をケーブルにそのまま導入しようとするものである。自然独占論とは，免許・特許等の制度的理由又は法的保護によって独占（単一企業による市場支配）に至るものではなく，自然発生的に市場が独占的になった場合，価格及びサービスの質に悪影響を与え

---

27) Quincy Cable TV, Inc. v. Federal Communications Commission, 768 F.2d 1434, 1448 (D.C.Cir. 1985). ただ同控訴裁判所は，その際，再送信義務づけ規則が *O'brien* 判決基準を明らかに満たさず，より的確な修正第1条の審査を行うか否かを解決する必要はないとしている。

28) *Id.*

29) Jonathan W. Emord, Freedom, Technology, and the First Amendment 286 (1991). また自然独占については，*See* Thomas W. Hazlett, *Duopolistic Competition in Cable Television: Implications for Public Policy*, 7 Yale J. on Reg. 65, 67-71 (1990).

る独占的な市場支配力（market power）から消費者を保護するために，政府規制が正当化されるというものである。特にケーブルに関しては，マスコミュニケーション・サービスへの参入及び事業の継続に必要なコストが莫大なものであり，政府規制がなければ，ケーブル市場は少数の巨大メディアの手中に落ちることになり，巨大メディアには，合理的な価格で適正なサービスを提供するインセンティブがないと指摘されていた[30]。また，電波の有限稀少性論との関係で，電波の有限稀少性論が電波の物理的特性に注目した理論であるのに対して，自然独占論がケーブル事業の経済的特性に注目した理論であることから，自然独占論を経済的稀少性論と呼ぶ場合がある。一方，電柱共架論とは，ケーブル事業者が公道用地を利用する必要があることを理由として，公道上に同軸ケーブルを敷設することに固有な問題に対処するために，ケーブル・システムの設置及び維持管理のプロセスにおいてある程度の政府規制が正当化されるとするものである。

電波の有限稀少性論については，有料放送に関するFCC規則の合憲性が問題となった，1977年の*Home Box Office, Inc. v. Federal Communications Commission*において合衆国コロンビア地区控訴裁判所が，ケーブルには「……当該理論の本質的前提条件——政府の裁定作用を必要とする物理的干渉及び稀少性——が存在しない」と判示したことが[31]，後の同控訴裁判所及び他の合衆国巡回区控訴裁判所の判断に影響を与えている[32]。

自然独占論及び電柱共架論については，あるケーブル事業者が無許可で設置した自らのケーブル設備の撤去命令及び市のフランチャイズ条例の適用の差止めを求める訴訟を提起した，1982年の*Omega Satellite Products Co. v. City of Indianapolis*において合衆国第7巡回区控訴裁判所が，「……ケーブルは，他の種

---

30) Emord, *supra* note 29 at 286.

31) Home Box Office, Inc. v. Federal Communications Commission, 567 F.2d 9, 45 (D.C. Cir. 1977).

32) *See, e.g.*, Omega Satellite Products Co. v. City of Indianapolis, 694 F.2d 119, 127 (7th Cir. 1982); Preferred Communications, Inc. v. City of Los Angeles, 754 F.2d 1396, 1404 (9th Cir. 1985); Quincy Cable TV, Inc. v. Federal Communications Commission, 768 F.2d 1434, 1449 (D.C.Cir. 1985).

第 4 章　ケーブル規制と修正第 1 条

類の障害——電信柱及び地下配管の他の利用者との衝突——を生じさせる。それ以上に，ケーブルの明らかな自然独占との特性が，……参入規制の論拠を提示する」とこれらの理論を承認している[33]。またその際，同控訴裁判所は，「今日ほとんどの新聞市場が自然独占であることに注意しなければならないが，新聞市場への参入が修正第 1 条上の深刻な問題を生じさせずに規制されるとは，誰も思わない」として，当時の新聞事業の独占化傾向とケーブル事業のそれを区別している。

しかし同判決で指摘された新聞の独占的傾向とケーブルの独占的傾向を同一視し，ケーブル固有の規制が修正第 1 条に違反するとの指摘もあった。そこでは，合衆国最高裁判所が *Miami Herald* 判決において，新聞の独占的傾向を認定していることが重視された[34]。ただ，このことについて，ボルダー市が自然独占論に基づいてケーブル事業者の事業拡大を規制する条例を制定したことの合憲性が問題となった，1981 年の *Community Communications Co. v. City of Boulder* において合衆国第 10 巡回区控訴裁判所は，ケーブルの自然独占的性格と電柱共架論を結びつけて *Miami Herald* 判決と区別し，「*Miami Herald* 判決において示された経済的稀少性というものは，政府の免許を必要とする公共物の破壊的使用とは無関係なものである」としている。その根拠として同控訴裁判所は，特に電柱共架論の立場から，ケーブルには「政府のコントロールからのほぼ絶対的な自由というものは存在しない。最も重要なことは，ケーブル会社がその事業を行うために公有地に著しく衝突することである。すなわち，事業者は，無免許では情報発信としてのケーブル放送事業に従事することができない」としている。しかし同控訴裁判所は，「自然独占がケーブル事業者に対するいくぶんかの規制を憲法上許容されるものとして正当化するという結論は，無線放送に対する規制に関するすべての原則がケーブルにも必然的に適用されるものであるということを意味しない」として，放送とケーブルを区別すべきとの立場から，「……思想を伝送する各々の手段は，それだけで法であり，法

---

[33] Omega Satellite Products Co. v. City of Indianapolis, 694 F.2d 119, 127-28 (7th. Cir. 1982).

[34] 418 U.S. at 250.

は様々な本質,価値,濫用及び危険について考慮しなければならない」と指摘して,放送規制をそのまま準用せず,自然独占論に基づいたケーブル規制独自の判断基準を構築すべきであると結論づけている[35]。

一方,*Home Box Office* 判決において合衆国コロンビア地区控訴裁判所は,自然独占論について,「経済的条件のみの結果である稀少性は,伝統的なプレスの修正第1条上の権利への限定的な政府の侵入でさえ正当化するには明らかに不十分である……。そして当裁判所に提出された記録に,この点に関するケーブルテレビと新聞の憲法上の区別を示唆するものはない」と指摘して,自然独占論に消極的な立場をとっていた[36]。また *Quincy* 判決において同控訴裁判所は,「……『経済的稀少性』との見解は,ケーブル事業者が独占的価格を強要する地位にあるとの全く証明不能な――かつ実際,疑わしい――前提に基づいている……」と自然独占論を批判し,「……独占化傾向は,存在するとすれば,『自然』の経済現象というより,政府の活動――特に地方団体のフランチャイズ手続――に起因することが多い」と指摘している。そのうえで同控訴裁判所は,合衆国最高裁判所判例に言及しつつ,「とにかく,ケーブルの独占的特性に関する議論の結果がどうであれ,合衆国最高裁判所は,あるコミュニティで入手されるヴォイス数に関する純枠に経済的な制約が他の場合には修正第1条上の権利への不当な侵害となるものを正当化する,との提議を定型的に拒絶してきた」との解釈を示している[37]。

また,*Preferred Communications Inc. v. City of Los Angeles* の原審判決において合衆国第9巡回区控訴裁判所は,「……ケーブルによる公共物の破壊によってケーブルを免許制にする必要性が生じたことのみを根拠として,市が競売手続によって設定することを望んだ独占をも正当化しうるということを示唆している」と自然独占論に消極的な立場を示している。しかし,同控訴裁判所は「ケーブルが放送メディアと同様の物理的稀少性又は経済的稀少性によって特徴づけられないと判断することは,ケーブル事業に関するすべての政府規制ま

---

35) Community Communications Co. v. City of Boulder, 660 F.2d 1370(10th Cir. 1981).
36) 567 F.2d at 45.
37) 768 F.2d at 1450.

で禁止しない」として規制の必要性は認めて，同規制が表現内容中立規制であり，*O'brien* 判決基準に基づいた判断を下している[38]。

以上のように，合衆国最高裁判所による明確な判断がなかったことから，様々なケーブル規制根拠論が提示されることとなったが，結局のところ，一般的に支持される根拠論は提示されることはなかった。特に自然独占論に関して様々な議論がなされたが，自然独占論を肯定するにせよ，否定するにせよ，これらの判決は，問題となった規制が修正第1条に違反すると判示している。結論として，この自然独占論は，抽象論レベルの問題であって，この理論を採用するとしないとにかかわらず，それに基づく具体的な検討及び利益衡量にはあまり影響を与えなかったといえる。結局，放送における電波の有限稀少性理論ほどの強力な規制根拠とはなり得なかったのである。

III 再送信義務づけ規則に関する議論

1 再送信義務づけ規則の制定

FCC は，1962年に過疎地のケーブル・システムに信号を伝送するためのマイクロウェーブ・システム建設の申請を受理する条件として，再送信義務を初めて課した[39]。そして1965年に FCC は，再送信義務づけ規則の目的が，ケーブル技術の進歩が無料かつコミュニティに根ざしたテレビの財務力を害することのないようにすることであり，もしケーブルがテレビ放送サービスを排除するようになれば，「公衆が，全体として——無料サービスの点において，地域外サービスの点において，また番組に関する地域によるコントロール及び選択のための地域サービスの点において——得るもの以上に失うものが多い」と指摘した[40]。その後 FCC は，その他の関連規則とともに再送信義務づけ規則が，「映像サービスの提供手段として社会が選択したところの」伝統的な放送へ

---

38) Preferred Communications Inc., v. City of Los Angeles, 754 F.2d. 1396 (9th Cir. 1984).

39) Carter Mountain Transmission Corp., 32 FCC 459 (1962), *aff'd* 321 F.2d 359 (D. C.Cir.), *cert. denied,* 375 U.S. 951 (1963).

Ⅲ　再送信義務づけ規則に関する議論

ケーブルが与える弊害を制限するために，誕生したばかりのケーブル産業の発展を方向づけるものであると述べていた[41]。そのなかでFCCは自らはケーブル産業によって惹起される弊害の範囲について確信をもって予測できるほどの十分なデータを有しないとする一方で，放送業界からその弊害について指摘がなされたことから，それを採用している[42]。

他方FCCは，技術的な観点からも検討し，再送信義務づけ規則がなければ，大部分のケーブル加入者が地域のテレビ放送を視聴しなくなり，ケーブルと放送を切り替えるスイッチを装備しても，ケーブル加入者が切り替えを億劫がることを指摘し，またケーブルのセールス・ポイントの1つとして家の外観を損ねず，かつ高価なアンテナを用いなくても済むことをあげ，そもそも加入者世帯からアンテナが撤去されれば，放送は受信できないと指摘している[43]。さらに，アンテナが設置されているとしても，たとえば，UHF放送はケーブルで送信する方がはるかに画質の良いものが提供されることから，再送信義務づけ規則がなければ，UHF放送局が競争上著しく不利な立場に置かれると結論づけている[44]。

---

40) Rules In re Microwave-Served CATV, First Report and Order in Docket No. 14895, 38 FCC 683, 700 (1965).

41) Inquiry Into the Economic Relationship Between Broadcasting and Cable television, 71 FCC 2d 632, 644 (1979). ただ，FCCは当初，このケーブルが及ぼしうる危害の範囲等に関し十分なデータが存在しないと認識していた（38 FCC 711, See also 2 FCC 2d 744-45.）。しかし，その後放送産業界から，「ほとんどの事例において，ケーブル・システムの加入者の増加は，地域の地上波放送の潜在的視聴者の事実上の減少を意味する」と結論づける経済分析がなされた（38 FCC at 703.）。

42) 38 FCC at 703. その指摘とは，地域の営利放送局の収益が広告収入に依存し，それは視聴率に基づいていることから，広告主は，視聴率が減少することで各放送時間ユニットにあまり広告料を支払わなくなる結果，かなりの割合の視聴者がケーブルに加入するというものである。以上をふまえて，FCCは，「ケーブル・システム加入者の増加は，ほとんどの場合，地域放送局の視聴者の実質的減少を生じさせるであろう」と指摘している。

43) Id. at 702.

44) 71 FCC 2d at 713.

第4章　ケーブル規制と修正第1条

そしてFCCは1972年に新たな再送信義務づけ規則を制定したが，同規則は，そのコミュニティで視聴可能な地上波放送信号，そのケーブル・システムが位置する市場の規模等の様々な要素に従って多様なものとなったが，原則としてFCCが規定した基準に照らして地域的とされるすべての放送信号を，放送事業者の求めに応じてケーブル事業者が送信するよう命じていた[45]。そのなかでは，原則としてケーブル・システムが，自らのコミュニティの35マイル以内にあるすべての営利テレビ放送局，同一のテレビ市場（DMA）内の他の局及び「当該コミュニティにおいてよく視聴される」テレビ放送局の信号を送信するよう要求された。

以上のようにFCCは，当初再送信義務づけ規則が放送の技術的不利性に着目し，無料でコミュニティに根ざした放送の保護のための規制として必要不可欠なものであると捉えていた。地域的で，かつよく視聴されるテレビ放送番組の送信をケーブル・システムに義務づけて，FCCは，地域放送の保護という公共の利益に資するかたちでケーブルの発展を方向づけようとしたのである。さらにここで，以上の産業構造の分析の妥当性に関し，それ以降何ら特別な再検討が行われていないということが注目される。再送信義務づけ規則以外のシンジケーション番組規則等は，同様の産業構造分析に依拠していたが，より詳細かつ緻密な再検討が行われて廃止された一方で，再送信義務づけ規則に関しては，地域放送の保護という抽象的な概念でもって規制が正当化されていたのであった[46]。

一方，ケーブル事業者が放送番組を再送信する際に，著作権者から使用許諾を得る必要があるか否かについて，1976年著作権法（Copyright Act of 1976）において[47]，放送信号に含まれる著作物の無断での再送信が著作権侵害となるとされた（17 U.S.C. §111 (b)）。一方でケーブル・システムは，すべての地域放送信号の再送信及びFCCが送信を許可した区域外信号の法定許諾又は強制許

---

45) Cable Television Report and Order, 36 FCC 2d 143 (1972).
46) 71 FCC 2d 632, 645-646.
47) Copyright Act of 1976, Pub. L. No. 94-553, 90 Stat. 2541 (1976), *codified at* 17 U.S.C. §101 et seq.

Ⅲ 再送信義務づけ規則に関する議論

諾を認められた（17 U.S.C. §111 (c)）。そして強制許諾によってケーブル・システムは，再送信される放送信号に含まれる著作物の著作権者の同意を得ること，又は当該著作物の使用料金について交渉することを要求されないが，その代わり，放送番組に含まれる著作物の再送信権について政府が定める金額を支払わなければならないとされた（17 U.S.C. §111 (d)）。また，その金額は各ケーブル・システムの総収入の割合に基づいて決定され，同改正によって設立された著作権使用料審判所（Copyright Royalty Tribunal）によって毎年見直されることとなった（17 U.S.C. §801 (b)）。

2 合衆国控訴裁判所による再送信義務づけ規則の合憲性審査

合衆国控訴裁判所レベルで再送信義務づけ規則の合憲性が初めて問題となったのは，1985年の *Quincy Cable TV, Inc. v. Federal Communications Commission* に関する合衆国コロンビア地区控訴裁判所判決である[48]。

同控訴裁判所は，まず再送信義務づけ規則が，「ケーブル技術の進展が無料で地域志向のテレビの財務的基盤を損なうことがないようにするため」のものであるとしている。そのうえでFCCによる産業構造分析の当否について検討し，「原理上，ケーブル加入者は，全く又はほとんど苦労することなく，また再送信義務づけ規則の恩恵を受けることさえなく，現在でも地域放送を視聴できる。そのような状況であるならば，ケーブルの収益は，必然的にテレビ放送の損失を意味しない」として，FCCによる根拠づけがその前提を欠いていると指摘している[49]。しかし，放送の技術的不利性については支持し，「最初の規則制定時点においてFCCは，再送信義務づけ規則を無料で地域志向のテレビの破壊からの保護を充実させる規制の堡塁の必要不可欠な部分であると位置づけている」とし，再送信義務づけ規則によって，FCCが「地域放送の維持との公共の利益に合致した方法でもってケーブルの成長を導こうと試みている」との認識を示している[50]。しかし，同控訴裁判所は，「1960年代中期に最

---

48) Quincy Cable TV, Inc. v. Federal Communications Commission, 768 F.2d 1434(D.C.Cir. 1985).
49) *Id.* at 1441.

第4章　ケーブル規制と修正第1条

初の再送信義務づけ規則が制定された時，委員会は，その分析の事実的属性を証明することができないと認識していた」と指摘しつつ，その後，同規則以外のケーブルに関する諸規則が，ケーブルが放送に与える経済的悪影響を否定する様々な分析に依拠しつつ，廃止又は緩和される中で，同規則については，そのような分析が十分なされていないとし，ケーブルに対する社会的評価が根本的に変化したことをふまえた検討がなされなければならないと批判している[51]。

そのうえで同控訴裁判所は，再送信義務づけ規則について「料金を支払っている加入者に対して，事前に選択されたチャンネルの小包を配達する事業体であるところのケーブル事業者の観点からすれば，再送信義務づけ規則は等しく言論介入的なものである」として修正第1条上の問題が生じるとし，具体的な問題として，再送信義務づけ規則が，地域放送事業者の信号を，その信号が提供される地域にとって適切な番組内容であるかにつきケーブル事業者が検討するか否かにかかわらず，伝送するよう要求していることをあげている。また同控訴裁判所は，「さらに重大な侵害は，当該規則が加入者に提供するための番組選択という事業者の他の広範な裁量権に影響を与えるという実質的な制限から生じる」との危険性を指摘している[52]。

そして同控訴裁判所は，再送信義務づけ規則が言論内容中立規制であるとしてO'brien判決基準を採用しつつ，「当該規則の目的——地域放送の保護——は，いかなる特定の思想への抑圧又は保護に関係ないものとみることが可能であるけれども，それにもかかわらず，当該規則は修正第1条の根底近くに横たわる価値に深刻な影響を与える」として，同規則が他の集団（ケーブル事業者）よりも特定の集団（放送事業者）を優遇すること，同規則が編集上の裁量に激しく介入すること，システムのチャンネル容量が命じられた信号でもって占められてしまうのであれば，当該規則がケーブル加入者の嗜好に反してまで，ケーブル番組制作業者によるその対象とする聴衆への伝送を禁止することになること

---

50) *Id.*
51) *Id.* at 1442.
52) *Id.* at 1452.

III 再送信義務づけ規則に関する議論

をあげて,「……放送によるテレビの視聴者も同様に重要な修正第1条の利益を有するけれども, 当裁判所は, ケーブル加入者がその均衡状態から全く除外されているということには大きな疑問を有している」として, 再送信義務づけ規則が修正第1条に違反すると判示している[53]。

この判決に従ってFCCは, より限定的な再送信義務づけ規則の制定を試み, そして当時導入され始めた入力選択装置 (input-selector device) といわれる廉価な機器[54]に視聴者が慣れるまで当該機器の普及を図るためにこの規則が必要であるとして, それが約5年かかると見積もり, 同規則が5年間実施されるべきであるとした[55]。その際FCCは, 再送信義務づけ規制が競合する代替的番組ソースとして放送が維持されるために必要であると認定しつつも[56], この機器を「ケーブル加入者がケーブル・サービスと同様に放送の送受信のために利用するようになると, ケーブル・システムは, もはや自らの加入者が放送信号へのアクセスを制限する人為的な能力を持ち得なくなってしまうだろう」と述べて, 将来的には再送信義務づけ規則による視聴者の地域のテレビ放送局へのアクセスを保障する必要性がなくなるとの見解を示していた[57]。

また, 同規則の目的に関してFCCは, 以前の規則が「他メディアの消費者へのサービス提供能力を実質的に制限することにより, 放送産業の一部分を保護する」ことにあったと認める一方で, FCCの「政策判断は, ……地上波放送及びケーブル双方の競合する提供者によって, 番組選択の機会を最大化する

---

53) Id. at 1453.
54) この装置は,（テレビ受像機に内蔵された場合）ケーブル・システムによって提供される番組と地上波によって提供される放送番組の中から, 視聴者がスイッチを軽く押すだけで視聴したい番組を選択することを可能にするものである。
55) In the Matter of Amendment of Part 76 of Commissions' Rules Concerning Carriage of Television Broadcast Signals by Cable Television Systems, 1FCC Rcd 864, 886 (1986), *reconsider denied*, In the Matter of Amendment of Part 76 of the Commission's Rules Concerning Carriage of Television Broadcast Signals by Cable Television Systems 2 FCC Rcd 3593 (1987).
56) 1 FCC Rcd at 891.
57) Id. at 890.

ことにある」と結論づけた[58]。そして修正第1条の観点から，同規則の目的が特定の意見あるいは見解の助成又は抑圧とは関係がないとしたうえで，「同規則は，単に番組の多様性を最大化するための移行期間の間，競争的な映像サービスへ消費者がアクセスする際の利益を維持することを目的としている」としている。その際 FCC は，「これらの規則は，地上波放送事業者の見解をケーブル事業者又はケーブル番組制作業者のそれよりも優遇する意図を有していない」として，同規則が内容中立的な規制であると位置づけている。これと同時に FCC は，「同規則が特定の地上波放送事業者にアクセスを与えているとしても，当該アクセスは，ケーブル事業者の特定の見解の表明に基づいてなされるものではなく，特定の放送事業者の番組において表明された見解に基づく送信権でもない」と指摘して，*Miami Herald* 判決において修正第1条上否定された反論権的性格をもつものではないとしている[59]。さらにその後，FCC は，自らの規制の「目的は，ケーブル及び地上波放送テレビ設備によって，視聴可能な最大限の番組選択肢への視聴者のアクセスを保障することである」と述べて，情報の多様性を保障することがこの規則の目的であるとしている[60]。

その後1987年の *Century Communications Co. v. Federal Communications Commission* において，この再送信義務づけ規則が再び審査され，合衆国コロンビア地区控訴裁判所は，*Quincy* 判決を引用し，*O'brien* 判決基準を採用したうえで，「本件における困難な問題は，……過渡的な規則が必要であるとの FCC の判断が実質的な証拠に基づいた判断ではなく，FCC による何らかの高度に曖昧な主張に基づいているということであり，それゆえ当裁判所は，再送信義務づけ規則の新たな武勇談のために提示された規制の必要性が現実的というより，憶測的なものであると認定する。……このような憶測的な恐れのみでは，修正第1条上の諸自由への侵害を正当化するほど実質的なものとはいえない」と結論づけている[61]。そのうえで再送信義務づけ規則を根拠づける証拠の不存在から，同規則が実質的な政府利益を明確に促進するものではなく，また *O'brien*

---

58) *Id.* at 880.

59) *Id.* at 893.

60) 2 FCC Rcd at 3599.

判決基準を満たすために，限定的に画定されていないと判示している[62]。

ただ一方で同控訴裁判所は，「再送信義務づけ規則がそれ自体として違憲であると示唆するものではなく，FCCが実質的な利益を促進するために規制を実施すべきではないとする意図を間違いなく有していない」と，再送信義務づけ規則そのものの必要性については承認している。そのうえで同控訴裁判所は，「修正第1条上の利益を侵害する場合，それがいかに付随的なものであっても，政府は，その手段に関する数値的証拠又は最低限十分な理由づけを提示しなければならない」として，規制を根拠づける証拠及び方法の詳細な検討を要求している[63]。

これらの合衆国控訴裁判所裁判例において，再送信義務づけ規則そのものは否定されておらず，同規則が言論内容中立規制であり，地域放送の保護が実質的な政府利益であることが認められている。ただこれらの裁判例において問題となっているのは，*O'brien*判決基準の規制方法に関する基準である。そこでは，このような規制によってケーブル事業者の言論の自由の中核部分まで制約されかねないとの懸念が示されている。このことから，再送信義務づけ規則が必要以上に拡大することを警戒しているのであり，より詳細かつ実証的なデータの提示をFCCに要求しているといえる。

Ⅳ 1992年ケーブル消費者保護及び競争法

1 規制緩和の問題

1984年ケーブル通信政策法は，その目的において明らかにされているように，従来のFCCの規制を緩和することも目的としていた。これによってケーブル産業は急激な成長を実現し，ケーブル加入者数は，1984年から92年の間に3700万から5700万に増加した。またケーブル配線済世帯率は，1984年の

---

61) Century Communications Co. v. Federal Communications Commission, 835 F.2d 292, 300 (D.C.Cir. 1987), *clarified* 837 F.2d 517 (D.C.Cir.), *cert denied* 486U.S. 1032 (1988).
62) 835 F.2d at 304.
63) *Id.*

71％から92年の97％と上昇し，番組数も飛躍的に増加した。しかし，この一連の規制緩和によって，様々な問題が生じた。これにつき，マーキー（Edward J. Markey）下院議員は，①消費者の支払料金の高騰，②ケーブル・サービス水準の低下，③ケーブルと十分競争可能な新規伝送技術が１つも育成されていない，との３つの問題点を指摘している[64]。

これらの問題に対応するために，マーキー議員らを中心とした立法作業が行われ，合衆国議会は，ブッシュ（George W. Bush）大統領による拒否権発動を覆して1992年ケーブル消費者保護及び競争法（Cable Consumer Protection and Competition Act of 1992）を制定した（1992年ケーブル法）[65]。同法の意義についてマーキー議員は，1984年ケーブル通信政策法による規制緩和が競争による料金の抑制を目的としていたが，実際には，ケーブルの強力な独占化傾向がより増大したとして，同法が「ケーブルテレビとの競争において，ケーブルテレビとの競業事業者に対して新たな法的保護を与え，かつ独占が続く限り消費者に代わって料金を規制することにより，この状況を打破した」と述べている[66]。また，同議員は，同法制定に際して最も重要視されたのが産業の技術的融合であり，この融合が急激に進行している状況におけるケーブル規制の基本目標として，競争市場の強化，独占化傾向の解消の２つをあげている。特に後者について同議員は，「新たな競業業者及び参入者が公正な競争を行うための何らかの規制なしには，ケーブルテレビ市場が自由市場に変革しえず，また，構造的にもそうなりえないというのがケーブルテレビの基本的な経済的性格である」と指摘している[67]。そしてまた，同法のもととなった法案（S.12）に関する上院委員会報告書は，同法案の目的が多チャンネル映像市場における競争の促進，独占的な料金及び貧弱な顧客サービスに対する消費者保護であるとし，これら

---

64) Edward J. Markey, *Cable Television Regulation: Promoting Competition in a Rapidly Changing World*, 46 Fed Com L. J. 1, 2 (1993).

65) Cable Consumer Protection and Competition Act of 1992, Pub. L. No. 102-385, 106 Stat. 1460.

66) Markey, *supra* note 64 at 3.

67) *Id.*

の目的に従って同法案が「FCC に対してケーブル事業者及び番組制作業者の市場支配力の抑制のため，……規則を制定するよう命じて」いると指摘している[68]。

2　1992 年ケーブル法における合衆国議会の事実認識

1992 年ケーブル法第 2 条（a）において合衆国議会は，21 項目にわたる詳細な事実認定を行って，規制緩和による問題点を明確に指摘している。そこでは，ケーブル産業の独占化傾向への危惧，地域放送の維持の必要性の観点から，ケーブル規制の必要性が説かれている。とりわけ独占化傾向については，ケーブル事業者に対して市場支配力が不当に集中している点が重視され，特に料金の高騰，メディア・ヴォイスの減少[69]，放送事業者の地位の相対的低下が問題とされている。

まず当時のケーブル料金をめぐる状況として，合衆国議会は，1984 年ケーブル通信政策法によってほとんどのケーブル・サービス料金の規制緩和が行われたが，それによって基本ケーブル・サービスの月極料金が 40 ％上昇し，平均基本チャンネル数は 24 から 30 へと増加し，その月極平均料金も 29 ％上昇し，料金に関する規制緩和以降，消費者価格表の 3 倍も上昇したと指摘している（2 条（a）(1)）。また（地域フランチャイズ条件及びケーブル・システム建設のために莫大な費用が必要である等といった様々な事情から）ほとんどのケーブル加入者が競合する他のケーブル・システムを選択する機会を有さず，また他の MVPD が存在せず，ケーブル・システムは地域において競争にさらされていないことから，消費者及び映像番組制作業者との比較でケーブル事業者に不当な市場支配力が存在するとの認識を示している（同規定 (2)）。さらにテレビ保有世帯の 60 ％に当たる 5,600 万世帯がケーブルに加入し，この割合がほぼ確実に増加しているとして，「このような成長の結果としてケーブルテレビ産業は，全米の支配的メディアとなった」との立場をとっている（同規定 (3)）。

そのうえで合衆国議会は，ケーブル産業が高度に集中化した構造になってお

---

68) S. Rep. No. 102-92, 102d Cong., 1st Sess. 35 (1991).

69) ここで「メディア・ヴォイス」（media voice）とは，情報伝送媒体を意味する。

り，それが新規番組制作業者の参入障壁となる，又は消費者に提供されるメディア・ヴォイス数の減少を生じさせると指摘している（同規定 (4)）。特に合衆国議会は，ケーブル産業の垂直統合傾向に懸念を示し，「……ケーブル事業者は，自らの系列の番組制作業者を好むインセンティブ及び能力をもっている」と指摘したうえで，「このことは，ケーブルの系列下にない番組制作業者のケーブル・システムにおける番組送信を困難にする。垂直統合した番組提供者はまた，ケーブルの系列下にない番組制作業者及び他の通信技術を使用する番組伝送者よりも自らの系列の番組制作業者を好むインセンティブ及び能力をもつ」との問題点を指摘している（同規定 (5)）。

一方，放送について合衆国議会は，「放送番組は，十分に情報を提供された選挙民にとって最も必要な地域のニュース及び公的事項に関する番組並びにその他の地域放送サービスの重要なソースとしてあり続けている」との基本認識を示している（同規定 (11)）。そのうえで，放送番組が広告放送収入によって維持され，当該番組がケーブル加入者以外には無料であることから，「特に番組を受信する他の方法をとることのできない視聴者に対しての，当該テレビ番組を視聴できる環境の充実について実質的な政府利益が存在する」としている（同規定 (12)）。

そして合衆国議会は，ケーブルの成長の結果，放送からケーブル・サービスへの市場占有率の著しい変化が生じているとし（同規定 (13)），さらにケーブル・システム及び放送局は，テレビ広告収入に関して競争しており，ケーブル加入世帯割合の増加に比例して，より多くの広告収入が放送からケーブル・システムに再配分されるとテレビ市場の変化を予測している（同規定 (14)）。そのうえで「地域テレビ放送事業者の信号を再送信するケーブル・システムは，その放送の視聴率を増加させ，それによって，そうでなければケーブル・システム事業者のものとなったであろう付加的な広告収入を引きつけさせることによって放送事業者を支援している」との認識を示しつつも，「放送信号の再伝送を打ち切り，新規の信号の送信を拒否し，又は放送信号をあまり人気のないチャンネル番号に移すといったケーブル・システムのインセンティブが存在する」と，再送信義務づけ規則が存続しなければ生じうる危険性を指摘している（同規定 (15)）。また，それが現実的なものとなれば，「無料の地域テレビ放送

IV　1992年ケーブル消費者保護及び競争法

の財務上の継続能力及び高品質の地域番組の制作能力が深刻な危険にさらされる」との懸念を示している（同規定 (16)）。

　同時にまた合衆国議会は，著作権との関係において，再送信される放送番組が，ケーブルでも最も人気のある番組であり，消費者による料金支払といったケーブル・システムの収益の大部分が，ネットワーク加入局，独立系テレビ局，公共放送局の信号の送信から生じている点に注目している。また，人気のある放送信号を送信するチャンネルに近接するチャンネルで送信されるケーブル番組は，他のチャンネルにある場合よりも多くの視聴者を獲得するとして，ケーブル・システムが現在まで著作権を問題とすることなく放送信号を入手することで，地域放送信号から多大な利益を得ており，ケーブルの発展に地域放送事業者による効果的助成がなされたとして，「ケーブル・システムが地域放送事業者との間で，番組，視聴者及び広告に関して競争を試みなければ，当該助成は適切なものであったけれども，このようなことはもはや存在せず，2つの産業間に競争上の不均衡を生じさせてしまった」と結論づけている（同規定 (19)）。

　これらのケーブルに関する問題を提示したうえで合衆国議会は，ケーブルに関する政府規制の根拠及び修正第1条上の位置づけとして，多様な技術のメディアを通じて提供される情報の多様性の促進，地域の非営利・教育的放送局へのケーブル加入者によるアクセスの保障の2点において，実質的な政府利益及び修正第1条上の利益が存在するとしている。特に合衆国議会は，地域の公共テレビ・サービスについて，①公共テレビが教育及び情報番組を国民に対して提供し，自国の市民を教育するという，やむにやまれない政府利益を向上させていること，②公共テレビは地域コミュニティ設立の機構であって1972年以降最大108億ドルの地方税及び自発的な市民の寄付によって補助され，地域コミュニティの需要及び利益に対応していること，③連邦政府は，地域コミュニティの教育及び情報に関する需要に資するための公共テレビの統合的役割を認識しつつ，1969年以降30億ドル以上の投資を行ってきたこと，④再送信義務がなければ，市民が地域公共テレビ・サービスによって支援されてきたサービスを奪われるとの現実的な可能性が存在することをあげて，公共テレビをケーブル上で視聴可能な状態にしておくことに実質的な政府利益が存在するとしている（同規定 (6), (7)）。

第4章　ケーブル規制と修正第1条

　以上をうけて同法第3条は，①ケーブル及びその他の映像伝送メディアを通じて，多様な情報及び見解が公衆に提供される状態の促進，②この状態を完全なものにするために，最大限実行可能な範囲での市場への依拠，③ケーブル事業者が，経済的に可能な限りにおいて，自らの容量及び自らの設備に提供される番組が拡大し続けるようにすること，④ケーブル設備が十分な競争の対象とならない場合，消費者の利益がケーブル・サービスの受領において保護されるようにすること，⑤ケーブル事業者が，番組制作業者及び消費者を通じて，不当な市場支配力を持たないものとすること，の5点を同法の基本方針として規定している。

3　1992年ケーブル法による再送信義務づけ規則

　同法第2条の事実認識においては，再送信義務づけ規則が1934年通信法第307条（b）に規定されたところの放送サービスの公平，効率的かつ衡平的な伝送という目的に資するのに必要であり，一方，テレビ放送規制制度の主要な目的が，地域に根ざした番組の制作であり，その継続を支援することに関し，実質的な政府利益が存在すると結論づけられている（1992年ケーブル法第2条(a)(9)）。そして合衆国議会は，ケーブル加入者のほとんどがテレビ放送受信用のアンテナを設置しない又はできないことから，「1984年ケーブル通信政策法によって創設された規制制度は，ケーブル・システムによる反競争主義的行為から地域局の保護を確保するケーブル・システムへの再送信命令の継続を前提としていた」と指摘して，再送信義務づけが従来から前提とされていたとの認識を示している（同規定(17)）。このことについて同法のもととなった上院委員会報告書も，再送信義務づけ規則について，「この法案は，ケーブル加入者が地域の放送信号にアクセスし，ケーブル事業者に対して当該信号の再送信に関する合意を得るよう要求する権利を地域放送事業者に付与することを確かなものとしている」と述べている[70]。

　そのうえで同法第4条は，第5条に規定される非営利・教育テレビ局を除く，

---

70) S. Rep. No. 102-92, 102d Cong., 1st Sess. 35 (1991).

138

IV　1992年ケーブル消費者保護及び競争法

ケーブル・システムと同一のテレビ市場で運営しているすべての「地域営利テレビ局」(local commercial television station) の再送信をケーブル事業者に命じた (47U.S.C. §534)。そのなかで大出力 (full power) のテレビ放送事業者について，12を超える使用可能な実装チャンネル及び300名を超える加入者を有するケーブル・システムは，再送信を要求する営利テレビ局のために自らの使用可能な実装チャンネル総数の3分の1まであけておくよう規定された。また300名を超える加入者を有するが，12以下の使用可能な実装チャンネルしか有さないケーブル・システムは，3局の営利テレビ局の信号を送信しなければならないとされた[71]。

　ただ，この際に，そのケーブル・システム上で送信される他の放送局の信号を「実質的に複製している」(substantially duplicates)[72] 地域営利テレビ局の信号を送信することは命じられなかった。そして同一の放送ネットワークに加入している2以上の放送局の信号を送信する義務も課せられなかった。他方，同条に基づいてあけておいたチャンネル数より放送事業者の要求が少なかった場合，ケーブル事業者は，要求を行った放送事業者の信号のみを送信すればよいこととされた。逆に，あけておいたチャンネル数より放送事業者の要求が多かった場合，ケーブル事業者は，要求を行った放送事業者の中から，一定の条件に従って送信する信号の選択が許された。そして同条に基づいて再送信される放送信号は，継続的に，かつ何らの干渉もされず，地上波で放送される場合と同一のチャンネル番号で送信されなければならないとされた。またケーブル事業者は，再送信義務づけ規則の義務を履行するために放送信号の送信に関し，い

---

71) 一方，低出力 (low power) 局については，大出力局の再送信のためにあけておいたチャンネルが余った場合に，35を超える使用可能な実装チャンネルを有するケーブル・システムは，1以上の低出力局を再送信しなければならず，35以下の使用可能な実装チャンネルを有するケーブル・システムは，1の低出力局を再送信しなければならないとされた（47 U.S.C.§534（c））。

72)「実質的に複製している」(substantially duplicates) とは，番組の50％が重複していることをいうとされた。See In re Implementation of the Cable Consumer Protection and Competition Act of 1992 (Broadcast Signal Carriage Issues), No. 92-259, March 29, 1993, ¶ 19.

第4章　ケーブル規制と修正第1条

かなる料金も徴収してはならないとされた。

　一方，同法第5条は，「非営利・教育テレビ局」(noncommercial educational television station)[73]の再送信をケーブル事業者に義務づけた（47U.S.C. §535）。すなわち，12以下の使用可能な実装チャンネルを有するケーブル・システムは，非営利・教育テレビ局のうちの1局を再送信しなければならず，13から36までの使用可能な実装チャンネルを有しているケーブル・システムは，再送信を要求している各々の当該テレビ局を再送信しなければならないとされた。さらに同条は，ケーブル事業者に対して，当該地域に非営利・教育テレビ局が存在しない場合，区域外の信号を移入するよう命じている。また同条は，ケーブル・システム運営者に対し，当該テレビ局の番組表のそのまま又は地上波のチャンネルと同じ方式でもって再送信することを命じている。

　他方，再送信義務づけ規則と同時に同法第6条は，義務的な再送信と同時に，放送事業者とケーブル事業者による交渉によって，送信内容を決定するのを認める再送信合意（retransmission consent）に関する規定もおいた（47U.S.C. §325）[74]。再送信合意とは，ケーブル事業者が，放送事業者による再送信権の行使がない場合，営利テレビ局の事前の同意を得ずに，また当該放送信号の対価の支払いをせずに，当該局の放送信号の再送信を禁止するものである。この制度を設けるに際して前述の上院委員会報告書は，無断での送信，対価の不払いが禁止される以前，「地上波放送に将来を脅かす映像市場の歪み」が生じていたとの事実認識を示した。そのうえで同報告書は，放送事業者に対して自ら

---

73)「非営利・教育的テレビ局」（noncommercial educational television station）とは，(1) FCCにより「非営利・教育的テレビ放送局」として免許を付与されたもの及び放送免許所有者として公共放送機構（Corporation for Public Broadcasting）から助成金受給資格を有する組織を有している，又は (2) 自治体によって所有，運営され，「教育目的の専ら非営利の番組」（predominantly noncommercial programs for educational purposes）を伝送している，のいずれかである放送局を含むと定義された（47 U.S.C. 535 (l) (r)）。

74）同制度については，*See* Charles Lubinsky, *Reconsidering Retransmission Consent: An Examination of the Retransmission Consent Provision（47U.S.C. 325（b））of the 1992 Cable Act*, 49 FED. COM. L.J. 99 (1996).

の信号の利用に関するコントロールを付与し，また放送事業者に対して自らの信号のケーブル事業者による再送信に関する補償の請求を認めることによって，市場の歪みを解消しようとしたことをあげた。それによって放送事業者が，再送信だけを求める，再送信の金銭的対価を求める，ケーブルのチャンネルに放送局のニュースを入れさせる，チャンネルの追加を求める等の柔軟な対応が可能となることがその狙いとされた。そして同報告書は，再送信合意制度が「放送信号の再送信権の譲渡に関する市場を創設する」ことを目的とするものであって，「市場での交渉の後に続く結果を指図する」ことは目的としないとしている[75]。

V　合衆国最高裁判所による再送信義務づけ規則の合憲性審査

　以上の1992年ケーブル法の再送信義務づけ規則の合憲性が争点となったのが，1994年の *Turner Broadcasting System v. Federal Communications Commission* に関する合衆国最高裁判所判決（*Turner I* 判決）である[76]。本件に関し合衆国コロンビア地区地方裁判所は，再送信義務づけ規則は，中間の合憲性判断基準の下で審査されるべきであり，地域放送の保護は重要な政府の利益であること，再送信義務づけ規則はその利益に資するために十分画定されていることを根拠として，再送信義務づけ規則が修正第1条に違反しないとする陪審省略判決（summary judgment）を下した[77]。それを不服としたTurner社が合衆国最高裁判所に直接上告（direct appeal）したのである。*Turner I* 判決においてケーブルの修正第1条上の位置づけが明らかにされたが，再送信義務づけ規則に関しては

---

75) S. Rep. No. 102-92, at 36.

76) Turner Broadcasting System v. Federal Communications Commission, 512 U.S. 622 (1994). 同判決について，*See* Egary S. Lutzker, *The 1992 Cable Act and the First. Amendment: What Must, Must Not, and May Be Carried*, 12 Cardozo Arts & Ent. L.J. 467 (1994); Michael W. Maseth, *The Erosion of First Amendment Protections of Speech and Press: The "Must Carry" Provisions of the 1992 Cable Act*, 24 Cap. U.L. Rev. 423 (1995).

77) Turner Broadcasting System v. Federal Communications Commission, 819 F. Supp. 32 (D.D.C. 1993).

第4章 ケーブル規制と修正第1条

証拠が不十分であるとして，合衆国コロンビア地区地方裁判所に差戻され，同地方裁判所が再送信義務づけ規則が合法的な政府利益を促進するために限定的に画定されているとの陪審省略判決を下したことから[78]，1997年に合衆国最高裁判所に再び直接上告され，合衆国最高裁判所によって同規則の合憲性が承認されている（*Turner II* 判決）[79]。

1 *Turner I* 判決

Turner I 判決において合衆国最高裁判所は，まずケーブルの修正第1条上の位置づけについて検討し，そのうえで再送信義務づけ規則の合憲性について検討している。そのなかでケネディ（Anthony M. Kennedy）裁判官が法廷意見を述べ，その第1部についてはすべての裁判官が同調したが，第2部A及びBについては，レーンクィスト（William Hubbs Rehnquist）首席裁判官，ブラックマン（Harry A. Blackmun），オコナー（Sandra Day O'Connor），スカーリア（Antonin Scalia），スータ（David Hackett Souter），トーマス（Clarence Thomas），ギンズバーグ（Ruth Bader Ginsburg）の各裁判官が，第2部C，D及び第3部Aについてはレーンクィスト，ブラックマン，スティーブンス（John Paul Stevens），スータの各裁判官が同調して，構成が若干複雑になりつつも，法廷意見となった。しかし，第3部Bは，レーンクィスト，ブラックマン，スータの3名しか同調せず，法廷意見とならなかった。そしてブラックマン及びスティーブンス裁判官はそれぞれ補足意見を述べ，オコナー裁判官は一部同意及び一部反対意見を述べ，それにスカーリア及びギンズバーグ裁判官が同調し（同意見の第1部及び第3部にはトーマス裁判官も同調），さらにギンズバーグ裁判官も，一部同意及び一部反対意見を述べている。

(1) ケーブルの修正第1条上の位置づけ

合衆国最高裁判所は，まずケーブルが修正第1条上の保護を受けることを確

---

[78] Turner Broadcasting System v. Federal Communications Commission, 910 F. Supp. 734, 755（D.D.C. 1995）.

[79] Turner Broadcasting System v. Federal Communications Commission, 520 U.S. 180（1997）.

V 合衆国最高裁判所による再送信義務づけ規則の合憲性審査

認した後,ケーブルの修正第 1 条上の位置づけに関し,放送よりも保護を受けると判断している。その根拠として合衆国最高裁判所は,「実際,ファイバーオプティクス及びデジタル圧縮技術の急速な進歩が進めば,ケーブル・メディアを利用したい発言者数に関する実際上の制限は,すぐになくなるであろう。また,同一のチャンネルを共有しようとする 2 人のケーブル上の発言者間の物理的干渉の危険性も解消するであろう」と指摘して,放送とケーブルの間の技術上の根本的相違に照らし, *Red Lion* 判決法理はケーブル規制には適用されないとしている[80]。

しかし,合衆国最高裁判所は「ケーブル伝送に固有な物理的特性が,ケーブル上の言論に関する規制の合憲性を判断する際に,無視されるべきであるとまではいえない」と述べて,ケーブル固有の規制根拠の提示の必要性を認めている。そして,政府が規制根拠としてあげた,自然独占論と同様の内容である「市場の機能不全」(market dysfunction) に関しては,ケーブル市場にある程度の構造的障害が存在することを認めつつ,「……放送規制に関する法理論の根底には,放送市場の経済的特性ではなく,放送波伝送に特有の性質が存在する」こと,「……言論の市場の機能不全又は失敗を主張することのみでは,放送以外のメディアに適用される修正第 1 条の基準から言論規制を守ることはできない」ことをあげて消極的な立場を示している[81]。また合衆国最高裁判所は,「一般的に適用される法の執行の場合には,修正第 1 条の下での強められた審査の対象となり,又はならないかもしれないが,『州による濫用の具体的な危険を惹起』するような特別な取り扱いのために,プレス若くはそのなかの特定の部分を選び出す法律は,常に,少なくともある程度強められた修正第 1 条の審査 (heightened First Amendment scrutiny) の対象となる」としている。そのうえで合衆国最高裁判所は,「再送信義務づけ規則は,ケーブル事業者に特別な義務を課し,またケーブル番組制作業者に対し特別な義務を課しているがゆえに,ある程度強められた修正第 1 条上の審査の手法が必要とされる」との立場を明らかにしている[82]。

---

80) 512 U.S. at 639.
81) *Id.* at 639-40.

第 4 章　ケーブル規制と修正第 1 条

　また，ケーブルと印刷メディアとの相違について合衆国最高裁判所は，「日刊新聞及びケーブル事業者はともに，特定の地域において独占的な地位を享有しているかもしれないが，ケーブル事業者は類似メディアへのアクセスに関してかなり強大なコントロールを行使することができる」と指摘している[83]。その根拠として合衆国最高裁判所は，まず新聞の特性として，他の競業出版物への読者のアクセスを妨害できないことをあげ，「新聞が自らのニュース原稿に排他的なコントロールを主張しても，新聞は，他紙が同一地域で購読を希望する受領者に配達されることを制止できない」としている。一方，ケーブルの特性として合衆国最高裁判所は，「個人がケーブルに加入する際に，テレビ装置とケーブル・ネットワークの物理的関連性が，加入者宅に送られるテレビ番組のほとんど（すべてとは限らない）に関して，ケーブル事業者によるボトルネック的，又はゲートキーパー的コントロールを生じさせる」と述べ，それゆえに「ケーブル上の言論における本質的経路の部分をケーブル事業者が所有しているということだけで，ケーブル事業者は，自らが排除した番組に対する自らの加入者のアクセスを妨げることができる」と指摘している。そのうえで合衆国最高裁判所は，「コミュニケーションの中央通りに対するこのような私的権力の濫用の潜在的可能性は，看過しえない……。政府が言論の自由を侵害してはならないとの修正第 1 条の命令は，コミュニケーションの必要不可欠な経路の物理的コントロールを通じて，情報及び思想の自由な流れを私的勢力が制約しないよう対策を講じることを無効とはしない」として，印刷メディアに関する法理がケーブルに適用されず，ボトルネック的コントロールを根拠として，ケーブル固有の規制が正当化されると結論づけている[84]。

(2)　再送信義務づけ規則と修正第 1 条

　以上の前提に基づいて合衆国最高裁判所は，再送信義務づけ規則の合憲性を審査している。その際に合衆国最高裁判所は，放送番組の再送信の強制によって，同規則がケーブル事業者の編集上の裁量に干渉しているが，それはケーブ

---

82)　*Id.* at 641.
83)　*Id.*
84)　*Id.*

V　合衆国最高裁判所による再送信義務づけ規則の合憲性審査

ル事業者の番組の内容に基づくものではなく，この干渉は，その事業者が現在提供している又はこれまで提供してきた番組を問題とせず，当該事業者のチャンネル容量のみを問題としており，300名未満の加入者及びテレビ放送局を保護するために，すべてのケーブル事業者に対して義務を課すこと等を理由として[85]，この規制が内容中立規制であり，*O'brien* 判決基準が適用されるとしている[86]。

　さらに合衆国最高裁判所は，「ケーブル事業者によるテレビ放送局の送信拒否を防止することで，再送信義務づけ規則は，テレビ放送局が自らの事業を継続させるために必要な広告収入——又は非営利放送事業者の場合，視聴者からの十分な寄付——を得るのに，十分な規模の潜在的視聴者を確保するようにする」との認識を示したうえで，再送信義務づけ規則が，「……全国のコミュニケーション・システムの必要不可欠な部分となったメディアの存続を確かなものとするため，またテレビセットを保有するすべての個人が無料のテレビ番組にアクセスできるのを保障するのを意図するものである」と指摘している[87]。そして合衆国最高裁判所は，再送信義務づけ規則が特定の内容に関する言論の促進ではなく，ケーブル事業者が自らの財務力で放送事業者の損失を搾取するのを防止し，すべてのアメリカ国民，とりわけケーブルに加入できない者が，その内容にかかわらず，無料のテレビ番組へのアクセスを確保するのを目的としていると結論づけている。

　そのうえで合衆国最高裁判所は，合衆国議会が提示した無料の地域テレビ放送の便益の保護（地域性の確保），多様な情報ソースからの広範な情報発信の促進（情報の多様性の確保），テレビ番組市場における公正な競争の促進（公正競争の維持）等の利益のどれもが自由な表現の制約，又は発言者のメッセージの内容に関係せず，これらの利益のそれぞれが実質的な政府の利益であると結論づけている[88]。その根拠として合衆国最高裁判所は，まず地域性の確保につい

---

85) *Id.* at 644.
86) *Id.* at 643-44.
87) *Id.* at 647.
88) *Id.* at 662-63.

て「地域放送の仕組みを維持する利益は，単にケーブルの登場によって解消されない。ケーブル及びその他の技術は，テレビ放送の代替として導入されたけれども，アメリカの全世帯のほぼ 40 ％が，未だテレビ番組の唯一のソースとして放送局に依存している」との認識に基づいて，「ケーブル・システムとの競争に起因する通常のテレビ放送の消失からケーブル未加入世帯を保護すること」が実質的な政府利益であるとした[89]。同様に情報の多様性の確保，公正競争の維持についても，これらの利益は「特定の規制の対象となっている個人又は団体が修正第 1 条によって保護される表現活動に従事している場合においても，常に実質的である」と指摘している[90]。

他方，オコナー裁判官は，再送信義務づけ規則が言論内容に基づく規制であり，修正第 1 条に違反するとの反対意見を述べている。特にオコナー裁判官は，3 つの政府利益のうち，情報の多様性の確保，地域性の確保について，「見解の多様性，地域性の確保，教育的番組並びにニュース及び公的事項の優先はすべて，言論内容を問題とする。これらは，論争的又は不快なものであることを理由として，特定の観点への敵意又は一定の項目の抑制を反映するものではない。これらは全く良好な動機に基づいている。しかし，……良好な動機は，内容に基づく厳格な審査を回避するほどの十分な根拠たりえない」と指摘している[91]。さらに地域性の確保に関して同裁判官は，当該利益が実質的な政府利益であると認めたが，厳格な審査基準を満たしうる，やむにやまれない利益たりえないと述べたうえで，「ニュースや娯楽のいかなる部分が地域的性格を有するものであるか，またいかなる部分が全国的（あるいは国際的）なものであるのかを判断するのは，政府ではなく，私人たる発言者及び聴衆である」と批判している[92]。一方，情報の多様性の確保について同裁判官は，「実際当該利益は『自由な言論の抑制とは無関係である』」が……，それは内容中立性としては不十分である」とし，多様な情報への自由なアクセスの確保の利益が「いかに

---

89) *Id.* at 663.
90) *Id.*
91) *Id.* at 677.
92) *Id.* at 678.

賞賛に値するものであっても，発言者が言いそうなものの内容に直接関連する」として，情報の多様性の確保の観点からの規制が内容に基づくものになるとの立場を示している[93]。また，たとえそれが内容中立的規制であったとしても，これらの規則には公正な競争の維持及び無料のテレビの保護といった利益が含まれておらず，あまりにも言論を制約しているとしている。さらにギンズバーグ裁判官は，再送信義務づけ規則は，正しいとは認められない内容に基づいた選好及び幻想であるところの地域放送への仮説的な危険を反映したものであり，修正第1条に違反するとの一部反対意見を述べている[94]。

結局，問題となっている再送信義務づけ規則がこれらの利益を促進するために必要な限度で画定されているか否かについて法廷意見が形成されず，判断の元となる事実も不明確なものが多かったので，合衆国コロンビア地区地方裁判所に再び事実審理を命じた。

2　*Turner II* 判決

Turner II 判決においては，再送信義務づけ規則の根拠となるケーブル産業の構造の現状認識がなされ，またケーブル産業の構造をふまえて，同規則の合憲性が検討された。そのなかでケネディ裁判官が，ケーブル産業構造に関する現状認識及び再送信義務づけ規則に関する実質的な政府利益の評価に関する第2部A-1を除いて法廷意見を述べ，レーンクィスト首席裁判官及びスティーブンス，スータの各裁判官がすべてに同調し，ブレイヤー裁判官が，第2部A-1を除いて同調した。そしてスティーブンス及びブレイヤー裁判官が補足意見を述べ，それに対してオコナー裁判官が反対意見を述べ，それにスカーリア，トーマス，ギンズバーグの各裁判官が同調した。このような裁判官構成から明らかなように，僅差で法廷意見が形成されており，それぞれの立場から，詳細な検討が加えられている。

(1)　ケーブル産業構造に関する現状認識

ケーブル産業構造に関する現状認識については，前述の合衆国議会による事

---

93) *Id.* at 680.
94) *Id.* at 685.

第 4 章　ケーブル規制と修正第 1 条

実認識を支持するケネディ裁判官による相対多数意見（第 2 部 A-1）と，それを疑問視するオコナー裁判官による反対意見が対立している。

　相対多数意見は，まずケーブルの産業構造から，ケーブル事業者が自らのシステムの中から地域放送局を排除する，又はあまり視聴されないチャンネルに地域放送局を再配置する能力及びインセンティブを有しているとの認識に基づいて，ケーブル産業において水平及び垂直統合が進んでいることに懸念を示している。まず水平統合について相対多数意見は，「少数の MSO（Multiple System Operators）が全米規模で多数のケーブル・システムを買収することによって，水平統合が進行している」とし，1985 年には 10 大 MSO がすべてのケーブル加入者の 42 ％弱にサービスを提供するケーブル・システムを支配していたが，1989 年には，それが約 54 ％に達しているとしている[95]。垂直統合についても，「合衆国議会が認識するように，多くの MSO がケーブル番組制作業者を所有し，又は系列関係にある」とし，1984 年より以前に，ケーブル事業者はケーブル番組ネットワークの 38 ％に株式上の利益を有していたが，1980 年代後半には，新規ケーブル制作業者の 64 ％が垂直的所有関係に入っているとしている[96]。

　このインセンティブの具体事例として相対多数意見は，地域放送事業者を排除し，ケーブル・システムが視聴者及び広告主について自らと競合しない他の番組制作業者を優遇するインセンティブをあげている。そして相対多数意見は，独立系地域放送事業者が，ケーブル番組に代替される傾向があることを指摘している[97]。その理由として相対多数意見は，これらの番組が類似し，また，両方とも主に同一のタイプの広告主，すなわち，ネットワーク系列に通常提供されるものより，安価な（かつ，より頻繁に放映される）広告スポットに関心をもっている広告主を対象としていることをあげている。そのうえで相対多数意見は，「広告に関する放送局の競争力は，ケーブル再送信によって格段に向上し，結果として視聴者層を拡大させる」として，再送信義務づけの必要性を承認し，視聴者層の拡大によって，放送がテレビ広告についてより競争力のある

---

[95] 520 U.S. at 197.
[96] *Id.* at 198.
[97] *Id.* at 200.

V 合衆国最高裁判所による再送信義務づけ規則の合憲性審査

メディアとなり，ケーブルで再送信される放送事業者が広告に関する競争力を向上させることによって，地域放送局の多くが，ケーブルに流れて減少した広告収入を回復させることができるとしている[98]。

また他方で相対多数意見は，ケーブル事業者の市場支配力がより強大なものとなりつつあるとの認識を示している。そこでは，1994年までに10大MSOがケーブル・システムの63％を支配していたが，1996年末には，それが85％に上昇すると予測されており，業界の統合がさらに進行し，また収益向上のためにケーブル・システムが広告（特に地域広告）を拡大させる結果，ケーブル番組制作業者を優遇し，地域放送事業者を排除するインセンティブを増大させていると指摘されている[99]。

これに対して反対意見は，相対多数意見が採用したケーブルの産業構造に関する調査結果の不十分さを指摘し，特に再送信拒否がなされた放送市場について十分な証拠が示されておらず，「当裁判所は，『多様』放送局の維持に関する合衆国議会の懸念を承認しているが，特定の地域市場において既にいくらで提供されているかを考慮することなく，抽象論で当該懸念を評価するだけで十分であると考えているのは明らかである」として，相対多数意見の検討が抽象論に終始していると批判している[100]。そのうえで反対意見は，再送信義務づけ規則が存在しない時期に263の新規放送局が再送信契約を結び，局の広告収入が向上し，ケーブル未加入世帯の測定可能なほぼすべての視聴層のために放送局の自発的な再送信が行われていることを相対多数意見も認識しつつも明言しなかったことを指摘し，相対多数意見が「問題点を……合衆国議会が再送信義務づけ規則がかなりの部分の放送局が深刻な経営上の困難に陥るのを防止するのに必要なものであると的確に判断したかではなく，『立法府の判断が合理的であり，合衆国議会に提出された実質的な証拠に裏づけられているか』であるとしている」と，論点をすり替えていると批判している。また同時に反対意見は，「きわめて疑わしい経済理論がケーブル事業者及びケーブル番組制作業

---

98) *Id.* at 200-201.
99) *Id.* at 206-207.
100) *Id.* at 241.

者の修正第 1 条上の負担を正当化する『実質的利益』として主張されてきた」との問題点も指摘している[101]。

　他方，排除された，又は再送信を拒絶された放送局が経営上の困難に陥る深刻な危険性があり，著しい程度まで経営が悪化するか，破産するか，双方の危険性があることについては，法廷意見が形成されている。そこでは，再送信されない放送局が事業のための資金調達市場において深刻な状況に陥り，また MSO に地域市場の支配力を集中させることになると指摘されている[102]。また，放送局数及び広告収入が増加傾向にあるとの事実を認めつつも，ケーブル産業の拡大が放送に危害を及ぼすというのは合理的な解釈であるとの立場が維持されている[103]。その理由として合衆国最高裁判所は，放送産業の成長が続いているものの，その成長率は再送信義務づけ規則が存在しなかった期間，4.5 %（1986 年）から 1.7 %（1992 年）へと急激に低下し，将来的にも先細りであり，1986 年から 91 年の間に，ケーブルの実質的な収入がほぼ倍増した一方で，放送の広告収入が 11 % の実質的な減少となったと指摘している。

(2)　再送信義務づけ規則と修正第 1 条

　再送信義務づけ規則の修正第 1 条上の合憲性について合衆国最高裁判所は，まず，*Turner I* 判決をふまえて当該規制が内容中立規制であり，*O'brien* 判決基準が用いられることを確認している。そして *O'brien* 判決基準に基づいて，実質的な政府利益について検討を行っている。その際 FCC は，再送信義務づけ規則が①無料の地域テレビ放送の便益の維持（地域性の確保），②多様な情報源からの広範にわたる情報発信（情報の多様性の確保），③テレビ番組市場における公正な競争の促進（公正競争の維持）の 3 つの利益を促進するものであり，これらが実質的な政府利益であると主張した[104]。このうち，①及び②については *Turner I* 判決と同様に法廷意見によって支持されたが，③については法廷意見とならなかった。この点については，ブレイヤー裁判官が「法律が市場のあ

---

101) *Id.* at 249.
102) *Id.* at 209.
103) *Id.* at 211.
104) *Id.* at 189-90.

V 合衆国最高裁判所による再送信義務づけ規則の合憲性審査

る種の著しい欠陥に賢明に対処するか否かを問わず、ケーブル未加入の地上波の視聴者に地上波番組の豊富な取り合わせの提供を、地上波放送局が当該番組をケーブル視聴者の増加によって生じる余剰金でもって保障することで、行うのを目的としているのは明らかである」として、公正な競争の促進を政府利益にあげることに消極的な立場を示し、情報の多様性の確保及び地域性の確保が十分に同規則の実質的な政府利益となるとしている[105]。

また合衆国最高裁判所は、「……連邦政府の政策は、多様性を脅かすような行為が反競争主義的な目的に動機づけられるか否か、又は反トラスト法違反のレベルを上昇させるか否かにかかわらず、放送アウトレットの多様性を維持することを重視してきた……」と、情報の多様性の確保が公正競争の維持と区別されるものであるとしている[106]。このことは、競争原理に基づいて政府規制は最小限のものに限定しようとしつつ、それとは別個に、情報の多様性の確保の観点から必要な規制を行うことができるということを明らかにしている。そして合衆国最高裁判所は、「テレビ放送は、多くのアメリカ人の重要な情報源である。テレビは多くのコミュニケーション手段の1つに過ぎないが、数十年の伝統と利用によって、広範にわたる言論、思考及び表現全体にわたる争点の全国的な議論の必要不可欠な部分を占めてきた」と指摘して、放送が修正第1条の言論の自由の保障、民主的政治プロセスの維持にとって必要不可欠な役割を担っているとの認識を示している[107]。

次に合衆国最高裁判所は、以上の政府利益とそれらを促進するための規制方法が合理的関連性を有しているか否かについて検討を行っている。その際、合衆国最高裁判所は、「当該規制以外の規制であれば、あまり十分な効果をあげることができない実質的な政府利益を促進し、また、当該利益の増進に必要なもの以上に自由な言論に著しい負担を課さない」限りにおいて、当該規制が合憲であるとの基本的立場を明らかにしている[108]。そのうえで合衆国最高裁判

---

105) *Id.* at 225-26.
106) *Id.* at 194.
107) *Id.*
108) *Id.* at 213-14.

所は，まず再送信義務づけ規則が，①ケーブル事業者が自らの裁量で編成できるチャンネル数を減少させること，②ケーブル番組制作業者が少数の残存チャンネルへのアクセスを得るのが困難になることの 2 点によって，ケーブル事業者の言論の自由を制約していると認定している[109]。しかしながら，合衆国最高裁判所は，「再送信義務づけ規則による負担は，同規則によって生じる便益と一致する」として，再送信義務づけ規則による便益，すなわちケーブル送信可能となった局数が，再送信義務づけ規則による負担又は同規則によってケーブル事業者が放送事業者のために確保しておかなければならないチャンネル数に匹敵すると認定している。そして合衆国最高裁判所は，「再送信義務づけ規則は，アメリカの全世帯の 40 ％のケーブルのない世帯に多様な放送局を確保するために画定されたものである」と，同規則が修正第 1 条に違反しないと結論づけている[110]。

これに対してオコナー裁判官の反対意見は，*Turner I* 判決と同様に，再送信義務づけ規則が内容に基づく規制であり，また，たとえ内容中立規制であっても，必要限度以上の規制であり，ケーブル事業者の言論の自由に過度な負担を課しており，*O'Brien* 判決基準を満たしえないとしている[111]。

Ⅵ　おわりに

以上の検討から，次の点が明らかになる。

第 1 に，電波の有限稀少性という物理的特性及び社会的影響力に基づいて放送固有の規制の修正第 1 条上の根拠が提示され，印刷にはその種の特性が存在しないことから印刷固有の規制が正当化されていなかったが，その後に登場したケーブルには，放送のような電波の有限稀少性は存在しないが，印刷のように固有の規制を行わないということも問題視され，ケーブルに関する規制根拠の構築が，合衆国控訴裁判所レベルで，試みられた。そこでは，物理的な有限

---

109) *Id.* at 214.
110) *Id.* at 215-16.
111) *Id.* at 230.

VI　おわりに

稀少性ではなく，ケーブル事業の特性に着目して，自然独占論，電柱共架等が規制根拠として提示されたが，具体性を有しておらず，一般的な支持は得られなかった。

そして合衆国議会は，市場主義アプローチに基づいて1984年には市場競争原理に重点をおいた立法を行ったにもかかわらず，ケーブル事業の独占化傾向に着目して1992年に政府規制を強化する立法を行った。一方，合衆国最高裁判所は，独占化傾向よりも，ケーブル・システム特有の技術的機能に着目し，ケーブル事業者がボトルネック的コントロールを行使できることを規制根拠として提示した。この規制根拠により，放送規制のように合憲性判断基準が大幅に緩和されることなく，また印刷規制のように厳格な合憲性判断基準も適用されず，ある程度強められた合憲性判断基準が適用されることとなった。このことによって合衆国最高裁判所は，従来の印刷及び放送とは異なるケーブルという新たなカテゴリーを認めるにいたったのである。このことは，合衆国最高裁判所が既存のメディア規制の形態を安易に準用することをせず，その代わりに，当時の電子メディアの実態を慎重に検討したことを意味している[112]。さらに規制に関する政府利益についても詳細な検討を修正第1条の観点から行っていることも注目される。

第2に再送信義務づけ規則は，ケーブル事業者の編集上の裁量，編集権を制約することから，修正第1条上の審査の対象となるとされた。合衆国最高裁判所は，辛くも再送信義務づけ規則が言論内容中立規制であるとしたが，同規則が内容に基づく規制であるとする見解も有力である。再送信義務づけ規則が言論内容に基づく規制であるとする見解においては，オコナー裁判官の反対意見と同様に，情報の多様性の確保等の政府利益がやむにやまれないというほどのものではないとする見解が一般的である。しかしながら，ベーカー（Edwin Baker）のように，再送信義務づけ規則が内容に基づく規制であると認めつつ，プレスにおける地域性の確保及び情報の多様性を確保するための規制の長い伝統があることによって，同規制の合憲性が認められるとの見解もある[113]。

---

112) Michael I. Meyerson, *Authors, Editors, and Uncommon Carriers: Identifying the "Speaker" Within the New Media*, 71 NOTRE DAME L. REV. 79, 94 (1995).

第4章　ケーブル規制と修正第1条

たしかに，情報の多様性の確保，地域性の確保の観点から，地域放送局の番組を送信するよう法的に義務づけることは，言論内容に基づいた規制であるともいえる。ただ，そこでは，この番組を送信しなければならない（又は送信してはならない）との，個別の番組の内容等に基づいた選定を行わず，当該地域で受信されるテレビ放送局の番組であれば，すべて再送信しなければならないとするのは，言論内容中立規制であるといえる。とりわけ，地域性の確保について，政府ではなく，住民自らが地域性の有無を判断すべきとの指摘については，当該地域で受信される放送局のすべてのチャンネルの再送信を義務づけており，政府が判断しているとはいえない。また複製局については，同一の内容のものを複数チャンネルで再送信させることがケーブル事業者の言論の自由に必要以上の負担を課すことになることから，除外するのはやむをえないといえる。一方，ベーカーのような見解も，その根拠となる規制の伝統が抽象的であり，規制が必要以上に拡大する危険性も否定できない。

第3に，再送信義務づけ規則が言論内容中立規制であることから，*O'brien*判決基準が適用されることになったが，*O'brien*判決基準に基づいた再送信義務づけ規則の合憲性についての具体的な検討のあり方については，様々な問題が提示されている。まず*Turner II*判決で合衆国最高裁判所が，政府の提示した，競争の維持が実質的な政府利益として認めなかったことがあげられる。たしかに競争の維持は経済法的観点が強く，それが言論の自由の制約をも正当化するというのは議論の余地がある。ケーブルの独占化傾向が存在したことから合衆国議会が再送信義務づけ規則を規定していることをふまえて，経済の自由市場と思想の自由市場の関係性を重視する立場からすれば，メディア市場において経済的側面での自由競争原理が十分有効に機能しなければ，思想面での自

---

113) C. Edwin Baker, *Turner Broadcasting: Content-Based Regulation of Persons and Presses*, 1994 SUP. CT. REV.57. また，サンステイン（Cass R. Sunstein）のように，言論の自由と民主主義の関係を強調する立場も，この規則の合憲性を支持している。Cass R. Sunstein, *The First Amendment in Cyberspace*, 104 YALE. L. J. 1757 (1996). *See also* Glen O. Robinson, *The electronic First Amendment: An essay for the new age*, 47 DUKE L. J. 899 (1998).

VI　おわりに

由市場にも問題が生じるとみることもできる。しかし，思想面での自由市場の維持は経済面での競争維持ではなく，情報の多様性確保の観点から評価されるべきものであって，公正競争の維持そのものを実質的な政府利益とするには不十分であるといえる。一方の情報の多様性の確保及び地域性の確保については，反対意見も，（やむにやまれない政府利益にはならないとするが）実質的な政府利益であることは認めている。特に情報の多様性の確保は，合衆国最高裁判所が従来から修正第 1 条の中核に位置づけているものである。これとの関連でいえば，地域性の確保の念頭に置かれているのは，地域放送の便益が当該コミュニティの住民に及ぶのを保障することが目的であって，地域放送局の経営の維持が目的ではないことに注意しなければならない。

さらに手段の合理性に関して合衆国議会による事実認定のあり方の合理性に重点がおかれていることには，反対意見と同様の批判が多い[114]。たしかに民主的政治プロセスの規制立法については，合憲性の証明責任が政府側に課され，厳格な合憲性判断基準が用いられるのが基本原則であり，言論内容中立規制であっても，政府側の証明責任をある程度厳しく設定しなければならないというのは理解できる。

再送信義務づけ規則は，これまで修正第 1 条上の問題において主流であった個人・メディアによる言論の自由の行使に，政府が規制をかけるという伝統的な論点ではなく，メディア同士の競争において，情報の多様性，地域性の確保といった公共的価値の実現という観点から，規制を課すことが論点となっている。そこでは，テレビ放送が無料で提供され，所得に関係なくアクセス可能であったのに対して，ケーブルは有料であり，所得格差の問題も生じている。そのなかで再送信義務づけ規則の問題が議論されていることに注意しなければならない。これまでは，この種の公共的価値の実現のために言論の自由を規制することについては消極的な見解が一般的であり，メディアのジャーナリスト

---

114) *See, e.g.,* Laurence H. Winer, *The Red Lion of cable, and beyond?* - Turner Broadcasting v. Federal Communications Commission, 15 Cardozo Arts & Ent. L. J. 1 (1997); Note, *Deference to legislative fact determinations in First Amendment cases after Turner Broadcasting*, 111 Harv. L. Rev. 2312 (1998).

第4章 ケーブル規制と修正第1条

的裁量に委ねてきた。しかし，逆にまた私的権力の創出，思想の自由市場の独占化を生じさせることが明らかになったことから，情報の多様性の確保，地域性の確保という公共的価値とケーブルの言論の自由を衡量して，それぞれのバランスを図った規制を試みていかなければならないとの立場がとられているといえる。

第5章　*Turner* 判決法理の具体的展開

2つの *Turner* 判決をうけて，個々のケーブル規制の修正第1条上の位置づけがさまざま検討されることとなった。本章では，ケーブル所有規制及び他の新規メディアに同判決法理がどのように適用されてきているのかを検討する。

I　1992年ケーブル法によるケーブル所有規制の実施

1　ケーブル所有規制の実施

前述（第4章 IV 2）の合衆国議会による事実認定を前提として，1992年ケーブル法第11条（ c ）(1) は，次のように，FCC に対してケーブル事業者に関する規制を行うよう義務づけている（47 U.S.C. §533（f）(1)）。

「(1) 実効的な競争を促進するために FCC は，1992年10月5日から1年以内に，次の各号に掲げる手続を行わなければならない。

（A）当該個人の所有するケーブル・システムによって提供することが認められた，若しくは当該個人が帰属持分（attributable interest）を有するケーブルの加入者数に関する合理的な制限を設ける規則又は規制を実施すること。

（B）ケーブル事業者が帰属持分を有する映像番組制作者によって占有されるケーブル・システム上のチャンネル数に関する合理的な制限を設ける規則又は規制を実施すること。

（C）MVPD が，映像番組の制作又は著作に従事する範囲に制限を課すことの必要性及び適切性に関して検討すること。」

そのうえで，これらの規則・規制を制定する際の検討項目として，同法第11条（ c ）(2) は，他の公共の利益目的とともに，①いかなるケーブル事業

第 5 章　*Turner* 判決法理の具体的展開

者又はケーブル事業者グループも，個々の事業者の規模又は十分な規模の事業者グループによる共同行為（clustering）のいずれかの理由により，映像番組制作者から消費者への映像番組の流通を不当に阻害することがないよう担保すること，②映像番組制作者と系列関係にあるケーブル事業者が自らのケーブル・システム上での送信を決定する際に，当該番組制作者を有利に取り扱わず，又は当該番組制作者の映像番組の他の映像送信事業者への流通を不当に制限しないことを担保すること，③市場構造，所有パターン及び地域フランチャイズ，ケーブル・システムと映像番組制作者の共同所有，様々なタイプの不衡平な支配利益の本質及び市場支配力を含む他のケーブルをめぐる諸関係を特に考慮すること，④所有又は支配の増加を通じて得られる効率性及び便益を考慮すること，⑤当該規則及び規制を通信市場のダイナミックな性質を反映したものとすること，⑥ケーブル事業者がこれまでサービスを提供していなかったへき地地域へのサービス提供を禁止する制限を課さないこと，⑦多様かつ高品質の映像番組の開発の障害となる制限を課さないこと，との 7 つを規定した（47U.S.C. §533（f）(2)）。

同条（1）(A) は，ケーブル産業の水平統合を規律するために加入者数規制（subscriber limits）を課し，また同規定 (B) は，垂直統合を規律するためにチャンネル占有（channel occupancy）を規制することを目的としているものである。これらにつき合衆国議会は，それぞれ以下の事実認識を示している[1]。

まず，加入者数規制に関しては，情報の発信を支配することができるごく少数の者へのメディアの集中によって，「メディアのゲートキーパーが（1）自らの偏見に従った情報の偏向，又は（2）あまり売れないことを理由として正統的でない，又は不人気の言論へのアウトレットの不提供のいずれか，若しくは両方を行うかもしれない」との懸念を示している。さらにまた水平的集中が反競争的行為の基礎となりうる点にも懸念を示し，「例えば，1 人の商品の買い手によって左右されている買手独占の市場は，売り手に対して競争による便益を何ら与えない」と指摘している。

---

[1] H.R. Conf. Rep. no. 102-862, 81-82 (1992), *reprinted in* 1992 U.S.C.C.A.N. 1133, 1263-64.

I 1992年ケーブル法によるケーブル所有規制の実施

次に，チャンネル占有規制に関しては，「ケーブル産業における垂直統合は，自らの系列番組制作サービスを優遇するインセンティブ及び能力を有する」ことを前提として，ケーブル事業者は，その系列番組制作者に対して，他の番組制作者よりも好ましいチャンネル位置を割当可能なこと等を指摘している。そのうえで同規制の趣旨として，「当該規定は，公衆に提供されるヴォイスの多様性を増加させることを目的とするものである。複数ケーブル・システム事業者（Multiple Cable Systems Operator, MCSO）の幾つかは，多くの番組制作サービスを所有している。これらがケーブル・システム上の大部分のチャンネルを占めるということは，不合理なことである」と述べている。

これらの規定に基づいてFCCは，それぞれ規則を制定した。まず，加入者数規制に関しては，「いかなるケーブル事業者も，自ら所有する又は帰属持分を有する多チャンネル番組配信者を通じて，全米のすべての多チャンネル映像番組加入者の30％を超えてサービスを提供してはならない」と規定された（47C.F.R.§76.503 (a)）[2]。また，チャンネル占有規制に関しては，「（a）本条で規定されている場合を除き，いかなるケーブル事業者も自らの利用可能なチャンネルの40％を超えて，当該ケーブル事業者が所有する，又は当該ケーブル事業者が帰属持分を有する全米映像番組制作サービスの送信のためにそのチャンネルを用いてはならない」，「（b）前項で規定するチャンネル占有規制は，75チャンネルを上限として，チャンネル容量にのみ適用されなければならない」と規定された（47C.F.R.§76.504）[3]。

その際FCCは，加入者数規制に関して，「市場の60％をカバーする2つの事業者が，個々に又は共同で番組ネットワークへの送信を拒否したとしても，ネットワークが市場の残り40％にアクセスを有し，財務的存続可能性の合理的機会を与えられる」とし，この40％の「開放された領域」（open field）は，自らの事業を継続できるためには番組制作者が加入者市場の20％へのアクセ

---

2) ただ，既存のケーブル・フランチャイズによってサービスを提供しないケーブル事業者は，当該規制の適用除外となる（47 C.F.R. §76.503 (b)）。
3) なお，マイノリティが支配する番組制作サービスに関する例外規定がある。また，当初35％が上限とされていたが，その後40％とされた。

第 5 章　*Turner* 判決法理の具体的展開

スが必要であり，このアクセス状況を前提とすれば，そこの加入者に達しうる機会が 50 ％であるとの事実認定に基づいている[4]。

2　ケーブル所有規制と修正第 1 条

これらのケーブル所有規制に関する合衆国議会，FCC の動きに対していくつかの訴訟が提起された。そのなかで 2000 年の *Time Warner Entertainment Co., L. P. v. United States* に関する合衆国コロンビア地区控訴裁判所判決（*Time Warner I* 判決）[5]において同法の合憲性が支持され，2002 年の *Time Warner Entertainment Co., L. P., v. Federal Communications Commission* に関する合衆国コロンビア地区控訴裁判所判決（*Time Warner II* 判決）[6]においては，同法に基づいて制定された FCC 規則が十分な証拠収集・分析がなされていないと判示されている[7],[8]。

(1)　*Time Warner I* 判決

Time Warner I 判決では，1992 年ケーブル法第 11 条（ c ）(1) そのものが

---

4) Implementation of Section 11 (c) of the Cable Television Consumer Protection and Competition Act of 1992, 14 FCC Rcd 1909, 1919（1999）.
5) Time Warner Entertainment Co., L.P., v. United States, 211 F.3d 1313（D.C.Cir. 2000）, *cert denied* 531 U.S. 1183（2001）.
6) Time Warner Entertainment Co., L.P., v. Federal Communications Commission, 240 F.3d 1126（D.C.Cir. 2000）.
7) なお，アメリカの連邦政府に対する行政訴訟において，ある行政法規そのものの合憲性が争点となる場合，合衆国地方裁判所による「初審的」(de novo) 審査がなされるが，行政機関の規則制定・裁決の合憲性が問題となる場合は，合衆国控訴裁判所による審査となる。
8) これらの判決以前にも，同法第 11 条の合憲性が問題となった，*Daniels Cablevision Inc. v. United States* において合衆国コロンビア地区地方裁判所は，チャンネル占有規制は修正第 1 条に違反するものではないが，ケーブル加入者数規制は修正第 1 条に違反していると判示している（835 F. Supp. 1 (D.D.C. 1993).）。そして，合衆国コロンビア地区控訴裁判所は，これに Time Warner 社の訴えも併合したが，FCC が規則の再検討手続を開始したため，訴訟を一時停止していた（Time Warner Entertainment Co., L.P., v. Federal Communications Commission, 93 F.3d 957（D.C.Cir. 1996).）。

ケーブル事業者の言論の自由を侵害するか否かが問題となった。そこでは，各規制の合憲性判断基準の定立，適用の作業が行われたので，それぞれについて検討する。

　　(a)　ケーブル加入者数規制　　まず，本件判決において合衆国コロンビア地区控訴裁判所は，Turner I 判決で定立された判断基準に依拠しつつ，加入者数規制を規定する際に合衆国議会が，ケーブル事業者が他のケーブル番組提供者を排除するためにボトルネック的コントロール力を有していることを懸念していたことをあげ，特に「再送信義務と同様に，その懸念は，ケーブル事業者が何を発言するかではなく，事業者が多数の公衆に提供される主要メディアにおいて他者を全く発言させないのではないかというものであった」として，ケーブル事業者による言論の自由の制約の危険性を指摘している。次に同控訴裁判所は，「再送信義務及び加入者規制はともに，番組提供において消費者のために，一定程度の競争を維持する」として，具体的には，「加入者数規制がケーブル事業者とその系列番組制作者との間，他方で系列関係にないケーブル番組提供業者との間での競争を維持する一方で，再送信義務は，地上波放送事業者とケーブル事業者間の競争を維持する」と指摘している。そのうえで同控訴裁判所は，「ケーブル番組における多様性及び競争を尊重することによって，合衆国議会は，必然的に，他の者よりも1人の発言者，1つのタイプの言論を尊重することまでは行わない」として，ケーブル加入者数規制が言論内容中立規制であるとしている[9]。

　また，同控訴裁判所は，「実際，ケーブル・メディアに関して再送信義務を課すことを正当化するのと同一の特有な性格が，加入者数規制を正当化するために政府によって提示されており，それは，すなわち『ケーブル事業者によって行使されるボトルネック的独占力』である」と指摘して，Turner 判決においてボトルネック的コントロール力が，テレビ放送局の存続を危うくするとされたことから，この力がケーブル番組提供における多様性及び競争に論証可能な脅威を与えると結論づけている[10]。

---

9) 211 F.3d at 1317-18.
10) Id. at 1318.

第 5 章　*Turner* 判決法理の具体的展開

　以上をふまえて同控訴裁判所は，言論内容中立規制に関する *O'brien* 判決基準[11]を採用し，ケーブル加入者数規制に関する規定が，①自由な言論の抑圧と無関係の重要な政府利益を促進するか否か，②当該利益を促進するために必要以上に重大な負担を言論に課しているか否かの 2 つの基準を提示して審査を行っている。

　①について同控訴裁判所は，1992 年ケーブル法のもととなった上院報告書が所有の集中が劇的に増加してきたと指摘していること，特に 1990 年までに 5 大ケーブル事業者が全国のケーブル加入者の半分近くにサービスを提供しており，この集中の進行によって，大手 MCSO がケーブル上でどの番組サービスが提供されるのかを判断する市場支配力を有している，との公聴会での証言を重視している。さらに同控訴裁判所は，合衆国議会が認定したケーブル産業における集中の潜在的効果が，新規番組制作者の参入障壁及び消費者が入手できるメディア・ヴォイス数の減少であること，多様な技術を用いたメディアによって提供される見解の多様性を促進することに関する実質的な政府利益及び修正第 1 条上の利益が存在することをふまえて，合衆国議会が実質的な証拠に基づき，ケーブル事業者の集中がケーブル産業の多様性及び競争に脅威を与えるとの合理的な結論を得ているとして，同規制が *O'Brien* 判決基準を満たしていると結論づけている[12]。

　②については，第 1 に実際に多様性の促進がなされているか否か，第 2 にこの種の規制は，反トラスト法で十分であり，別個の規定を設けるのは過剰な規制ではないかの 2 点が争点となった[13]。同控訴裁判所は，まず第 1 の点につき，ケーブル産業において集中が劇的に増大したと判断する際に合衆国議会が，この集中が公衆に提供される情報の多様性に脅威を与え，新規ケーブル番組制作者の参入障壁となりうると合理的に結論づけていると認定している。また，第 2 の点については，「加入者数規制規定が既に他の法律によって明確に規定されている行為に焦点を当てていることは，致命的な欠陥ではない」として，同

---

11) United States v. O'Brien, 391 U.S. 367 (1968).
12) 211 F.3d at 1319-20.
13) *Id*. at 1320.

規制の必要性を認め,「構造的規制として加入者数規制規定は,法に予防的措置を追加し,特定の反競争的行為事例に対する個々の救済手続の負担を回避する」と判示している[14]。

以上をふまえて同控訴裁判所は,同規制の合憲性を支持している。

(b) チャンネル占有規制　次に,チャンネル占有規制について同控訴裁判所は,「新聞発行者は,自らの契約者宅から競合する出版物を締め出す能力を有していない。ケーブル事業者のボトルネック的独占は,当該メディア内の競争への物理的及び経済的障壁である」として,チャンネル占有規制を行う憲法上の根拠を示したうえで,同規制が,ケーブル事業者の言論又はチャンネルを確保するために系列下にない系列番組制作者の言論のいずれも問題とせずに,この種の問題に対処しており,さらに「立法時の懸念は,特定の情報源の言論に関してではなく,単にケーブル産業における多様性及び競争の促進に関するものであった。すなわち,チャンネル占有規制は,言論の内容ではなく,その情報源に基づくものである」と指摘している[15]。そして,*O'Brien*判決基準による審査において,Time Warner社がケーブル事業者側に系列下の番組制作者へのインセンティブが存在せず,合衆国議会が実質的な証拠を提示せずに同規定を制定しており,違憲であると主張した。これに対して同控訴裁判所は,1992年ケーブル法第2条（5）を引用しつつ,また同法のもととなった上院報告書で示されている合衆国議会によるこれらの判断のもととなった証拠について検討したうえで,「もちろんTime Warner社は,ケーブル事業者が消費者に対して魅力的な番組のパッケージを提供するインセンティブを有している点において正しいが,しかし,同社は,ケーブル事業者がまた自らの系列下の番組制作者を優遇するインセンティブを有していることを否定していない。すなわち,2つの力が衝突する場合,合理的な収益最大化者としての事業者は,消費者の利益を譲歩させる」と認定している[16]。そのうえで同控訴裁判所は,合

---

14) *Id.* なお,この問題は,チャンネル占有規制においても争点となったが,同控訴裁判所は,同様の根拠でもって否定している。*Id.* at 1322-23.

15) *Id.* at 1321.

16) *Id.* at 1322.

第5章　*Turner*判決法理の具体的展開

衆国議会の懸念は，客観的証拠及び必要最低限の経済上の常識に十分基礎づけられたものであると結論づけ，チャンネル占有規制の合憲性を支持している。

(2)　*Time Warner II*判決

*Time Warner I*判決を受けてFCCは，前述の規則を制定したが，その合憲性が争点になったのが，*Time Warner II*判決である。

　(a)　**合憲性判断基準**　まず，コロンビア地区合衆国控訴裁判所は，*Time Warner I*判決と同様に，*Turner*判決基準を採用している。そのうえで同控訴裁判所は，「水平及び垂直規制を根拠づけるものとして主張されている利益は，当裁判所が*Time Warner I*判決において制定法上の枠組みを十分に根拠づけるものとした，『思想及び言論における多様性の促進』……という利益と同一で相互関連する利益である」として，実質的な政府利益の存在を認定している。また，*Time Warner I*判決で合衆国議会が実質的な証拠に依拠して，ケーブル事業者の集中がケーブル産業における多様性及び競争に脅威を与えるとの合理的な結論に達したと判示されていたことをふまえて，同控訴裁判所は，当該規制が必要以上に言論に対して重大な負担を課すものではないということが正当化されなければならない，と指摘している[17]。そして，この正当化づけの中でFCCは，発生し得る危害が単なる憶測的なものではなく，現実的なものであることを論証する際に，単なる制定法上の権限だけではなく，当該規制を有効なものとする記録を提示しなければならないとの立場を明らかにしている。これらの基準に基づいてFCCが制定した規則そのものに関する合憲性が審査されることになった。

　(b)　**ケーブル加入者制限数規制**　ここでFCCは，1992年ケーブル法第11条（c）(1) に基づいて，共同行為，集約化のメリット，規模の経済を認めつつ，特定のケーブル事業者が映像番組制作者から消費者への映像番組の流通を不当に妨害する危険性を指摘している。

　それに対して同控訴裁判所は，共同行為の問題につき，*Turner*判決をふまえて，単なる憶測ではなく，そのような共同行為が実際に行われた又は行われ

---

17) 240 F.3d at 1129.

18) *Id.* at 1132.

る可能性が高いという実質的証拠の存在をFCCが立証しなければならないとし，FCCがその立証を行っていないと認定している[18]。

そして，このような所有規制に関する規定の目的につき，FCCが市場支配力を有する企業のみを対象とする規制を構築するよう命じられていないとしたうえで，「この規定は，委員会の理性的な手続を要求し，集中によって生じた危害を測定し，加入者規制を設定する際に，ケーブル産業における市場支配力の決定的なものを調査し，市場支配力と規制設定の関係について明確にするよう命じている」との解釈を採用し，FCCがDBSの普及による潜在的競争の問題を考慮していないと指摘している。また，同控訴裁判所は，「通常，会社が市場支配力を行使する能力は，その市場シェアのみならず，それぞれ競争が十分機能するか否かによって決定される需要と供給の柔軟性に依拠するものである」との見解に基づいて，MVPDが新規番組の提供を拒否した場合，他の代替し得るMVPDにアクセスを有する顧客は，それに乗り換えることができるにもかかわらず，それを否定する根拠をFCCが提示していないと認定している[19]。

以上と同時に同控訴裁判所は，「多様性の促進及び公正な競争との『相互に関連する』諸利益は，1992年ケーブル法の様々な規定にちりばめられている」としつつも，「本条において作用する利益の複層性にもかかわらず，同法の構造から，所有規制を正当化する際の合衆国議会の主要な関心は，『公正な』競争であることは明白である。結局のところ，同法は，これらの規制が『競争を促進させるために』制定されなければならないことを明記している」として，ケーブル所有規制が主に競争の維持を目的とするものであるとの解釈を行っている。そのうえで同控訴裁判所は，「1992年ケーブル法の他の規定の2つのみにおいて，合衆国議会は重要な目的を明記している。当該目的の宣明は，多様性の利益のためにのみ規制する権限を明確に制限する解釈を裏付ける」として，ケーブル所有規制が多様性の確保のみを目的としていると理解することには限度があると指摘している[20]。

---

19) *Id.* at 1134.
20) *Id.* at 1136.

第5章　Turner 判決法理の具体的展開

　(c)　**チャンネル占有規制**　次に，チャンネル占有規制に関して同控訴裁判所は，*O'Brien* 判決基準を採用したうえで，「50％では高すぎ，30％では低すぎるという基準は何か？　現在のメディア状況によって生じた危険性の深刻さはどのくらいなのか？　これらの疑問は，委員会の議論においては回答されていない」と指摘して，FCC が同規制の合憲性を根拠づける実証的なデータについて十分な検討を行っていないと批判している[21]。

　この批判の中で特に同控訴裁判所は，FCC が規則制定過程において垂直所有がケーブル番組サービスの質を向上させ，量を増大させていると認定しているにもかかわらず，40％規制を維持させていることを問題視し，規則制定過程で提示された同規制による便益，損失と規制数値を関連付ける作業を行っていないと指摘している。そのうえで同控訴裁判所は，「多様性の追求について考えれば，刷新的な独立系番組制作者が系列，非系列いずれの番組制作会社に販売する方がより収益を得られると判断するかに関する調査が行われているものと考えるのがもっともであろうが，そのような調査は存在しない」として，FCC に詳細な調査を行うよう命じている[22]。

(3)　*Comcast Corp v. Federal Communications Commission* 合衆国コロンビア地区控訴裁判所判決

　(a)　**FCC による開かれた領域基準の再検討**　*Time Warner II* 判決を受けて FCC は，加入者数規制に関する再検討作業を開始し，とりわけ同規制を正当化するデータの収集・分析を行い，FCC は，開かれた領域基準を再構築した[23]。これは，「番組制作ネットワークが，大手ケーブル事業者によって送信を拒否された場合，首尾よく市場に参入できるのに十分な規模の代替しうる映像番組配信事業者にアクセスできるか否か」でもって判断するというものであった。

　同基準以外にも，問題となるケーブル事業者が番組購入において支払う金額

---

21) *Id.* at 1137.
22) *Id.* at 1138.
23) Cable Horizontal and Vertical Ownership Limits, Fourth Report & Order and Further Notice of Proposed Rulemaking, 23 FCC Rcd. 2134（2008）.

I 1992年ケーブル法によるケーブル所有規制の実施

を制限できるほど，また番組の加入者への流通を阻害するほど十分な市場力を有しているかを考慮する買い手独占（monopsony）理論，番組制作者が活動を減じさせ，それによって番組の質及び多様性が制限されるポイントを決定するために番組ネットワークとケーブル事業者間の交渉を分析する交渉（bargaining）理論が検討された。しかし，番組市場に単一の市場価格が存在しないことから，買い手独占理論はケーブル市場に適用できないこと，交渉理論から具体的な規制数値を導き出せるほど十分なデータが存在しないことが，採用されない理由として提示されている。

そして開かれた領域基準の具体的検討要素として，①最小存続可能規模（minimum viable scale），②総加入者数，③市場普及率があげられている[24]。①についてFCCは，1984年から2001年の間のケーブル事業者の事業継続性に関するデータを用いて，70％の事業者が5年間事業継続するためにケーブル事業者が到達すべき視聴者数に関する調査に基づいて，最小存続可能規模となる加入者数を19,030,000人とした。②についてFCCは，すべてのケーブル加入者数及びDBSの顧客数を計算し，約96,000,000人としている。③についてFCCは，平均的なネットワークの普及率は約27％としている。そのうえでFCCは，70％の開かれた領域が必要であるとして，ケーブル事業者が全加入者数の30％を超えてサービスを提供することはできないと結論づけている。

以上に加えてFCCは，*Time Warner I*判決で指摘されたDBSとの競争の考慮について，それが開かれた領域の分析に必要であるが，どのように考慮すべきについて難しい点があるため，考慮しないと結論づけた。この結論の根拠としてFCCは，①受信方法を変更するコストがかかること，②ケーブル事業者が電話やネット接続サービスを提供しているが，DBSではそれらが利用できないこと，③映像番組は製品であり，その品質は消費されるまで確信をもって知ることができないこと，④DBSからの競争上の圧力は，大手のケーブル事業者と関係を有しておらず，資金難から発信することができない番組制作ネットワークに何らの支援も提供しないことの4点をあげている[25]。

---

24) *Id.* at 2164-67.
25) *Id.* at 2168-69.

第 5 章　*Turner* 判決法理の具体的展開

(b)　ケーブル加入者数規制の妥当性　FCC がケーブル加入者数規制を維持する決定を行ったことを不服としたケーブル事業者らが訴訟を提起したのが，*Comcast Corp v. Federal Communications Commission* に関する合衆国コロンビア地区控訴裁判所判決である[26]。本件判決において同控訴裁判所は，30 % との加入者数規制の妥当性について審査し，ケーブル加入者数規制を破棄している。その際同控訴裁判所は，開かれた領域基準において DBS が除外されたことの当否について特に検討している。

このなかで，まず加入者の 30 % を超えてサービスを提供するケーブル事業者がボトルネック的コントロールを行使できるか否かの判断に関して同控訴裁判所は，*Time Warner II* 判決に基づいて，まずケーブル事業者は，DBS 事業者及び光ファイバー・サービスの提供を拡大させている通信事業者等の非ケーブル事業者との競争に主に直面していること，具体的には，DBS 事業者は，単独で全加入者の約 33 % にサービスを提供していることをふまえて，特に DBS の重要性が高まっていると認定している。そのうえで同控訴裁判所は，*Time Warner II* 判決において，FCC に対して DBS がケーブル事業者の市場力に与える影響について考慮しなければならないと判示したにもかかわらず，DBS を除外したことが極めて問題の多いものであると指摘している[27]。

次に，同控訴裁判所は，FCC の開かれた領域モデルの 3 要素を検討している[28]。そこでは，総加入者数のみが DBS 事業者及び光ファイバー・サービス事業者との競争について十分に考慮していると指摘されている。しかし同控訴裁判所は，「最小存続可能規模の測定は，1984 年から 2001 年のデータに基づいており，その結果，規則制定後 6 年間の DBS 会社の市場シェアの拡大（18 % → 33 %）及び光ファイバー会社の成長による影響を考慮していない」と指摘して，FCC が普及率の算定において DBS の普及に関するデータを無視しており，ケーブル以外の電子メディアに関する十分な市場調査等の検討を行っていないと批判している。

---

26) Comcast Corp v. Federal Communications Commission, 579 F.3d 1（D.C. Cir 2009）
27) *Id.* at 6-7.
28) *Id.* at 7.

Ⅰ　1992年ケーブル法によるケーブル所有規制の実施

　そして同控訴裁判所は，FCCが提示したDBSを除外する前述の4つの根拠それぞれについて検討している[29]。①の根拠について同控訴裁判所は，移行に関するコストが確実に一定数のケーブル顧客が衛星サービスに変更することを躊躇させるとしてFCCの立場を肯定しつつも，Comcast社が提出した証拠から，すべてのDBS加入者のほぼ50％が以前ケーブルに加入していたとして，移行に関するコストが衛星サービスへの移行の障害とならないと指摘している。②の根拠について同控訴裁判所は，ネット接続サービス等を利用する顧客が，番組へのボトルネック的力をケーブル事業者に与えるに十分な数が存在していることに関する証拠を提示していないと指摘している。更にDirecTV, Dish Network等のDBS事業者が通信事業者と提携してDBSと電話サービスのバンドルを提供していることからも，この根拠が薄弱なものとなるとしている。③の根拠について同控訴裁判所は，「新しい映像番組は，他のテレビ局及びメディアで宣伝され，インターネット上で試視聴できることから，消費者に対して競合するサービスの質に関する情報提供がなされているというのが一般的な認識であるといえる」として，③の根拠のような仮説を根拠づける記録が存在しないと指摘している。最後に④の根拠については，DBS事業者が既に市場の30％を超えてサービスを提供していることを想起すれば，全く確信の得られないものであると指摘されている。

　以上を前提として同控訴裁判所は，「FCCは，ケーブル事業者が総ケーブル加入者の30％を超えてサービスを提供することを認めることが，番組における競争又は多様性のいずれかを減じさせる脅威となるということを論証できなかった」と結論づけている[30]。その際同控訴裁判所は，①FCCが提示した記録は，映像事業者の間で既に行われた競争に関する証拠のみであり，他方で衛星及び光ファイバーでの映像番組事業者が，1992年ケーブル法制定以降，特に近時，市場に参入し，シェアを拡大させてきていること，②これと同時期に，ケーブル・ネットワーク数と加入者に提供される番組の双方が劇的に増加してきていることの2つを根拠として提示している。

---

29) *Id.*
30) *Id.* at 8.

第 5 章　*Turner* 判決法理の具体的展開

そして同控訴裁判所は，今日の市場及び 1992 年以降生じた変化を考慮しつつ，FCC は，ケーブル事業者に 30 ％の加入者数規制という形での特別な義務を課すための十分な根拠を明確にしていないと判示している[31]。

3　小　括

以上のアメリカにおけるケーブル所有規制が修正第 1 条上どのように議論されてきたかを分析することによって，以下の点を指摘することができる。

第 1 に，電子メディアの位置づけに関する議論を踏まえた実際のケーブル所有規制においては，電子メディア市場の全体像が把握され，詳細かつ実証的なデータに基づいて分析がなされ，市場の問題点が洗い出されたうえで，規制枠組みの構築が試みられている。そこで構築された枠組みの妥当性についても，本章で検討した様々な合衆国控訴裁判所判例にあるように，絶えず分析がなされ，その妥当性が詳細に審査されている。

第 2 に，ケーブル所有規制に関して経済学・経済法的観点からだけでなく，憲法論からの検討がなされ，それぞれの規制の規制根拠（目的），方法の実証的かつ客観的な分析がなされている。ケーブル所有規制は，言論内容中立規制とされて *O'Brien* 判決基準が適用されている。そこではまず規制根拠（目的）が具体的に検討され，情報の多様性の確保，公正競争の維持が主要な目的として提示されている。そのうえで加入者数規制，チャンネル占有規制といった個々の所有規制がケーブル事業者の言論の自由を必要以上に制約していないかが，詳細に検討されている。特にここで重要なのは，その規制が規制根拠（目的）とどのような関係にあるのか，またその規制を実施することによって，どのような規制根拠（目的）が，具体的にどのように促進・達成されるのかが検討されている点である。

以上のアメリカにおける議論は，電子メディア市場の相違等から，わが国にも直接導入されるべきということはできないが，ケーブル所有規制が検討される場合，電子メディア市場構造を分析したうえでの，憲法論からの個別具体的

---

31)　*Id.*

な規制のあり方の構築にむけた議論がなされる必要がある。特に，第3の点においてわが国の議論では，理念を提示しても，ではそれをどのように実現すべきなのか，またその規制を実施することによって，ケーブル事業者にどのような影響が生じるのかが，客観的・実証的な根拠に基づいて議論されることはほとんどない。とりわけ，ケーブル事業者の言論の自由に不当な負担をかけないためには，このような規制のあり方に関する議論の客観性・実証性の確保という点が重視されなければならない。

II　新たな電子メディアの登場と *Turner* 判決法理

1　他の電子メディアへの *Turner* 判決法理の適用

次に *Turner* 判決法理に基づいた合衆国下級裁判所レベルでの電子メディア規制の合憲性審査について検討を行う。

(1)　通信事業者による映像番組配信サービス

従来，通信事業者は修正第1条の対象となるとは考えられていなかった[32]。しかし，1991年11月にFCCは，通信事業者が自らの通信回線を用いてビデオ・ダイアルトーン（video dialtone）という映像配信サービスを認める規則を制定した[33]。

そして1992年に通信事業者が，一般家庭への映像配信サービスのフランチャイズ申請を，通信事業者による自らのサービス提供地域内での映像番組配信を禁止する1984年ケーブル通信政策法553条(b)に基づいて市に拒否されたことを不服として，同規定が修正第1条に違反するとして訴訟を提起した，*Chesapeake & Potomac Telephone Co. v. United States* において合衆国第4巡回区控訴裁判所は，*O'brien* 判決基準を採用し，*Turner* 判決法理を前提とした合憲性審査を行っている[34]。

---

32) *See. e.g.*, Fred H. Cate, *Telephone Companies, the First Amendment, and Technological Convergence*, 45 DePaul L. Rev. 1035 (1996).

33) In the Matter of Telephone Company/cable Television Cross-Ownership Rules, Sections 63.54 - 63.58, 7 FCC Rcd 300 (1991). 詳細につき本書第6章参照。

第 5 章　*Turner* 判決法理の具体的展開

　まず同控訴裁判所は，通信事業者による映像番組配信が修正第 1 条の対象となるとしたうえで，*Turner I* 判決を引用して放送と同様の有限稀少性は存在しないとしている。そして同規定が，①通信事業者による「映像番組」(video programming) の提供を規制していること，②伝送されるメッセージの内容とは無関係に，通信事業者による「映像番組」の提供を禁止していることをあげて言論内容中立規制であるとして同控訴裁判所は，通信事業者のボトルネック的特性及び規制がない場合の通信事業者のボトルネック的優位性の維持，唯一のゲートキーパー的地位の確立へのインセンティブ及びその実行可能性から，同規制での発言者に基づく区分がすべてケーブル通信固有の経済的及び物理的特性によって正当化されるとしている[35]。

　このことから，通信事業者による映像番組配信サービスが，そのボトルネック的コントロールによってケーブルと同様の修正第 1 条上の位置づけがなされ，その結果，通信事業者が放送事業者よりも修正第 1 条上の保護を受けることとなった。ただ，これはあくまでも映像番組配信サービスに関するものであって，コモン・キャリアの基本業務には関係がないという点に留意する必要がある。また現在後述のように（第 6 章），通信事業者による映像番組配信サービスは，1996 年電気通信法 302 条において，オープン・ビデオ・サービス (Open Video Service) として規制されている。

　(2)　DBS

　当初合衆国控訴裁判所レベルにおいて DBS は放送と同一視され，DBS 規制にも *Red Lion* 判決法理が適用されていた。このことについて 1992 年ケーブル法によるケーブル及び DBS 規制の合憲性が争点となった，1996 年の *Time Warner Entertainment Co., L. P. v. Federal Communications Commission* において合

---

34) Chesapeake & Potomac Telephone Co. v. United States, 42 F.3d 181 (4th Cir. 1994). この問題については，本件判決以外にも複数訴訟が提起された。*See* BellSouth Corp. v. United States, 868 F. Supp. 1335 (N. D. Ala. 1994); Ameritech Corp. v. United States, 867 F. Supp. 721 (N. D. Ill. 1994); US West Inc. v. United States, 855 F. Supp. 1184, 1193 (W. D. Wash. 1994).

35) 42 F. 3d at 193-195.

Ⅱ　新たな電子メディアの登場とTurner判決法理

衆国コロンビア地区控訴裁判所は，Red Lion 判決を引用しつつ，「合衆国が限られた数の衛星放送利用に適した位置にある衛星しか有していないことから，当該サービスを提供する機会は，必然的に限定的なものとなる」とし，最初に衛星放送用通信衛星が打ち上げられた当時において，衛星放送用のチャンネル（及び軌道）配分に関する需要がその提供可能な供給量をかなり超過しているとの FCC の認定を根拠として，DBS にも電波の有限稀少性が存在するとしている。そのうえで同控訴裁判所は，「このような場合に裁判所は，……当該メディアを利用できる発言者数に関する固有の物理的制約が，放送免許に関して政府が限定的な内容規制を課し，一定の作為義務を課すことを許容する伝統的な修正第 1 条上の審査における幾分かの調整を必要とする」として，Red Lion 判決法理が DBS 規制にも適用されるとしている[36]。

しかし，その後，後述の Carry one, Carry all 制度の合憲性が問題となった，2001 年の Satellite Broadcasting and Communications Association v. Federal Communications Commission（SBCA 判決）において合衆国第 4 巡回区控訴裁判所は，DBS の特性として「DBS 事業者は，ケーブル事業者と同様に，主に他者の言論のための導管（conduit）として機能する。事業者は，様々なソース（全米的かつ地域的な非放送チャンネル，スーパーステーション及び地域放送局）から番組を『継続的かつ未編集ベースで』加入者に伝送する」とケーブルに類似するものであると位置づけたうえで，「DBS 事業者及びケーブル事業者は，自らがその加入者に提供するチャンネルのメニューに対して編集上の裁量を行使する際，修正第 1 条によって保護される言論に従事している」と，DBS にケーブルと同等の言論の自由が認められるとしている[37]。

以上から，DBS について合衆国控訴裁判所レベルでは，1996 年の Time Warner 判決では，その物理的特性が放送に類似することから，放送と同レベルの保護がなされるとされたが，SBCA 判決では，その事業特性がケーブルに類似

---

36) Time Warner Entertainment Co., L. P. v. Federal Communications Commission, 93 F. 3d 957, 975（D. C. Cir. 1996）.
37) Satellite Broadcasting and Communications Association v. Federal Communications Commission, 275 F. 3d 337, 353-54（4th Cir. 2001）, cert. denied 536 U. S. 922（2002）.

第 5 章　*Turner* 判決法理の具体的展開

することが，適用される法理の変更の直接的要因となったといえる。またその背景には，DBS 技術の進歩により，提供可能なチャンネル数が拡大したことによる電波の有限稀少性の緩和があげられる。

(3)　放　送

一方放送においては，電波の有限稀少性が *Turner* 判決以降も合衆国控訴裁判所レベルで採用され続けている。このことについて NTSO 規則等の合憲性が争われた，2002 年の *Fox Television Station Inc. v. Federal Communications Commission* において合衆国コロンビア地区控訴裁判所は，「……当裁判所は，もはや稀少性による根拠づけが合理的なものでなくなったとしても，それを拒絶することができる立場にはない。合衆国最高裁判所は，これまでもこの根拠づけが問題となった数多くの事件を処理してきており，いまだに『その継続的な合理性を問題とすることに消極的な立場をとり続けている』……」として，電波の有限稀少性を維持している[38]。

以上から，放送における電波の有限稀少性については，合衆国最高裁判所が明確に破棄していないことから，合衆国控訴裁判所レベルではその妥当性について疑義が示されつつも，電波の有限稀少性が維持されているといえる。

2　デジタル時代の再送信義務

Turner 判決以降の電子メディア規制において最も議論されていたのが，デジタル時代において再送信義務をどのように制度設計すべきかについてである。そこでは，電子メディアのデジタル化等によって，新たな再送信義務制度の必要性が認識されていた[39]。

(1)　放送のデジタル化とケーブル再送信義務

---

38) Fox Television Station Inc. v. Federal Communications Commission, 280 F. 3d 1027, 1046 (D. C. Cir. 2002).

39) デジタル時代の再送信義務については，*See* Christopher S. Yoo, *Rethinking the Commitment to Free, Local Television*, 52 EMORY L. J.1579 (2003): Joel Timmer, *Broadcast, Cable and Digital Must Carry: The Other Digital Divide*, 9 COMM LAW & POLICY.101 (2004); Michael J. Burstein, *Towards a New Standard for First Amendment Review of Structural Media Regulation*, 79 N.Y.U. L. REV. 1030 (2004).

Ⅱ　新たな電子メディアの登場と *Turner* 判決法理

　Turner 判決によって再送信義務づけ規則の合憲性が承認されたが，その後 FCC は，1998 年からテレビ放送のデジタル化を実施した。そしてデジタル移行期間中（2009 年 6 月にアナログ停波），テレビ放送事業者は，デジタル波とアナログ波で同一の番組を同時に放送するとのサイマル放送（simultaneous broadcasting）義務が課された。そこで同期間のケーブルの再送信義務としてケーブル事業者にどのような義務を課すべきかが問題となり，FCC は，2 次にわたる報告書を公表した[40]。そこでは，①サイマル放送期間中，ケーブル事業者に同一の内容の番組の同時再送信（dual carriage）を義務づけることの可否，② 1992 年ケーブル法は「主要な映像」（primary video）の再送信を義務づけているが，放送事業者が多チャンネル・デジタル放送を行う場合，その「主要な映像」をどのように解釈するか，の 2 点が問題となった[41]。

　特に①について FCC は，第 1 次報告において，法律上，ケーブル事業者がサイマル放送の再送信義務を課されているとも，いないとも解釈できないとの見解を示し，そのうえで *Turner* 判決に基づいて，同時再送信義務を課すことがケーブル事業者に過度な負担を課すことになるとして，修正第 1 条に違反すると結論づけ，デジタル波のみの再送信を義務づけた[42]。さらに第 2 次報告において FCC は，地域性及び情報の多様性の確保，公正競争の維持，デジタル移行の促進の観点からこの問題の検討を行っている。

　まず地域性の確保に関して FCC は，同時再送信義務がなければケーブル未加入者に提供される放送信号の有用性又は品質を著しく低下させることは証明されておらず，逆に当該義務がなければ，ケーブル事業者にデジタル信号の自

---

40) 第 1 次報告として，Carriage of Digital Television Broadcast Signals; Amendments to Part 76 of the Commission's Rules et al., 16 FCC Rcd 2598（2001）. 第 2 次報告として，Carriage of Digital Television Broadcast Signals: Amendment to Part 76 of the Commission's Rules, 20 FCC Rcd 4516（2005）.
41) ②については，第 1 次報告において，「主要な映像」とは単一の番組配信方式を意味するとの解釈が示され，デジタル放送事業者がそのデジタル波を複数の別個独立の番組配信方式に分割する場合，それらの配信方式のうちの 1 つのみが主要な映像であり，再送信義務の対象となるとされた。*See* 16 FCC Rcd at 2622.
42) 16 FCC Rcd 2600.

第5章 *Turner* 判決法理の具体的展開

主的な再送信を理解させるために，豊富な取り合わせの放送番組の制作を放送事業者に奨励することになると指摘している[43]。また情報の多様性の確保に関してFCCは，同時再送信義務が番組ソースを増加させず，デジタル番組の大部分がアナログ番組のサイマル放送であるならば，番組の多様性が促進されないことから，情報の多様性の確保に資さないとしている[44]。さらに公正競争の維持に関してFCCは，映像配信市場に著しい参入障壁があるにもかかわらず，多チャンネル映像配信市場における競争が拡大しており，同時再送信義務とケーブル事業者の反競争主義的行為に対する地域放送局の救済とを関連づける証拠がないとしている。したがって，ケーブル事業者が各地域放送局のために2つの信号を再送信する明白な必要性がなく，また公正競争の維持のために2つの信号へのアクセスを保障する必要性も証明されていないとしている[45]。他方，デジタル移行の促進に関してFCCは，迅速なデジタル放送への移行が重要な政府利益であるとしつつも，同時再送信義務が完全な移行に必要なものではないとしている。そしてFCCは，放送のデジタル化が成就するためには，消費者による新タイプのテレビ・サービスの受容，迅速なデジタル受信機器の普及等の様々な要因が必要であるとし，大手ケーブル事業者によるネットワークテレビ局番組の自主的な再送信及び放送以外の番組ソースの高画質デジタル番組の送信が，すべてのテレビ局の同時送信義務よりも，デジタルテレビ機器の販売を促すとしている[46]。

その後FCCは，2005年9月にケーブル等での再送信に関する合衆国議会への報告書を公表した[47]。同報告書によれば，ケーブルでの再送信合意に関する当初の交渉においては，放送事業者は再送信合意に関する見返りとして金銭的補償を要求していたが，ほとんどのケーブル事業者が金銭的補償ではなく，

---

43) 20 FCC Rcd 4524-25.
44) *Id.* at 4526.
45) *Id.* at 4527.
46) *Id.* at 4527-28.
47) SHVERA Section 208 Report to Congress Retransmission consent and exclusivity rules: Report to congress pursuant to section 208 of the Satellite Home Viewer Extension and Reauthorization Act of 2004（2005）.

II 新たな電子メディアの登場と *Turner* 判決法理

広告時間の買い取り，クロス・プロモーション（cross-promotion），系列チャンネルの送信を望んでいた。その結果，多くの放送事業者は，既存の非放送ネットワークと提携すること，又は自ら所有する新規に形成された非放送ネットワークの再送信を確保することによって，現物的な補償に関する合意に至っていた。一方，金銭的補償に固執した放送事業者は，ケーブル再送信されない，又は交渉が完結するまで無料で自らの信号の送信許可の延長を認めざるを得ない状況となっていた[48]。

(2) DBS 再送信義務の構築

アメリカにおいて DBS 再送信義務が規定されたのは，1988 年衛星家庭視聴者法（Satellite Home Viewer Act of 1988, SHVA）においてであり，同法第 2 編は，DTH（direct-to-home）による DBS 事業者に，未サービス世帯（unserved households）[49]への区域外ネットワーク局及び全世帯へのスーパーステーション（superstation）[50]のテレビ信号を再送信するための著作権の強制許諾（compulsory license）制度を創設した（17 U. S. C. §119）。この強制許諾制度は，DBS 事業者によって私的鑑賞のために公衆に再送信されるスーパーステーション及びネットワーク局の信号一般に適用され，ネットワーク局信号の再送信許諾は，未サービス世帯に該当する者のみに限定された。ここで未サービス世帯に限定されたのは，DBS 事業者による区域外ネットワーク信号の送信による，地域市場におけるネットワーク系列局の独占権売買の便益損失の防止のためである。

その後，DBS 産業が急成長したが，すでに高品質の放送信号を受信する都市部及びその近郊地域において，DBS 事業者がケーブル事業者と十分に競争できていなかったことから，1999 年衛星家庭視聴者改善法（Satellite Home View-

---

[48] *Id.* at 6-7.

[49] 未サービス世帯とは，「屋外で通常固定された受信アンテナを用いて，……FCC の定義する Grade B 彩度のネットワークテレビ局の系列にあり，主にそのネットワークの地上波放送信号を受信することができない世帯」と定義されている（17 U. S. C. §119 (D) (10) (A)）。

[50] スーパーステーションとは，「衛星事業者によって 2 次的に送信される，FCC による免許を得たネットワーク局以外のテレビ局」と定義されている（17 U. S. C. §119 (d) (9)）。

er Improvement Act of 1999, SHVIA）が制定された[51]。そこで合衆国議会が懸念していたのは，①ケーブル事業者が大都市部での有料テレビ・サービスにおいて事実上独占状態にあり，ケーブル加入者がそれらのサービスに対して高額な料金を支払っていること，②SHVAによって，未サービス世帯ではないが地域のネットワーク系列局の信号では十分な画質のものを得られない世帯が多く存在したことである[52]。さらに合衆国議会においては，DBS技術の進歩によって，すべての地域放送局の信号を再送信できるチャンネル容量の確保が可能になったことから，視聴者に対して，その地域放送局へのアクセスを提供できるDBS事業者がケーブル事業者と十分に競争し，有料テレビ・サービスの料金を下落させることが可能となったとの認識が示されている[53]。これらをふまえてSHVIAは，DBS事業者がケーブル事業者に十分代替しうるMVPDとなることを目指し，DBS事業者が地域の放送番組にアクセスできるようになったときに，DBS事業者と地域ケーブル事業者が対等の立場にたてるようにし，かつ消費者がMVPDの選択においてより多く，かつより良い判断が可能となることを目的とするものであるとされている[54]。

そしてSHVIAは，区域外信号の再送信に関して，2004年12月31日までの間，DBS事業者に強制許諾を認めた。一方区域内信号の再送信（Local-into-local service）に関して，再送信合意に基づいて著作権料等を支払った放送局のみを再送信できることに加えて，DBS事業者が，地域放送市場において当該地域の地上波放送局の番組を，当該局の許諾を得ずに，また番組著作権者への使用料金支払いを要求されずに，DBS事業者が加入者に対して再送信できる法定許諾（statutory license）を認める著作権法の改正を行った（17 U. S. C. §122）。一方でSHVIAは，再送信を行うために法定許諾を用いるDBS事業者に，地域放

---

51) Satellite Home Viewer Improvement Act of 1999, Pub. L. No 106-113, 113 Stat. 1501 (1999).
52) S. Rep. No. 106-51 (1999).
53) H. R. Rep. No. 106-79, pt. 1 (1999).
54) *See* Joint Explanatory Statement of the Committee of Conference on H. R. 1554, H. R. Conf. Rep. No. 106-464, 106th Cong., 1st Sess. (1999), *reprinted at* 145 Cong. Rec. H11792 (Nov. 9, 1999).

Ⅱ　新たな電子メディアの登場と *Turner* 判決法理

送事業者の求めに応じて，その地域市場に所在するすべてのテレビ放送局の信号の再送信を義務づける Carry one, Carry all 制度を創設した（47 U. S. C. §338）。

　この制度の根拠として同法に関する両院協議会報告書は，「衛星又はケーブル・システムによるサービスが提供されていない人々への無料のテレビを維持し，また多様な情報源からの広範にわたる情報発信を促進すること」をあげている[55]。また，同制度の趣旨として報告書は，「……ケーブルのように強制的義務の手法で局の再送信を命じるというよりも，衛星放送事業者に対して，特定の市場において強制許諾の便益と引き換えに，再送信義務を負担するかを選択する機会を与える」ものであり，DBS 事業者による再送信への番組制作業者のアクセスの可能性を奪うものではないこと，DBS 事業者は自らが権利を得られる番組について自由に再送信し続けられることをあげている。また報告書は，DBS 事業者の観点からも，同制度が「衛星放送事業者がある市場のすべての放送局の電波信号をその市場の加入者に再送信する場合に，事業者が著作権者の財産の利用権を取得するための容易かつより廉価な方法を認める」ものであり，「それらの電波信号を再送信するか否かの選択は，合衆国議会ではなく衛星放送事業者によってなされる」とも指摘している。

　さらに報告書は，合衆国議会の懸念として，「再送信義務がなければ，衛星放送事業者は，主要ネットワーク系列局及び僅かなその他の信号を送信するようにな」り，また「地域放送事業者がケーブル又は衛星の配信システムによって視聴者への到達を妨げられるならば，無料の地上波放送の維持という合衆国議会の利益が縮減される」ことをあげて，同制度によって DBS 事業者をケーブルと同等の地位におくことの必要性も指摘している。これらをふまえて報告書は，「著作権の使用許諾による便益と再送信要求をトレードすることは，衛星放送事業者及びその加入者に便益を与える一方で，視聴者がすべての地域番組にアクセスを有するのを支援する公正かつ合理的な方法である」と結論づけている[56]。

　そして Carry one, Carry all 制度は，ケーブルの再送信義務規則と類似するも

---

55) H. R. Conf. Rep. No. 106-464, 101（1999）.
56) *Id.* at 101-2.

のの，特定の市場において DBS 事業者の自主的な判断によって再送信義務が生じるのに対して，ケーブルの場合，すべての市場において義務が課されている点で異なっているとされる。これは，ケーブルと DBS の技術上の相違を反映している[57]。まずケーブル・システムは，地域的なものであり，そのほとんどすべてが自らの地域市場のすべての放送局を送信できるだけの十分なチャンネル容量を有しており，かつ全米的及び地域的な非放送系番組の魅力的な取り合わせを提供している。一方，DBS 事業者は，アメリカ合衆国大陸全体に 450～500 チャンネルを送信しており，およそ 1,600 の地域放送局それぞれの信号の再送信を要求する規則では，その遵守ができないことが懸念されている。

そして FCC の調査によれば，2004 年 6 月現在で，全米の 9,230 万世帯がケーブル，DBS，テレビ放送等の何らかの MVPD のサービスをうけており，その 71.6％（6,610 万世帯）がケーブル事業者のサービスであるとしている[58]。そして同調査において，ケーブルのシェアが 2003 年から減少し，DBS がシェアを拡大させていることが明らかにされた。合衆国議会は，この傾向をさらに促進するために，2004 年衛星家庭視聴者延長及び再承認法（Satellite Home Viewer Extension and Reauthorization Act of 2004, SHVERA）を制定し[59]，区域外信号の再送信の強制許諾を 2009 年 12 月 31 日に延長し，さらに DBS 事業者が特定の市場において Local-into-local service でデジタル信号を提供する場合，当該区域外デジタル信号の当該市場での加入者への再送信を禁止したが，デジタル放送が行われていない地域では，区域外信号の再送信を認めている。また SHVERA は，当該区域内に同一のネットワークの系列下にある局の再送信を行っていても，FCC によって「重大視聴局」（significantly viewed station）とされた市場外の局の信号の DBS 事業者による加入者への提供を認めた（17 U. S. C. §119 (a))。また，

---

57) H. R. REP. No. 106-79, pt. 1 (1999).

58) Annual Assessment of the Status of Competition in the Market for the Delivery of Video Programming, 20 FCC Rcd 2755 (2005).

59) Satellite Home Viewer Extension and Reauthorization Act, Pub. L. No. 108-447, 118 Stat 2809 (2004) (enacted on December 8, 2004, as title IX of the Consolidated Appropriations Act, 2005).

重大視聴局の再送信に関する著作権料支払いについても減額された。

(3) DBS 再送信義務の合憲性

以上のうち，Carry one, Carry all 制度の合憲性について，SBCA 判決において合衆国コロンビア地区控訴裁判所は，まず DBS 事業者の再送信義務が特定市場の地域放送局の再送信を決定したことのみによって生じるのではなく，法定許諾を用いて当該局を送信すると決定することによって生じることを指摘して，同制度が言論内容中立規制であるとしている[60]。また，その際同控訴裁判所は，Turner 判決を引用しつつ，ケーブルでの再送信義務規制と同様に，当該規制が地域放送局を優遇するものではないとも指摘している。そのうえで同控訴裁判所は，O'brien 判決基準を採用し，まず実質的な政府利益として，第1にケーブル又は DBS サービス未加入の放送視聴者のための多様な地域放送アウトレットの確保，第2に強制許諾を DBS 事業者に認めることによるテレビ放送広告に関する地域市場における競争性縮減の防止を検討している。

第1の政府利益について同控訴裁判所は，合衆国議会が，① DBS 事業者が近い将来テレビ番組配信市場のかなりの部分をおさえること，② DBS 事業者が自ら Local-into-local service を提供すると決定した市場の相当数の独立系放送局を送信拒否し続けるであろうこと，③当該市場において送信拒否された放送局がその潜在的聴衆へのアクセスを失うことによって損害を被ることについて適切に事実認識を行っているとしている[61]。また同控訴裁判所は，DBS とケーブルで全米のテレビ保有世帯の 80 % を占めていることから，再送信義務がなければ独立系放送局への圧倒的な脅威を与えることになるとしている。そして同控訴裁判所は，DBS との競争の拡大によって，ケーブルが独立系放送事業者に与える脅威がケーブル及び DBS によって共通の脅威となるとの合衆国議会の事実認識を支持し，「複数の競合事業者が同一の構造でもって共通の脅威を与える場合，修正第1条は，合衆国議会が当該脅威に著しく寄与するすべての競合事業者に合理的な内容中立規制を課すことで当該脅威から重要な政

---

60) Satellite Broadcasting and Communications Association v. Federal Communications Commission, 275 F. 3d 337, 354-35 (4th Cir, 2001), *cert. denied*. 536 U. S. 922 (2002).
61) *Id.* at 358.

府利益を保護することができる」と結論づけている[62]。次に第2の政府利益について同控訴裁判所は，再送信義務を課さずに使用許諾を認めることによって地域放送広告市場における競争を阻害するとの合衆国議会の判断が実質的なものであるとし，「……同規則は地域テレビ市場内で選択的送信を行うことを防止することで，地域放送事業者と DBS 事業者が広告収入をめぐって競争できる同一のグラウンドを確保する」としている[63]。

そのうえで同控訴裁判所は，*O'brien* 判決基準③について検討を行い，何らの再送信義務も課さずに法定承諾を認める立法がこれらの政府利益を効果的に促進できないとしたうえで，「…… SHVIA によって課された特定の形態の再送信要件は，同法が DBS 事業者に自らが同規則の対象となる時と場合に関する選択肢を与えていることから，DBS 事業者に極端な負担を課すものでない」と判断している[64]。結論として同控訴裁判所は，Carry one, Carry all 制度が修正第1条に違反しないと判示している。

III おわりに

以上のアメリカにおける電子メディア規制と言論の自由の検討から，わが国の議論について以下の点を指摘することができる。

まず，放送メディアにおける電波の有限稀少性はその物理的特性に着目した理論であり，ケーブル等の放送以外の電子メディアにおいては物理的な意味での稀少性は解消され（又は大幅に緩和され）ているが，これらの電子メディアが有するボトルネック的コントロールを理由として，情報の多様性，地域性等の確保のための電子メディア規制の必要性が認識されている。この点について，前述のように，わが国では電波の稀少性の解消のみが注目されているが，ケーブル等のボトルネック的コントロールが情報の多様性等の修正第1条の価値に与える影響を無視することは，きわめて問題である。

---

62) *Id.* at 362.
63) *Id.* at 363-64.
64) *Id.* at 364-65. 頁以下。

Ⅲ　おわりに

　次にアメリカでは，情報の多様性及び地域性の確保のために市場競争原理を原則とし，それが十分に機能するための環境整備を目的とした規制が行われている。そこでは，たとえばDBS再送信義務においては，ケーブルのように直接的に政府規制を行うのではなく，再送信における著作権処理に着目して民間の契約ベースで再送信を行わせるという手法がとられている。具体的には，前述のように Carry one, Carry all 制度に関して，ケーブルとDBSが対等かつ十分に競争できるように市場競争原理を基本としつつも，それが情報の多様性の確保等を達成するために，いかなる点を考慮すべきかが詳細に検討されている。一方でケーブル再送信義務でも，再送信合意制度の存在が，この立場に基づくものであるといえる。このようにアメリカの規制手法は，情報の多様性の確保等をいかに効率よく実現できるかを詳細に検討するものであるが，その一方で，この手法は，政府規制を最小限にし，各電子メディアの自主的な対応を重視することで，電子メディアの言論の自由をより十分に保障することができるといえる。

　以上をふまえてわが国の状況を考えると，実際のメディア産業構造をふまえて，情報の多様性等の理念を達成するために，言論の自由を不当に侵害しないように考慮しつつ，規制が行われる枠組みの構築に向けた議論が必要である。特にわが国の言論の自由論では，従来，政府からの自由に重点がおかれていたが，情報の多様性確保等を実現するために電子メディア規制が正当化されることを認める必要がある。この点，わが国においても情報の多様性，地域性の確保，公正競争の維持がメディア政策の理念としてあげられてきたが[65]，これらの理念に関する議論はまだ抽象論レベルに止まっているといわざるをえず，またこれらをふまえた個別の規制のあり方についても，十分には議論されていない。

　さらに，わが国では2011年の放送法改正においてメディアの社会的影響力を前提とした規制枠組みが示されているが[66]，それと同時にボトルネック的

　65）たとえば，総務省放送政策研究会最終報告書（2003年）6頁以下参照。
　66）総務省『通信・放送の総合的な法体系に関する研究会報告書』（2007年）16頁以下。

第 5 章　*Turner* 判決法理の具体的展開

コントロール等の各電子メディアの特性についても詳細な検討が必要である。このような規制根拠及びメディア特性の明確化が，いかなる根拠論を採用するにしても，メディアの言論の自由の不当な侵害を防止する効果的な方法であるといえる。また，民間主導を基本とするにしても，情報の多様性が確保されるような各電子メディアによる対等かつ十分な市場競争ができる環境整備に向けた議論が必要である。

第 6 章　修正第 1 条における通信事業者の位置づけ

I　はじめに

　世界各国の憲法は，その国の歴史的事情等を反映して，言論・出版の自由を規定している。日本国憲法は 1940 年代のメディア環境を前提とし，アメリカ合衆国憲法は 1780 年代のメディア環境を前提としており，たとえば通信の秘密に関する規定が合衆国憲法には存在しない。

　しかし，通信の秘密に関する規定が存在することが，進歩的かといえば，一概にはいえないところがある。従来，日本国憲法第 21 条において，放送（ラジオ，テレビ）は言論の自由の対象とされ（1 項），通信（電信，電話）は通信の秘密の対象とされ（2 項），通信事業者が言論の自由の享有主体たりえないと考えられてきた[1]。しかし，1990 年代以降のメディア融合（media convergence）の中で，通信事業者が放送に類似するサービスの提供を開始する等，この区別が曖昧なものになり，憲法上の対応が必要となった。このことに対してわが国では，「公然性を有する通信」との新たな概念が提示され，電気通信役務利用放送の制度（のち 2011 年の放送法改正による統合）等の立法による対応が試みられた。もちろん，個別具体的な法制度の構築は必要であるが，その前提となる憲法論があまり活発ではない[2]。

　この点，アメリカにおいては，1934 年通信法以来，放送と通信を区別し，

---

1)　アメリカでは，電話産業誕生より民間ベースで事業が展開されたのに対して，わが国の場合，1985 年の民営化まで通信事業が公社形式で行われていたことも，議論が盛んでない背景事情としてあげられる。

第 6 章　修正第 1 条における通信事業者の位置づけ

　通信事業者は言論・プレスの自由を保障する修正第 1 条の保障をうけないとされ，FCC により，様々な規制が実施されてきた。そして通信事業においては，AT&T（American Telephone & Telegraph Co.）が独占的な立場を維持してきた。しかし，1996 年電気通信法で，OVS（Open Video Service）等の様々な方式での通信事業者による映像番組配信サービスの提供が認められている。そして同法制定までに，通信事業者の修正第 1 条上の位置づけに関する議論が詳細になされている。そこでは，わが国のような通信と放送を区別する憲法上の規定がなく，積極的な議論がなされたという側面がある。
　そこで本章は，1996 年電気通信法制定以前の通信事業者の修正第 1 条上の位置づけに関する議論を分析する。まず，通信事業者に関して適用されてきた「コモン・キャリア」（common carrier）法理について明らかにし，次にメディア融合の前と後で，通信事業者が修正第 1 条上どのように位置づけられていたのかについて分析する。そのうえで通信事業者の言論の自由のあり方について検討を行う。

II　コモン・キャリアとしての通信事業者の確立とその展開

1　コモン・キャリアとしての通信事業者

　前述のようにアメリカにおいて通信事業者は，コモン・キャリアと呼ばれている。通常この言葉に「公共運送人」の訳語があてられるように，本来コモン・キャリアとは，駅馬車（stage coach），運河用ボート（canal boat），港湾（wharf），倉庫（warehouse）の各事業者を意味する言葉であった。そこでは「スペイスに余裕があるかぎり，いつでも，そして誰に対しても，運送を引き受けなければならない」とされ，「公共運送人が運送引受けの義務に反すると，刑事上の制裁および民事上の損害賠償責任を負う」とされている[3]。
　このようにコモン・キャリアという概念は，運送事業者を対象とするものと

---

2) 公然性を有する通信等に対して批判的な立場として，たとえば松井茂記『マス・メディア法入門【第 5 版】』（日本評論社・2013 年）324 頁以下参照。
3) 田中英夫編集代表『英米法辞典』（東京大学出版会・1991 年）124 頁参照。

186

Ⅱ　コモン・キャリアとしての通信事業者の確立とその展開

して形成されてきたが，19世紀末に鉄道事業者及び通信事業者に対して連邦政府による規制の必要性が認識された際に，運送事業者が有体物を運送するのに対して，通信事業者が，無体物ではあるが，情報を運送する者であるとして，同列に扱われることとなった。その背景には，電信事業の形成期において，鉄道線路脇に電信用ケーブルが設置されていたことがある。1882年の *Western Union Telegraph Co. v. Texas* において合衆国最高裁判所も，「電信会社は，メッセージのキャリアとして，物品のキャリアとしての鉄道会社が行っている通商と同一の地位を有している。双方の会社は通商の手段であり，これらの事業は通商そのものである」と判示している[4]。

合衆国議会も，1887年州際通商法（Interstate Commerce Act of 1887）において，鉄道事業者及び通信事業者をコモン・キャリアと定義し，コモン・キャリアに関する規制権限を州際通商委員会（Interstate Commerce Commission, ICC）に付与した。その後，ICCの権限の拡充及びICCによる訴訟を管轄する通商裁判所の設立を目的とした1910年通商裁判所法（Commerce Court (Mann-Elkins) Act of 1910）が制定された。これらの法律は主に鉄道事業を規制対象とし，これらの法律に関する合衆国議会における議論では通信事業に関する言及はあまりなされなかったが，通信事業が独占化傾向にあったことに懸念が示されている。たとえば，ホブソン（Richmond P. Hobson）下院議員は，「（これらの産業を）規制がない状態にしておくことは，自らの意のままに人民に課税する権限を民間会社に認めることである。……国家にも似た巨大な組織の手の中にある伝送システムのすべての領域は，規制システム，すなわち政府による管理下に置かれなければならない」と指摘している[5]。

そして1934年通信法第3条（h）は，コモン・キャリアを次のように定義している（47U.S.C. §153 (h)）。

> 「『コモン・キャリア』又は『キャリア』との言辞は，コモン・キャリアが本章の対象とならないと規定されない限り，有線あるいは無線による州際若しくは外国との通信，又は州際若しくは外国との無線でのエネルギー

---

4) Western Union Telegraph Co. v. Texas, 105 US. 460, 461 (1882).
5) 45 Cong. Rec. 5536 (1910).

の伝送に，有料で公共運送人として従事している者をいう。ただし，無線放送事業に従事している者は，その業務に従事している限りにおいて，コモン・キャリアとはみなされない。」

同法審議過程においても，それ以前の法律と同様に，コモン・キャリアという文言の内容に関する議論の記録はあまり残っていない。この文言については，明確な定義を行う必要性があると合衆国議会が判断しなかったと思われる[6]。

2　コモン・キャリアと修正第1条との関係に関する議論

通信事業規制の確立期において，修正第1条の観点からの議論は，明確にはなされなかった。これは，この時期において通信事業は，修正第1条による保障の対象外であると考えられていたからであった。この時期には放送メディアに関する規制枠組みも構築されつつあり，1934年通信法第3条（h）において両者が明確に区別され，放送は修正第1条の保障の対象となるが，通信はその対象外となるとの立場が明らかにされている。

もっとも合衆国議会には，放送事業者をコモン・キャリアとして取扱うべきであるとの議論が存在していた[7]。また1927年無線法（Radio Act of 1927）のもととなった法案は，その下院委員会報告書において，公職立候補者による議論又は公的論争点に関する議論のための放送の使用に関して，放送事業者をコモン・キャリアとみなすとの規定をおいていた。しかし，この案に対して，ディル（Clarence C. Dill）上院議員が，「こんにち放送が純粋に自発的なものであり，また，それに対して聴衆が何らの料金も支払っていないこと，放送事業者が自らの名声のために放送を行なっていることを想起すれば，放送事業者をその足枷となるコモン・キャリアとしての統制に置き，支払い料金の範囲で放送事業者に提出された何らかのもの及びすべてのものを受け入れるよう強制することは，賢明なものとは思われない」と，この案の問題点を指摘し，その後この案は否決された[8]。この発言から，当時修正第1条の保障の対象となるには自ら

---

6) Phil Nichols, Note, *Redefining "Common Carrier": The FCC's Attempt at Deregulation by Redefinition*, 1987 DUKE L. J. 501, 506-509.

7) *See, e.g.*, H. R. REP. No. 404, 69th Cong., 1st Sess. 17-18 (1926).

の見解等を自発的に公表することが必要とされ，通信事業者はその要件を満たさず，ただ営利目的でもって他人のメッセージを伝送しているだけであるが故に，通信事業者が修正第1条の保障の対象とならないと判断されたと考えられる。

他方で1920年代に入って急成長しつつあった放送産業に対して，AT&Tは，使用料支払い制放送（Toll Broadcasting）サービスを提案し，WEAFというラジオ局を開局させ，放送事業への参入を試みた[9]。しかし，当時の放送事業者はほとんどが中小規模であり，AT&Tによる放送事業参入は彼らにとって大きな脅威となった。そこでは，AT&Tの市場独占力によって，本来自由であるべき放送事業者の活動がコントロールされるのではないかとの懸念が指摘された。このことは，デーヴィス（Irvin Davis）下院議員の「個人又は1つの団体が，いかなる通信がアメリカ人民に提供されるかを決定する権利を有していると考えることはできない。我々は，いかなる者であれ，また団体であれ，公衆に放送される内容を検閲できる立場に立つことを決して許容できない」との発言に明確に表されている[10]。もっとも，同サービスは普及せず，1926年にWEAFが売却され，AT&Tは放送事業から撤退した。

以上から，当時は通信はあくまでも事業であり，修正第1条は自主的で，非営利目的の活動のみを保障すべきであると考えられていたということができる。またこの時期には放送と通信それぞれの力の差が歴然としており，強大な市場独占力を有する通信事業者が言論市場に参入することによって，通信事業者による情報統制が可能となり，情報の多様性が損なわれるとの危険性が指摘されていたことが注目される。

3　コモン・キャリア法理の内容

1934年通信法によってコモン・キャリアについて基本的な定義づけが行わ

---

8) 67 CONG. REC. 12503 (1926).
9) WILLIAM P. BANNING, COMMERCIAL BROADCASTING PIONEER: THE WEAF EXPERIMENT 1922-1926, 53-61, 67-69 (1946).
10) 67 CONG. REC. 5483-84 (1926).

第 6 章　修正第 1 条における通信事業者の位置づけ

れたが，その後も新たな通信技術の出現に対応できるコモン・キャリア法理の内容が検討されてきた。

　当初 FCC は，様々な通信事業規制を行う際に，コモン・キャリアの定義については，1934 年通信法の定義をそのまま引用していた[11]。しかし，当時は，何をもってコモン・キャリアとするかに関し，何らの問題も生じなかった。その背景には，各地域には 1 つの事業者だけが存在し，消費者は全く選択肢を有していなかったこと，さらに長距離通信市場においても，それぞれの地域接続においても 1 つの通信事業者のみが存在し，それがコモン・キャリアとして取り扱われることに全員が同意していたことが指摘されている[12]。

　そして FCC は，「通信コモン・キャリアの基本概念は，当該キャリアが有線又は無線の設備を，有料で，それによって当該設備の利用を選択した公衆全員が自らの希望及び選択でもって通信又は情報の伝達を行うために，公衆に提供するということである」との見解を示した[13]。また他のメディアとコモン・キャリアの区別において，公衆，特に顧客が伝達される内容へのコントロールを有しているかが重要なメルクマールとして採用された。

　しかし，その後の通信技術の発達によって様々な通信サービスが出現したことから，FCC は，このコモン・キャリアの定義の例外も作り出してきた。たとえば，競争的キャリア（Competitive Carrier）に関する規則制定手続において FCC は，当該キャリアが市場支配力を有しない場合，FCC はコモン・キャリアとしての規制権限の行使を控えるとした[14]。同様に，コモン・キャリアによって提供されるサービスが基本業務ではなく，付帯業務（enhanced services）に当たる場合には，規制権限の行使を控えると決定された。

　この問題に関して初めて司法判断が行われたのは，特殊移動無線サービ

---

11)　47 C.F.R. §21.2（1995）.

12)　Peter K. Pitsch & Arthur W. Bresnahan, *Common Carrier Regulation of Telecommunications Contracts and the Private Carrier Alternative*, 48 FED. COM. L. J. 447（1996）.

13)　Report and Order, Industrial Radiolocation Service, 5 FCC 2d 197, 202（1966）.

14)　Policy and Rules Concerning Rates for Competitive Common Carrier Services and Facilities Authorizations Therefor, 91 FCC 2d 59, 61-62（1982）.

Ⅱ　コモン・キャリアとしての通信事業者の確立とその展開

(Specialized Mobile Radio Service) がコモン・キャリアに該当するか否かが問題となった 1976 年の *National Association of Regulatory Utility Commissioners v. Federal Communications Commission* である（*NARUC I* 判決）[15]。本件判決において合衆国コロンビア地区控訴裁判所は，まず「コモン・キャリア法理が，厳格な不法行為責任を明確なものとするために，又は規制の正当化根拠として引き合いに出されるか否かは，その活動の準公共的性格というものが決定的な点であるということは明らかである」との認識を示したうえで，「コモン・キャリア法理に含まれる準公共的特性に本質的なものであることが明らかなものは，キャリアが『……公平に運ぶことを請け負う』ということである」として，利用者に対して差別的な取扱いを禁止する公平原理を採用している[16]。その根拠として同控訴裁判所は，コモン・キャリアが「公衆全体の事業に役立つことをすることによって公共受託者の一種としての地位を暗に受け入れたということである。コモン・キャリア法理は，対価 (quid pro quo) の一種として発展してきたのであり，それによって公共事業を展開するという特権を引き換えに，特別な注意義務を負うようにされたのであるのは明白である」と述べている[17]。さらに同控訴裁判所は，当該キャリアが実際にすべての公衆に利用可能なものでなければならないというわけではなく，「コモン・キャリアはすべての者に公平にサービスを提供するよう命じられていない。すなわち，その業務が事実上そうなっているということで十分である」と述べ，全人口のごく一部の利用を対象としたサービスを提供する者であってもコモン・キャリアとなりうるとしている[18]。

その後，同年の *NARUC II* 判決において合衆国コロンビア地区控訴裁判所は[19]，公平原理が「FCC によって体系化され，通信分野に特殊な適用性を有

---

15) National Association of Regulatory Utility Commissioners v. Federal Communications Commission, 525 F.2d 630 (D.C.Cir.), *cert. denied*, 425 U.S. 992 (1976).
16) 525 F. 2d at 641.
17) *Id.* at 642.
18) *Id.* at 641.
19) National Association of Regulatory Utility Commissioners v. Federal Communications Commission, 533 F.2d 601 (D.C.Cir. 1976).

しており，顧客が『自らの希望及び選択による情報を伝達する』ことができるシステムでなければならないものである」と位置づけている[20]。

4 小　括

　通信事業規制確立期においては，何らかの思想信条，ポリシーを有し，また自主的に金銭的な見返り等を期待せずに言論活動を行う者のみが言論内容の編集を行う権利（編集権）を有し，修正第1条の保障を受けるとされていたと考えることができる。したがって思想信条等を持たずに，料金を徴収して相対立するような様々な内容の通信を公衆に提供する通信事業者は，編集権が否定され，修正第1条の保障の対象外であると考えられたのは，当然のことといえる。そして通信事業者がコモン・キャリアとされることによって，通信内容に基づいて伝送拒否等の差別的な取扱いを行うことが公平原理により禁止され，わいせつ表現等の違法な内容の通信がなされても，通信事業者がそれに基づいて責任を追及されないことになった。

　さらに，公衆への独占的サービス提供を認められることによって生じる市場独占力については，経済法的な観点から懸念が提示されることはもっともであるが，それが言論，メディア市場に影響を及ぼすことから，憲法上の観点から検討する必要性が認識された。とりわけ放送メディアの社会的影響力が低かった当時のメディア市場においては，メディアの集中を防止するために，通信事業者が修正第1条の保障対象から排除される必要があったといえる。

Ⅲ　通信事業者と修正第1条

1　通信事業者によるわいせつな表現等を含む通信の送信拒否と修正第1条

　公平原理によって通信事業者による通信内容に基づいた差別的取扱いが禁止されているにもかかわらず，わいせつ表現等を含む通信の送信を通信事業者が拒否できる場合があることが，合衆国控訴裁判所レベルで承認されてきた。

---

20)　*Id.* at 609.

Ⅲ　通信事業者と修正第1条

　この問題が合衆国控訴裁判所レベルで初めて問題となった，1986年の *Carlin Communications, Inc. v. Southern Bell Telephone & Telegraph* において合衆国第11巡回区控訴裁判所は，これを通信事業者による検閲の問題として捉え，通信事業者が公的機能を有するか否かについて検討している[21]。その際同控訴裁判所は，「『公的』検閲は州によって伝統的に実行されてきた権限であるけれども，他の会社と取引上の関係を有したくないという決定に基づく民間会社によるメッセージ内容の制限は，伝統的な州の権限ではなく，ましてや州に排他的に保留されたものでもない。私的企業体は，自らの名称及び名声が関連するようなメッセージの内容を自由に選択することができ，またそのような選択は，公的権限の行使ではない」と述べ，検閲には該当しないと判示している[22]。

　次に，成人向け娯楽メッセージの提供事業者が976番回線（有料情報提供サービス専用の電話回線）上の自らのメッセージの送信を通信事業者が拒否したことに対する差止め命令を求めた，1987年の *Carlin Communications, Inc. v. Mountain States Telephone & Telegraph* において合衆国第9巡回区控訴裁判所は，本件での問題点を「地域電話会社が，その公共事業的立場（public utility status）にかかわらず，当該サービス上で淫らな話を送信できるか」とまとめたうえで，コモン・キャリア法理，憲法それぞれの検討を行っている[23]。

　まずコモン・キャリア法理の検討において，メッセージ内容に基づく制約が差別的取扱いに該当するのか，また逆に当該サービスを提供する通信事業者を，修正第1条の保障が及ぶ放送事業者として位置づけるべきかが検討された。前者の問題につき同控訴裁判所は，「公平原理は，合理的な業務上の格付け（business classifications）に基づく区別を排除するものではない」との基本的立場を示し[24]，976番回線からすべての成人向け娯楽メッセージを排除していること，

---

21) Carlin Communications, Inc. v. Southern Bell Telephone & Telegraph, 802 F.2d 1352（11th Cir. 1986）.

22) *Id.* at 1361.

23) Carlin Communications, Inc. v. Mountain States Telephone & Telegraph, 827 F.2d 1291, 1292（9th Cir. 1987）.

24) *Id.* at 1293.

第 6 章　修正第 1 条における通信事業者の位置づけ

通信事業者が同サービス提供の継続を認めると，アリゾナ州法上の刑事責任を追及される危険性があることを指摘して，通信事業者による成人向けメッセージの送信拒否は差別的取扱いに該当しないと判示している[25]。そのなかで同控訴裁判所は，976 番回線が公衆に対して業務上のメッセージを提供していると認定し，通信事業者が「自らが送信するメッセージに対して，いかにそれが合法的なメッセージであっても，幾分かの業務上の判断（business judgment）を行使することができる」として，編集権と類似する権限を通信事業者に認めている。

　次に当該サービスを提供する通信事業者を放送事業者として位置づけるべきかについて同控訴裁判所は，976 番回線の技術が基本的電話サービス（basic telephone service）の形態と基本的に異なる，すなわち「個人は，976 番回線上で交互に話すことはしない。その代わりに，『7,900 人以上の呼者が同一の事前録音メッセージに同時にアクセスすることができる』」ことに着目し，「電話会社は，コモン・キャリアよりも，小規模なラジオ放送局に類似する」と指摘し，「電話会社が私的通信のメディアとしてよりも，公衆への通信のためのメディアとなったならば，伝統的コモン・キャリア法の適用は，さらにぎこちないものとなる」と結論づけている[26]。そのうえで修正第 1 条上の検討をふまえた新たな法的枠組みの必要性を指摘している[27]。

　憲法上の問題について同控訴裁判所は，提供事業者によるサービス提供に対する通信事業者の送信拒否について，「発言者が繰り返し修正第 1 条の限界を逸脱したとしても，当裁判所は，州が彼のコミュニケーション・フォーラムもろとも閉鎖することを認めることに極度に躊躇する」との基本的立場を示したうえで，州政府が，当該メッセージがわいせつであるとの司法判断がなされる前に通信事業者に圧力を与えていたと認定している。しかしながら，当該送信拒否自体は自主的なものであり，検閲には当たらないとしている[28]。

25）*Id.* at 1294.

26）*Id.*

27）*Id.* at 1295.

28）*Id.* at 1296.

2 電話会社による各種情報サービスの提供の禁止と修正第 1 条

1956 年以降 AT&T は自ら又は子会社を経由して，通信事業以外の事業を行うことが禁止されていたが，1982 年に司法省と AT&T との間で合意された修正最終審決（Modification of Final Judgment: MFJ）によって[29]，AT&T とベル地域電話会社が分離された際に，さらにベル地域電話会社が「電気通信でもって伝達される情報の作成，収集，蓄積，転送，加工，検索，利用のため，又は利用できる状態におくための容量の提供」と定義される情報サービス（information services）を提供することが禁止された[30]。

(1) AT&T による電子出版事業への参入禁止

MFJ では，それまで他事業への参入を禁止されてきた AT&T が，「情報提供事業者若しくは出版事業者が自ら制作，著作，資料作成，収集あるいは編集を行っている，あるいは行おうとしている，又は情報提供事業者若しくは出版事業者が金銭上のあるいは財産上の直接若しくは間接の利益を有している情報であって，電子的手段でもって第三者に発信される情報の提供」と定義された電子出版（electronic publishing）事業に参入できるかが問題となった[31]。

この問題につき，合衆国コロンビア地区地方裁判所は，AT&T が，競合する電子出版事業者に対して様々な方法で差別的取扱いができること，AT&T が信号送信及びトラヒック・データにアクセスでき，同社が競合事業者の出版サービスに関する独占的情報を入手できること，AT&T が，出版業界全体の運営よりも自らの出版部門及び当該事業が提供される地域を優先する技術，設備及びサービスを開発するインセンティブと機会の両方を持っていることを問題視している。また当時の電子出版産業が未成熟なものであり，AT&T が競合事業者に損害を与える反競争的な行為を行う等の電子出版市場に特有な性格が存在することから，AT&T によってその成長が阻害される恐れがあると認定されている[32]。さらに AT&T 以外の他の通信事業者も音声転送を行っているが，それ

---

29) United States v. AT&T, 552 F. Supp. 131（D.D.C. 1982），*aff'd sub nom.* Maryland v. United States, 460 U.S. 1001（1983）.

30) 552 F. Supp. at 229.

31) *Id.* at 181.

第6章　修正第1条における通信事業者の位置づけ

らの事業者は電子出版事業者に必要とされる高性能な設備を有しておらず，電子出版事業者は AT&T に依存し続けていると認定されている[33]。同時に同地方裁判所は，修正第1条上の問題につき，「多様かつ相対立する情報源からの可能な限り広範な情報の発信」を達成することが修正第1条の目的であるとして，この時点でAT&T が電子出版事業に参入することを認めるのは，単一の団体への実質的な情報コントロール権付与になると指摘している[34]。

以上の認定に基づき同地方裁判所は，MFJ で採用された7年間の AT&T による電子出版事業への参入禁止が公共の利益に資するものであるとしている。しかし1989年に同地方裁判所は，AT&T がもはや電子出版事業者にとって必要な設備に対してボトルネック的なコントロールを維持しておらず，これを禁止する必要性はもはや存在しないと認定し，AT&T による他事業参入規制の廃止の申し立てを支持している[35]。

(2)　ベル地域電話会社による情報サービスの提供禁止

MFJ では，ベル地域電話会社による情報サービスの提供が禁止された根拠として，地域電話会社が競合事業者の情報サービスよりも自らの情報提供サービスのネットワークへのアクセスを優先させる差別的取扱いを行う危険性があること，地域接続の独占的状態から得た収入でもって自らのサービスの料金を補助する危険性があることが指摘されている[36]。そして情報サービスからベル地域電話会社を排除することが，より多くのキャリアの回線がより多くの地域電話会社のアクセス料金収益をもたらすことから，情報サービス提供事業者の最大量の回線に対応できるネットワークを構築するインセンティブをベル地域電話会社に与えることになり，逆に，地域電話会社が自らの情報サービスを提供することが認められたならば，地域電話会社が競合事業者の活動を阻害す

---

32) *Id.* 181-182.

33) *Id.*

34) *Id.* at 183.

35) United States v. Western Elec. Co., 1989-2 Trade Cas.（CCH）¶ 68673（D.D.C. July 28, 1989）.

36) 552 F. Supp. at 189.

III 通信事業者と修正第1条

るネットワーク構築のインセンティブをもち，健全かつ競争的な市場の発展の脅威となるとも指摘されている[37]。また MFJ では，司法省が，同規制を不要とする環境の変化が生じたかに関する報告書を3年毎に裁判所に提出することとなった[38]。

その後司法省は，1987年に報告書を提出し，地域電話会社による情報サービス提供の禁止を廃止するよう求めた。しかし，同規制のあり方が問題となった，同年の *United States v. Western Elec. Co.* においてにおいて合衆国コロンビア地区地方裁判所は，ベル地域電話会社が「地域交換設備に対してボトルネック的コントロールを未だ有しており，また競合する情報提供事業者……が依存している設備が存在している」と認定して，規制廃止論を退けた[39]。また同地方裁判所は，「ベル地域会社が独立系情報サービス事業者と競合するすべての市場において，ベル地域電話会社の経済的利益は，競合する情報サービス事業者によるネットワーク利用の最大化を促進するということよりも，自らの保有するサービスの使用のためにシステムを操作することにある」と述べて，競合事業者を差別的に取扱うインセンティブが存在すると認定している[40]。その理由として同地方裁判所は，情報サービスというものが「脆いものであり，またその脆さ，時機敏感性（time-sensitivity），そして転送の質及び速度のいかにわずかな低下に対しても生じる消極的反応が故に，いとも簡単に，この種の情報サービスは，その転送をコントロールするベル地域電話会社による破壊の対象となる」と指摘している[41]。そして，MFJ における AT&T による電子出版の禁止に依拠しつつ，情報サービスの提供を禁止しなければ，修正第1条に重大な脅威を与えると結論づけている[42]。

---

37) *Id.* at 189-90.
38) *Id.* at 231.
39) United States v. Western Elec. Co., 673 F. Supp. 525, 567-79（D.D.C. 1987）, *aff'd in part and rev'd in part*, 900 F.2d 283（D.C.Cir.）(per curiam), *cert. denied*, 498 U.S. 911（1990）.
40) 673 F. Supp. at 565-566.
41) *Id.* at 566.
42) *Id.* at 585-86.

197

第 6 章　修正第 1 条における通信事業者の位置づけ

本件判決は控訴され，合衆国コロンビア地区控訴裁判所は，原審が誤った基準を適用しているとして適正な基準に基づいた再検討を命じて差し戻した[43]。しかし，控訴審では，同規制の合憲性に関しては何ら触れられることはなかった。差戻審において合衆国コロンビア地区地方裁判所は，同規制の廃止によって，市場からの競争の排除及びアメリカ人民の情報源が閉鎖的な地域電話の独占に基づいたごく少数の支配的勢力，協力的複合企業への集中が生じる危険性がきわめて高いと指摘している[44]。そのうえで同地方裁判所は，控訴審の審査が完了するまで決定の効力を停止するとした[45]。それに対し控訴審は効力停止解除命令を出しただけであり，合衆国最高裁判所も効力停止の問題を審査しなかった[46]。

(3)　通信事業者とケーブル事業者の相互所有規制

1960 年代に地域電話会社は，ケーブル・サービスの提供及びケーブル事業者のための地域伝送施設の建設，リースを積極的に行った[47]。これに対しFCC は，これらの活動が通信事業に該当するとして，1934 年通信法に基づいた規制を行った[48]。1966 年に FCC は，ケーブル事業者がケーブル敷設のために必要な電信柱（pole）と導管（conduit）に対する通信事業者のコントロールによって，通信事業者は，他のケーブル事業者の参入を支配し，正当な理由なく広帯域のケーブル施設に対する通信事業者の独占的地位を拡大していると認定した[49]。その際 FCC は，広帯域ケーブル設備及びサービスの開発・利用のた

---

43) United States v. Western Elec. Co., 900 F.2d 283（D.C.Cir. 1989）（per curiam）, *cert. denied*, 498 U.S. 911（1990）.

44) United States v. Western Elec. Co., 767 F. Supp. 308, 326（D.D.C 1991）, *stay vacated*, 1991-2 Trade Cas.（CCH）¶ 69610（D.C.Cir. Oct. 7, 1991）（per curiam）, *rev. denied*. 502 U.S. 932.

45) 767 F. Supp. at 332.

46) United States v. Western Elec. Co., 1991-2 Trade Cas.（CCH）¶ 69610（D.C.Cir. Oct. 7, 1991）.

47) この問題については，菅谷実『アメリカの電気通信政策―放送規制と通信規制の境界領域に関する研究―』（日本評論社・1989 年）参照。

48) Order Requiring Common Carrier Tariffs for CATV Sys., 4 FCC 2d 257, 260（1966）.

めの競争的環境を維持することが公共の利益に資するとし、また競争によって通信事業者へのコントロールの不当かつ不必要な集中が解消されると結論づけている[50]。

そしてFCCは、通信事業者による公衆への映像番組提供を禁止する規則を制定した。具体的には、まず通信事業者によるその電話サービス提供地域での公衆への映像番組サービスの提供、共同所有若しくは自らの支配下にある会社への電信柱又は導管のスペースのリースを禁止した。そして、通信事業者がその電話サービス提供地域内においてケーブル伝送施設を建設又は運営する場合には、直接若しくは間接的に、ケーブル事業者と関連又は提携関係を有しないことを通信事業者が明らかにするよう命じた。さらにケーブル敷設申請時に、サービス提供予定のケーブル・システムが、随意に、相当な料金でかつ不当な制約なく電信柱設置権（pole attachment rights）を提供することを証明し、それが地域フランチャイズ担当部局によって承認されなければならないとした。

1981年にFCCは、再度この規則について検討し、その規制根拠として電信柱等へのコントロールに代えて、通信事業者がケーブル事業に参入するために、独占的な地域電話サービスからの収入を流用することの防止が提示された[51]。それに加えて、原価よりも低く設定された価格でのケーブル・サービスの提供のために、通信事業者が同規則に従って得た料金による利益を利用した場合、当該ケーブル事業者が当該事業から排除されることも根拠とされた[52]。

さらに合衆国議会は、これまでのFCCによる通信事業者に関する相互所有規制をほぼそのままの形で、1984年ケーブル通信政策法において規定した（47 U.S.C. §§521-559)。

---

49) Applications of Tel. Cos. for Section 214 Certificates for Channel Facilities Furnished to Affiliated Community Antenna Television Sys., 21 FCC 2d 307, 324 (1970).

50) *Id.* at 325.

51) K. Gordon et al., FCC Office of Plans & Policy, Policy on Cable Ownership: A Staff Report, Nov. 17, 1981, at 162.

52) *Id.* at 153.

第 6 章　修正第 1 条における通信事業者の位置づけ

3　小　括

　当初コモン・キャリア法理が想定していたのは 1 対 1 の私的な通信であり，それに基づいて差別的な取扱いを行うことが禁止されてきたのであるが，976 番回線のようなコモン・キャリアの対象となりにくいサービスが登場したことに対して，通信事業者の業務を基本業務，付帯業務の 2 つに分類し，1 対 1 の通信を基本業務とし，基本業務に関しては従来通りのコモン・キャリアとしての義務を課し，それ以外の付帯業務については，修正第 1 条の保障対象とし，通信事業者の自主的判断を尊重することとなった。ただ，この時期においては，わいせつな内容の通信の伝送拒否のように，受動的な事例しかその対象となっていなかった。

　また通信事業以外の通信事業者の活動に関しては，通信事業規制確立期と同様に，通信事業者の市場独占力に着目した規制が行われたが，放送に加えてケーブルが出現したことにより，また別の観点からの言論市場等の検討が必要となり，規制緩和の可能性も検討されることとなったといえる。

Ⅳ　メディア融合と修正第 1 条

1　ビデオ・ダイアルトーンの導入

　1980 年代の情報通信技術の進歩，ケーブル産業の成長をうけて，1991 年に FCC は，通信事業者によるビデオ・ダイアルトーン（video dialtone）という映像番組サービスの提供を認める方針を明らかにした[53],[54]。ビデオ・ダイアルトーンに関する規則制定の目的として，①多くのコミュニティにおける経済発展の促進のためのさらなる可能性を提供する高度な電気通信基盤開発にむけた投資機会の増大，②政府による規制よりも自由市場の力が新しいサービスの成功又は失敗を決定する映像・通信市場における一層の競争の促進，③消費者の選択のさらなる機会を創出するための映像サービスの多様化の促進の 3 つが提示された[55]。

　そして FCC は，修正第 1 条，特に情報の多様性の確保の観点から，同規則のあり方について検討している[56]。まず FCC は，同サービスを認めることによって，端末利用者へ映像番組及びその他のサービスを送ることができるコモ

IV　メディア融合と修正第1条

ン・キャリア・プラットホームを多様なサービス提供業者が利用でき，消費者に多様なサービス提供業者がサービスを提供できる基本的ネットワーク機能への公平原理に基づいた平等なアクセスが可能となるとの認識を示している。それと同時にFCCは，公平原理に基づいた「サービスを提供できる十分な容量を提供しなければならない一方で，……技術及びネットワークの方向性が政府よりもむしろ電話会社によって決定されるべき」と市場競争原理を基本とした政策方針を採用することを明らかにし，同規則が「基本的プラットフォームの顧客であり，その建設及び（又は）運営に相互関係を有し，又は共有している映像番組制作者との関係でのみ，電話会社が『キャリア＝利用者』（carrier-user）関係を逸脱できると規定する」ものであり，コモン・キャリアとしての基本義務の履行を徹底するものであるとしている。その際にはまた，コモン・キャリアとしての基本義務を果たしたうえでの競争を認めることにより，競争主義の弊害が生じないよう制度設計がなされている。このことについてFCCは，コモン・キャリア・プラットホームが，通信事業者等がビデオ・ゲートウェイ

---

53) Telephone Co.-Cable Television Cross-Ownership Rules, 7 FCC Rcd 300 (1991). FCCは，ビデオ・ダイアルトーンについて「地域交換業者が現行の映像転送に加えて，様々な非番組サービス提供するビデオ・コモン・キャリッジの拡充版である。……ビデオ・コモン・キャリッジは，私的な回線でもって，又は一対多地点間の提供を行う。又は，そのスイッチ・システムは大部分実験段階であるが，スイッチによる変換可能なものとなる。最終的にビデオ・コモン・キャリッジは，既存のスイッチ変換狭帯域ネットワークと類似する広帯域ネットワークでもって提供可能となる。このようなネットワークは，映像信号をすべての加入者が他の加入者へ転送，又は彼から受信することを可能とする」と述べている。Antia Wallgren, U.S. Dep't of Commerce, Video Program Distribution and Cable Television: Current Policy Issues and Recommendations 32-60（NTIA Rep. No. 88-233, 1988), 3 FCC Rcd at 5856-57.

54) そしてFCC以外にも，司法省（In re Telephone Company–Cable Television Cross Ownership Rules, "Department of Justice Cross-Ownership Rules Reply," CC Docket No. 87-266, 44-45（Mar. 13, 1992））や全米電気通信情報庁（National Telecommunications Information Administration, NTIA）が，同規則の合理性を疑問視し，廃止又は大幅な緩和を提言していた（The NTIA Infrastructure Report (October 1991))。

55) 3 FCC Rcd at 5787.

56) Id.

第6章　修正第1条における通信事業者の位置づけ

等のサービスを競争主義に従って提供する基盤としての役割を果たすと同時に，公平原理に基づいて自らのサービスの基盤となるプラットホーム・サービスを通信事業者から獲得した他のサービス提供業者との競争の中で，通信事業者が反競争主義的な行為を行う危険性について認識しつつ，同規則によって対応できると強調している。

以上をふまえて FCC は，通信事業者がその電話サービス提供地域内で，加入者に直接提供される映像番組に対して認識可能な財務上の利益を有する又は編集上のコントロールを行使すること等を禁止する規則を制定した[57]。さらに FCC は，適切なセーフガードを講じつつ，地域電話会社がその電話サービス提供地域において加入者に直接映像番組を提供することを認める法改正を行うよう合衆国議会に勧告した。FCC は，その基本的視点として，①映像市場における競争の促進，②高度なインフラ整備に必要な投資の促進，③公衆が利用可能なサービスの多様化をあげている[58]。その際 FCC は，ケーブルが全米世帯の 90％に多チャンネル・サービスを提供し，現在 200 億ドル産業となっている点を指摘して，「地域電話会社による反競争主義的行為は，ケーブル産業の驚異的な成長によって弱められた」との事実認識を示したうえで，垂直統合が提供される映像番組を増加させるとし，「残存する地域電話会社による反競争主義的行為の危険性は，地域電話会社の参入によって得られる公共の利益より重要ではない」と結論づけている[59]。

2 *Chesapeake & Potomac Telephone Co. v. United States* 合衆国第4巡回区控訴裁判所判決

さらに相互所有規制見直しの中で，ある通信事業者が一般家庭への映像番組サービス提供の申請を拒否されたことを不服として，通信事業者のサービス提供地域内での映像番組サービスの提供を禁止する 1984 年ケーブル通信政策法の規定（47 U.S.C. §533 (b)）が修正第1条に違反するとして訴訟を提起した，

---

[57] *Id.* at 5789.
[58] *Id.* at 5847.
[59] *Id.* at 5849.

IV　メディア融合と修正第 1 条

1994 年の *Chesapeake & Potomac Telephone Co. v. United States* において合衆国第 4 巡回区控訴裁判所は，同規定が通信事業者の言論の自由を不当に制約していると判示している[60]。本件判決においては，通信事業者による映像番組サービスが修正第 1 条上どのように位置づけられるかについて検討された後，具体的な審査基準の適用が行われている。そこでは，同年の *Turner I* 判決が提示したケーブルに関する修正第 1 条上の法理を前提とした判断がなされている[61]。

まず，この規制が経済規制ではなく，言論規制となるかについては，同規定が地域電話会社のみを規制していること等から，通信事業者の保護される言論を制約しているとされている[62]。次に放送メディアと同一に捉えるべきかについて同控訴裁判所は，放送以外のメディアに稀少性を認めることが *Turner I* 判決において明確に否定されているとし，また，地域電話会社が地域接続における独占を保障される対価として一定程度の言論の自由を放棄するよう要求されるとする対価特権については，「そのような対価に拘束されるということが認容されるものであるとしても，コモン・キャリアとしての地位による便益は州及び地方政府によって付与されるものであり，第 533 条（b）は連邦政府によって電話会社に課せられる負担であるがゆえに，真の対価というものではない」として退けて，*Turner I* 判決で採用されたケーブルと同一の審査基準が適用されると結論づけている。

そのうえで同控訴裁判所は，同規定が内容中立規制であり，審査基準として *O'brien* 判決基準が適用されるとしている。その根拠としては，同規定が通信事業者による映像番組の提供を規制している点が重視され，同規定が「送信されるメッセージの内容にかかわらずに，電話会社による『映像番組』の提供を禁止している」ことがあげられている[63]。そして，「その言論の有するインパ

---

60) Chesapeake & Potomac Telephone Co. v. United States, 42 F.3d 181 (4th Cir. 1994), *cert. granted*, 515 U.S. 1157 (1995), *vacated and remanded*, 516 U.S. 415 (1996).
61) Turner Broadcasting Inc. v. Federal Communications Commission, 512 U.S. 622 (1994). 同判決につき，本書第 4 章参照。
62) 42 F.3d at 191-2.
63) 42 F.3d. at 193.

第 6 章　修正第 1 条における通信事業者の位置づけ

クトに基づいてその言論を検討することが，内容に基づく規制とはならない。特に政府は，言論の内容に基づいて差別的取扱いがなされないと仮定される『態様』の制約に従って配信しているか否かを正当に検討することができる」として，同規定が当該言論が映像番組という形態でなされるか否か，すなわち言論の配信モードのみでもって区別しているとされている[64]。さらに同控訴裁判所は，*Turner I* 判決に基づいて，同規定による「発言者の区分は，すべてケーブル通信に固有の特定の経済的及び物理的状態に基づいて正当化される」と指摘し，また同規定の「『明確な目的』は，ケーブル伝送市場において電話会社による独占的活動を禁止すること，家庭及び企業へのアクセスに関する電子的手段の所有の多様性の確保というものであり，特定の内容の番組の伝送を電話会社が行うことを禁止するものではない」とし，一方で，内容に基づいて言論に利益を与え，又は負担を課すようなことをせず，同規定は，自らは支持しない見解を表明させることを電話会社に対して強制しておらず，自らの見解を表明することを禁止してもいないと認定している[65]。

　以上に基づき同控訴裁判所は，*O'brien* 判決基準の具体的内容として，①第533条（b）が達成しようとしている政府利益が重要であるか，②同規定がその利益を達成するために限定的に画定されているか，③同規定が情報のコミュニケーションの適切な代替的手段の余地を残しているかの 3 点に関する検討を行っている。まず①の重要な政府利益に関しては，政府が提示した「ケーブル・メディアにおける電話会社による内部補助，電信柱アクセス差別の制限」，「コミュニケーション・アウトレット所有，家庭・企業への電子的アクセス手段の多様性確保」の 2 つが，*Turner I* 判決が情報の多様性の確保等を重要な政府利益としたことに従って，重要な政府利益であるとされている[66]。

　しかし，②の同規定が限定的に画定されているかにつき同控訴裁判所は，合衆国議会が十分な事実認定を行っておらず，立法過程においても「コミュニケーション・アウトレット所有の多様性確保に関する声明しか提示していな

64）*Id.* at 194.
65）*Id.* at 196.
66）*Id.* at 198-99.

い」と指摘し,「合衆国議会は,単に利用可能な一定割合のチャンネルの映像番組への電話会社の編集上のコントロールを制限することが可能であった。すなわち電話会社は,コモン・キャリア法理に依拠して,内容に関係なく様々な映像番組制作者に対してチャンネルを均等にリースするよう命じられる」と認定して,市場への脅威を除去するために,同規定が言論に対し必要以上に重大な負担を課さない根拠を政府が提示していないことから,同規定は限定的に画定されていないと結論づけている[67]。また③のコミュニケーションの適切な代替的手段の余地を残しているかについては,同規定が「電話会社が,編集上の裁量を有しながら,ケーブル市場に参入することを完全に禁止して」おり,「修正第1条は,一定の時間又は場所での特定の表現の方法・類型を禁止する言論規制を許容するが,特定の表現方法を完全に禁止することは,許容される範囲の規制ではない」と結論づけられている[68]。

　本件判決で通信事業者による映像番組サービス禁止は違憲であるとされたが,審査基準のあり方が詳細に検討されている点が注目される。それは,*Turner I* 判決がケーブルの修正第1条上の地位を明らかにしたことが影響している。本件判決では,映像番組サービスにおいて電話会社がケーブルと同様に物理的特性を有することが示され,通信事業者の映像番組サービスが放送メディアよりも修正第1条の保護を受けることとなった。しかし,これはあくまでも映像番組サービスに関するものであって,コモン・キャリアの基本業務には関係がないという点に留意する必要がある[69]。

　通信事業者は,本件判決を不服として合衆国最高裁判所に裁量上訴を申し立

---

67) *Id.* at 201-02.

68) *Id.* at 202.

69) 本件判決は,電話会社の修正第1条の権利に関する最初の司法判断であり,その後,同様の訴訟が多数提起されることとなった。*See* BellSouth Corp. v. United States, 868 F. Supp. 1335 (N.D.Ala. 1994); Ameritech Corp. v. United States, 867 F. Supp. 721 (N.D.Ill. 1994); US West Inc. v. United States, 855 F. Supp. 1184, 1193 (W.D. Wash. 1994).) これらの状況につき, *See* David J. Atkin, *Video Dialtone Reconsidered: Prospects for Competition in the wake of the Telecommunications Act of 1996*, 4 COMN. L. & POLY 35 (1999).

第6章　修正第1条における通信事業者の位置づけ

て，受理されたが，1996年電気通信法第653条（47 U.S.C. §573）でもって，ビデオ・ダイアルトーンに代わって，OVS として映像番組サービスの提供を認める規定等がおかれたことから[70]，訴えの利益が消滅したとされた。

3　小　括

メディア融合によって，通信とその他のメディアを区別する技術的理由が存在しなくなったこと，またケーブル産業の急成長による通信事業者の市場独占力の相対的低下によって，通信事業者が積極的に自らさまざまな内容の言論を提供することを認めることが可能になったということができる。そして通信事業者が修正第1条の保障の対象となるのであれば，では，いかなる合憲性審査基準が適用されるのかが検討されなければならなくなるが，*Chesapeake* 判決はその1つの試みということができる。

V　おわりに

以上の検討から，修正第1条上の通信事業者の位置づけについて，次の点を指摘できる。

まず通信事業者に関しては，コモン・キャリア法理と事業者の市場独占力それぞれに基づいて，別個の規制がなされてきているといえる。コモン・キャリア法理に基づく業務は修正第1条の保障の対象外とされるが，事業者の市場独占力に基づいた規制は，市場独占力が減少ないしは消滅したと認められたならば，修正第1条の観点から規制の緩和・廃止が検討されるようになっているといえる。

次に，メディア環境の分析が具体的かつ実証的である。この点についてアメリカの憲法・メディア法理論においては一般的な考え方であることを指摘してきたが，通信分野においても，思想の自由市場が単なる観念論ではなく，経済

---

70) 1996年電気通信法によって通信事業者のケーブル事業への参入が認められたことから，通信事業者が，OVS 以外にも，コモン・キャリア又はケーブル事業者のいずれかの形式で映像番組サービスを提供できるようになった。

V　おわりに

法上の市場の見方と対比されつつ，議論されている。もちろん，経済的見地からの分析の問題点も少なくないが，思想の自由市場論に関する議論が多角的になされている点は，注目される。そしてこの市場においては，通信，ケーブル，放送が同列におかれている。わが国の言論の自由論において，通信と放送を同列に扱うことに消極な立場が多いが，融合状況にあっては説得力に乏しい。そして放送と同等に，通信事業者の言論の自由についても，具体的かつ実証的に検討する必要がある。もっとも，このような現行メディアの形態をもとにした議論が十分であるかについても検討する余地があり，融合をうけた新たな枠組みの構築にむけた議論も必要となる[71]。

---

71)　アメリカにおいてこの点を指摘するものとして，*See* Fred H. Cate, *Telephone Companies, the First Amendment, and Technological Convergence*, 45 DePauL L Rev 1035 (1996).

第 7 章　ネットワーク中立性原則と修正第 1 条

I　はじめに

　アメリカのインターネット政策は，1996 年電気通信法に基づいて，それまで 1934 年通信法に基づいて放送，通信等の電子メディアに関する規制を行ってきた FCC によって，実施されてきた。そのなかで 1996 年電気通信法が市場競争を重視し，規制緩和を基本政策としていることから，インターネットを普及させるために市場競争を基本としつつ，インターネット普及が不十分である場合にのみ規制が認められてきた。

　1996 年電気通信法制定以降，アメリカ社会にインターネットが広く普及し，さらにブロードバンド化が進んだ[1]。そこではケーブル事業者，通信事業者がブロードバンドによるインターネット接続サービス事業に参入した。そして各ブロードバンド接続事業者（Broadband Provider, BP）間による競争の中で，競合他事業者に対抗するために，Amazon や Google といったインターネット上でコンテンツ，アプリケーション及びサービスを提供するエッジ・プロバイダ（edge provider）や，それを利用するエンド・ユーザー（end-user）等による通信を制限する等の差別的な行為が問題となった。そこで，輻輳の防止等の必要最

---

[1] FCC の調査によると，2013 年 12 月時点で，下り 10 Mbps 以上のブロードバンド接続サービスの契約件数は，112,200,000 件である。FCC, Instruction for Local Telephone Competition and Broadband Deployment < https://transition.fcc.gov/Forms/Form477/477inst.pdf#search=%27Local+Telephone+Competition+and+Broadband+Deployment%27 >（2019 年 10 月 13 日最終検索）

低限のネットワーク管理のための措置を除いた差別的行為を規制し，利用者が自由にインターネットにアクセスし，その恩恵を受ける環境整備の必要性が認識されるようになった。そこで提唱されたのが，ネットワーク中立性（network neutrality）原則である。しかしながら，同原則に対して，BP の言論の自由を不当に制限しているのではないかとの批判がなされるようになった。

特にここで問題となっているのは，BP が表現の自由を享有するか否かである。それまで通信事業者はコモン・キャリア（common carrier）であり，第6章で検討したように，表現の自由を有しないと考えられてきた。しかしながら通信事業者と同時に，表現の自由を享有するケーブル事業者がブロードバンド接続サービス事業に参入したことから，BP はコモン・キャリアではないとの見解が有力となり，表現の自由保障の問題が生じている。それに対して，BP もコモン・キャリアであって表現の自由を享有しないという見解，BP の差別的行為を重視し，ネットワーク中立性原則は表現の自由の正当な制約であるとの見解が提示され，盛んに議論されている。またアメリカでは，電気通信事業者が自らに関する法規制を争う手段として，表現の自由を主張する傾向が1990年代後半以降顕著となっていることも，この議論を刺激しているといえる[2]。

ネットワーク中立性に関してわが国では，2007年の総務省ネットワークの中立性に関する懇談会『ネットワークの中立性に関する懇談会報告書』のように，2000年代半ばから議論がなされてきている[3]。ただアメリカとは異なり，日本国憲法第21条2項で通信の秘密が規定されており，通信内容について通信事業者が差別的取扱いを行うことが原則として禁止されていることから，ネットワーク中立性原則に関する議論も，インターネット上の自由な言論の保障に焦点があてられ[4]，インターネット接続事業者が表現の自由を享有しうる

---

2) *See* Joseph D. Kearney & Thomas W. Merrill, *Thegreat Transformation of Regulated Industries Law*, 98 COLUM. L. REV.1323, 1370 (1998).
3) この問題に関しては，憲法の他にも経済法の観点からの分析も行われている。経済法からの分析として，東條吉純「アメリカ連邦通信委員会によるネットワーク中立性規則——差別行為の規範的分類の試み——」立教法学85号（2012年）508頁参照。

かに関する議論はあまり盛んではなかった。

しかしながら、通信と放送の融合現象が進行した結果、メディアに関する法概念も相対的なものとなっている。そのなかで「公然性を有する通信」との表現の自由を前提とした新たな法理も提唱されている。また日米両国とも、ブロードバンドによるインターネット接続サービス事業に、通信事業者及びケーブル事業者が参入している。このことから、通信事業者が有する表現の自由に関して整理する必要がある[5]。

そこで本章は、まず通信、放送等のアメリカのメディア規制に関する法構造及び 2010 年のオープン・インターネット命令（Open Internet Order）[6] 以前のFCC によるブロードバンド接続サービス規制の試みを整理する[7]。次に本命令の内容及び本命令の妥当性が争点となった 2014 年の *Verizon v. Federal Communications Commission* に関する合衆国コロンビア地区控訴裁判所判決[8] について分析を行う。そのうえで、BP が表現の自由を享有するか否かに関するアメリカの議論状況を検討する。

---

4) 海野敦史「通信役務の利用における『法の下の平等』に関する序論的考察——アメリカオープンインターネット規則の概観——」情報通信学会誌 32 巻 1 号（2014 年）25 頁、27-28 頁参照。

5) なお、ここで注意しなければならないのは、アメリカでネットワーク中立性が議論されるのは、ブロードバンド接続であって、ナローバンド接続は問題となっていない点である。

6) In the Matter of Preserving the Open Internet, Broadband Industry Practices, Report and Order, 25 FCC Rcd 17905（2010）.

7) この点につき、中崎尚「ネットワークの中立性からオープン・インターネットへ——アメリカ FCC 新規則を中心に——」情報ネットワーク・ロー・レビュー 10 巻（2011 年）34 頁以下参照。

8) Verizon v. Federal Communications Commission, 740 F.3d 623（D.C. Cir. 2014）.

II　アメリカの電子メディア規制に関する法構造

1　修正第1条におけるメディアの位置付け

アメリカのメディアに関する法制度は，言論・プレスの自由を保障する修正第1条を基礎におき，また「出版」（publishing），地上波によるテレビ・ラジオ放送を意味する「放送」（broadcasting），「通信」（common carriage），「ケーブル」（cable）等の別個の修正第1条に関する法理論が構築されてきた。そこでは，各メディアの特性に基づいた規制根拠論が提示され，各メディアに関する法規制につき，メディア別の合憲性判断基準が構築されてきた[9]。

まず出版に関しては，合衆国憲法制定当時より存在するメディアであり，規制を正当化する出版メディア固有の特性が認められず，自然人と同程度のほぼ無制約な自由が保障されている[10]。一方放送に関しては，「電波の有限稀少性」（scarcity）及び「社会的影響力」（pervasiveness）が放送固有の特性として認定されることから放送規制に関する合憲性判断基準が緩和され[11]，番組内容規制，所有規制等の広範な規制が行われてきた[12]。また，ケーブルに関しては，放送のような特性は認められず，広範な規制は正当化されないが，ケーブル事業者のゲートキーパー的性格に着目し，同事業者がボトルネック的コントロールを有していることがケーブル固有の特性であるとされ，出版と放送の中間レベルの厳格な合憲性判断基準が用いられている[13]。

他方，通信に関しては，同メディア誕生の当初から単なるメッセージ運送業

---

[9]　アメリカの修正第1条上の電子メディアの位置づけに関しては，本書第1章参照。

[10]　Miami Herald Publishing Co. v. Tornillo, 418 U.S. 241（1974）.

[11]　電波の有限稀少性に関する判例として，Red Lion Broadcasting Co. v. Federal Communications Commission, 395 U.S. 367（1969）. 社会的影響力に関する判例として，Federal Communications Commission v. Pacifica Foundation, 438 U.S. 726（1978）.

[12]　近時の放送番組内容規制に関する修正第1条の観点からの検討として，佐々木秀智「デジタル時代の放送メディア規制とアメリカ合衆国憲法修正第1条」明治大学社会科学研究所紀要51巻2号25頁以下参照。所有規制に関しては，本書第2章，3章参照。

第7章　ネットワーク中立性原則と修正第1条

者であると位置づけられ，物品の運送に関して中世より構築されてきたコモン・ロー上の「コモン・キャリア」(common carrier) 法理が，通信にも類推適用されることとなった[14]。コモン・キャリア法理においては，第三者のメッセージをそのまま伝送しなければならないことから，通信事業者は修正第1条上の保護をうけないとされてきた。しかしながら，メディア融合現象により，通信事業者による映像コンテンツ配信サービスが技術的に可能になり，そこで配信されるコンテンツを事業者自らの編集上の裁量 (editorial discretion) でもって決定できるようにすべきであるとの見解が一般的に支持されるようになった[15]。この編集上の裁量の存否が通信事業者が修正第1条の保障対象となるか否かの判断基準となり，通話等の基本サービス (basic service) は，コモン・キャリアとして修正第1条の保障対象とはならず，コンテンツ配信等の付帯サービス (enhanced service) は，修正第1条の保障対象となるとする合衆国控訴裁判所判例が形成された[16]。これらの合衆国控訴裁判所判例においては，コンテンツ配信サービスに関する事業者の編集上の裁量が認められ，またケーブルと同様のボトルネック的コントロールの存在が認定され，ケーブルに関する合憲性判断基準が類推適用されている。

　具体的な法規制に関しては，1934年通信法でもって，通信，放送に関する統一的な法規制に関する枠組が構築され，FCCによって行われてきた。その後，

---

13) Turner Broadcasting v. Federal Communications Commission, 512 U.S. 622 (1994) (*Turner I*); Turner Broadcasting v. Federal Communications Commission, 520 U.S. 180 (1997) (*Turner II*). またケーブル規制に関する修正第1条の検討として，本書第4章参照。

14) National Association of Regulatory Utility Commissioners v. Federal Communications Commission, 525 F.2d 630 (D. C. Cir.), *cert, denied*, 425 U.S. 992 (1976); National Association of Regulatory Utility Commissioners v. Federal Communications Commission, 533 F.2d 601 (1976). 本書第6章参照。

15) 修正第1条上の保護の対象となる表現行為に関する判断基準として，本文でいう編集上の裁量の存在が *Turner I* 判決で採用されている。See 512 U.S. at 636.

16) Chesapeake & Potomac Tel. Co. v. United States, 42 F.3d 181 (4th Cir. 1994); U.S. West, Inc. v. United States, 48 F.3d 1092 (9th Cir. 1994).

新たなメディアが出現するたびに，新規立法，FCC による対応等が行われてきた。

2　FCC による BP 規制の試み

第6章で検討したように，コモン・キャリアとしての通信事業者は，表現の自由を享有しないとされている。そして 1934 年通信法第2編（Title II）は通信事業者規制に関するものであり，第2編の規制対象となるのは，基本サービスを提供する事業者であり，付帯サービスを提供する場合には，通信事業者として規制されなかった[17]。そこでは，通話が基本サービスであり，コンテンツ，コード，プロトコル及びその他の加入者情報の側面に作用するために利用されるコンピュータ処理アプリケーションに関連するサービスが付帯サービスとされていた[18]。

そしてコモン・キャリアとされたならば，「合理的な求めに基づいて通信サービスを提供」する義務が課され，また「課金，業務，分類，規制，設備若しくはサービスに関して不公正又は不合理な差別」を行ってはならず（47U.S.C. §201 (a)），課金は「公正かつ合理的な」料金でなければならないとされた（47U.S.C. §201 (b)）。これらの義務は付帯サービスを提供する事業者には課されなかったが，基本サービスが提供される伝送設備を所有する事業者は，完全に分離された会社法人を通じてのみ付帯サービスを提供すること，また他の付帯サービス提供事業者に対してコモン・キャリア原則に基づいて伝送設備を提供することが義務づけられている。

さらに，1996 年電気通信法は，この分類をふまえて，基本サービス提供事業者に相当するものを「電気通信事業者」（telecommunications carrier），付帯サービス提供事業者に相当するものを「情報サービス提供事業者」（information service carrier）と定義した（47U.S.C. §153 (24), (50), (51), (53)）。そして「電気通信事業者は，電気通信サービスの提供に従事する範囲においてのみ，この法律

---

17) In re Amendment of Section 64.702 of the Commission's Rules and Regulations, 77 FCC 2d 384, 387 (1980).

18) *Id.* at 420.

に基づいてコモン・キャリアとして取り扱われなければならない」と規定され（47U.S.C. §153 (51)），情報サービス提供事業者はコモン・キャリアの対象外とされた（47U.S.C. §153 (53)）。

同法に基づいて FCC は，電話回線を用いてブロードバンド・インターネット接続サービスを提供するデジタル加入者線（DSL）サービスを電気通信事業者とした[19]。しかしながら，ケーブル事業者の提供するブロードバンド接続サービスに関しては，「単一の統合された情報サービスを提供」しているとして電気通信事業者でないとされ，第2編の適用除外とされた[20]。この FCC の決定が問題となった，2005年の *National Cable & Telecommunications Association v. Brand X Internet Service* において合衆国最高裁判所は，FCC の決定が1996年電気通信法の電気通信サービスの定義に関する抽象的な規定について合理的な解釈を提示しており，当該決定は，同規定に関する過去の FCC の解釈と矛盾するものであっても，裁量の範囲内であるとしている[21]。

Brand X 判決をうけて FCC は，DSL 携帯端末等によるブロードバンド接続についても検討を行い，すべての BP が情報サービス提供事業者であり，第2編のコモン・キャリア義務の適用除外となるとした[22]。

もっとも FCC は，2005年9月に公表したインターネット政策声明（Internet Policy Statement）において，BP に対して規制を行う可能性を示唆した。同声明

---

19) In re Deployment of Wireline Services Offering Advanced Telecommunications Capability, 13 FCC Rcd 24012（1998）.

20) In re Inquiry Concerning High Speed Access to the Internet Over Cable and Other Facilities, 17 FCC Rcd 4798（2002）.

21) National Cable & Telecommunications Association v. Brand X Internet Service, 545 U.S. 967（2005）.

22) In re Appropriate Framework for Broadband Access to the Internet Over Wireline Facilities, 20 FCC Rcd 14853, 14862（2005）; In re Appropriate Regulatory Treatment for Broadband Access to the Internet Over Wireless Networks, 22 FCC Rcd 5901, 5901-2（2007）; In re United Power Line Council's Petition for Declaratory Ruling Regarding the Classification of Broadband over Power Line Internet Access Service as an Information Service, 21 FCC Rcd 13281, 13281（2006）.

Ⅱ　アメリカの電子メディア規制に関する法構造

において FCC は，インターネット接続のための電気通信又はインターネット上のサービスの事業者が中立的に運用できるのを確保するために，通信法第2編に基づく規制権限が FCC にあるとしつつ，「公開性及び公共の利益の相互関連する性格を維持し，促進する」ために，消費者は，①自ら選択する合法的なインターネット・コンテンツへのアクセス，②法執行の必要性を条件とした，自ら選択するアプリケーションの実行及びサービスの利用，③自ら選択した，ネットワークに危害を与えない合法的な端末機器によるインターネット接続，④ネットワーク事業者，アプリケーション及びサービス提供事業者並びにコンテンツ提供事業者間の競争による恩恵の享受，の4つの権利を有しているとしている[23]。そして FCC は，合理的なネットワーク管理を条件として，これらの基本原則を今後の政策決定に組み入れていくとした[24]。また FCC は，BP がこれらの基本原則に違反すれば，違反行為に対して何らかの措置を講じるのを躊躇しないとしていた[25]。

　その後，ケーブルでのブロードバンド接続サービスを提供している Comcast 社の契約者から，P2Pネットワーキング・アプリケーションの利用が同社によって妨害されているとの苦情が FCC に寄せられ，FCC は，同社の行為が「連邦の政策に違反する」と認定し，同社に対してインターネット政策声明を遵守するよう命じた[26]。その際に FCC は，自らの規制権限を，「FCC は，その権限の行使に必要な場合，本章の規定に違反することなく，何らのまたすべての行為を行い，規則及び規制を制定し，命令を発することができる」との通信法第4条（i）（47U.S.C. §154（i））に基づいて判例法上認められてきた「付随的管轄権」（ancillary jurisdiction）に根拠づけた[27]。

　以上の FCC の決定を不服とした Comcast 社が当該決定の妥当性を争った，

---

23) In re Appropriate Framework for Broadband Access to the Internet over Wireline Facilities, 20 FCC Rcd. 14986, 14988-89 (2005).
24) *Id.* at 14990 n. 15.
25) 20 FCC Rcd at 14904.
26) In re Formal Complaint of Free Press and Public Knowledge Against Comcast Corp. for Secretly Degrading Peer-to-Peer Applications, 23 FCC Rcd 13028 (2008).
27) *Id.* at 13059-60.

2010年の *Comcast Corp. v. Federal Communications Commission* において合衆国コロンビア地区控訴裁判所は，当該決定が制定法上の根拠を欠いているとして無効としている[28]。

その際同控訴裁判所は，まず付随的管轄権が認められるか否かの判断基準として，①通信法第1編に基づいて FCC に付与された一般的な管轄権が当該規制対象事物を対象としているか，②当該規制が FCC に対して制定法上命じられた義務の効果的履行に合理的に付随するか，の2点をあげ，FCC が Comcast 社への命令を発する制定法上の権限が合理的に付随することを証明していないと認定している[29]。その根拠として同控訴裁判所は，FCC がその付随的管轄権を政策声明のみに根拠づけるのを認めることは，「行政機関は，合衆国議会が当該機関に権限付与した範囲内で活動できる」との自明の原則に違反すると結論づけている[30]。

以上から，*Brand X* 判決で合衆国最高裁判所がケーブル事業者によるブロードバンド接続をコモン・キャリアではないとしたことにより，コモン・キャリアである電気通信事業者によるブロードバンド接続サービスを，コモン・キャリアとすることができるかが問題となったといえる。

III　オープン・インターネット命令

Comcast 判決をうけて 2010年12月に FCC は，オープン・インターネット命令を公表した[31]。本命令において FCC は，「イノベーション，投資，雇用の創出，経済成長，競争及び自由な表現のための開かれたプラットフォームとして，インターネットを維持する」ための重要な手段を講じ，「インターネット

---

28) Comcast Corp. v. Federal Communications Commission, 600 F.3d 642 (D.C. Cir. 2010).
29) *Id.* at 661.
30) *Id.* at 654.
31) In the Matter of Preserving the Open Internet, Broadband Industry Practices, Report and Order, 25 FCC Rcd 17905 (2010).

Ⅲ　オープン・インターネット命令

上の絶え間ない自由及び公開性に関するより多くの明確性及び安定性を提供すること」を目的として，広範に受容されてきたインターネット上の規範に根拠を有する，「情報公開」(disclosure) 規則，「ブロッキング禁止」(no blocking) 規則，「不合理な差別的取扱いの禁止」(no unreasonable discrimination) 規則の3つを制定した[32]。そして FCC は，これらの規則が，「合理的なネットワーク管理」(reasonable network management) 原則とともに，ネットワークの中核かつ強みである旺盛な民間投資及び急速なイノベーションでもって，インターネットが情報で溢れる状況を維持し続けるのを支援しつつ，消費者及び刷新的事業者 (innovator) をエンパワしし，保護すると確信するとしている。

1　ネットワーク中立性原則の必要性に関する FCC の認識

以上の規則の制定に関する事実認識として FCC は，「インターネットは，その自由さ及び公開性——ネットワークの合法的な利用の排除，またオンライン上の勝者及び敗者の選択を行うゲートキーパーの不在——を理由として，成功してきたことが明らかになった」として，ゲートキーパーの不在という点を重視している[33]。そしてインターネットは公正な競争の場であり，インターネットの公開性が競争を促進するとの認識を示している。

さらに FCC が重要視しているのが，社会のイノベーション及び投資の促進である。そこでは，ブロードバンド接続の導入によって「ネットワーク自体への投資及びその改良を生じさせる，またそれがネットワークのさらなる刷新的な利用並びにコンテンツ，アプリケーション，サービス及び端末機器へのさらなる投資を生じさせるという，投資及びイノベーションの自己強化サイクルが可能となる」とされ，本命令の中心的な目的が投資及びイノベーションのサイクルの促進，加速であるとされている[34]。

そしてネットワーク中立性に関する規制を行う必要性について FCC は，*Comcast* 判決等を念頭におきつつ，①ブロードバンド接続サービスに関してほ

---

32) *Id.* at 17907.
33) *Id.* at 17908.
34) *Id.*

第7章　ネットワーク中立性原則と修正第1条

とんどの消費者が限定的な選択肢しか有しないこと，②オンライン上のコンテンツ及びサービスと競合しうる音声通話及び有料テレビ・サービスに関するBP の財務上の利益，③イノベーション及び通信に関する開放的かつ競争的なプラットフォームの維持に関する経済的・市民的便益の3点を考慮し，BP が提供するサービスに関する一定の基本的基準が公開性の維持に関する利益の確保に必要であるとの認識を示している[35]。そこではまた，インターネットの公開性の維持，オープン・ネットワーク命令違反が生じた際の解決のためのフォーラム及び手続，BP が自らのネットワークを合理的に管理し，ネットワーク技術及びビジネス・モデルに関連するイノベーションを可能にする必要性も指摘されている。

そのうえでFCC は，本命令の必要性に関する具体的理由として，①インターネットの公開性がイノベーション，投資，競争，自由な表現及びその他の全米的ブロードバンド目標を促進すること，② BP はインターネットの公開性を制限するインセンティブ及び能力を有していることを指摘し，BP が公開性を制限する活動を行ってきたと認定している。

①についてFCC は，インターネットが汎用性のある技術であり，公開性がイノベーションを拡散し，またすべてのエンド・ユーザー及びエッジ・プロバイダがコンテンツ，アプリケーション，サービス及び端末機器を開発し，その成功又は失敗を判断するのを可能とすることをその理由としてあげており[36]，また前述のイノベーションのサイクルの構築にとっても公開性が必要であるとしている。

さらにここで注目すべき点として，自由な表現の促進の点について FCC が次のように述べている[37]。

> 「公開性はまた，言論及び民主的政府のためのプラットフォームとしてのインターネットの役割に本質的なものである。十分に情報提供された市民は，機能する民主主義の健全性にとって必要不可欠なものであり，また

---

35) *Id.* at 17908.
36) *Id.* at 17910.
37) *Id.* at 17912.

Ⅲ　オープン・インターネット命令

合衆国議会は，インターネットが『政治的討論の真の多様性，文化的発展のための独自の機会，及び知的生活の多種多様なあり方に関するフォーラムを提供する』と以前より認識してきた。ゲートキーパー的コントロールの欠如のため，インターネットはニュース及び情報の主要な入手源となってきており，十分に情報提供された市民的討論の基礎を形成している。多くのアメリカ人は現在，ニュースの入手をインターネットに依拠しており，その公開性によって，インターネットは自由な表現のための無比のフォーラムとなっている。」

また同時にそこでは情報公開の観点から，「地方，州及び連邦政府機関は，必要的サービスに関する情報提供及びその遂行を含む，公衆とのコミュニケーションのためにインターネット利用を増加させている」点も指摘されている。

ここでFCCが重視しているのが，表現の自由及びその前提となっている民主主義の観点から，十分に情報提供された市民のためのフォーラムとしてインターネットをとらえている点である。またインターネット上にゲートキーパーが不在という点も，ケーブル等の他の電子メディアと異なる点であると認識されている点も注目されるべきである。

他方FCCは，放送事業者，ケーブル事業者等が自ら制作したニュース，娯楽番組等をネット公開しており，それが新たな収益源となっていることも指摘している[38]。

②に関してFCCは，現在のインターネットの公開性を縮減させるBPのインセンティブとして次の3類型を提示している。

・BPは，ブロードバンド接続におけるネットワーク・トラフィックの伝送をコントロールすることによって，特定のエッジ・プロバイダ又はその集団に対して通信の遮断又はその他不利な取扱いを行う経済的インセンティブを有している[39]。

・BPは，すでに自らのインターネット接続に関する支払いを行っているエッジ・プロバイダに対して，エンド・ユーザーへのアクセス又は優先的アク

---

38) *Id.* at 17912-14.
39) *Id.* at 17915.

セスに関して課金することで収益を増大させるインセンティブを有している[40]。

・BPがエッジ・プロバイダに対してエンド・ユーザーへの優先的アクセスに関する課金が有利にできるならば，BPは，自らが提供する非優先的トラフィックサービスの品質を落とす又は向上させないインセンティブを有することになる[41]。

以上の3類型のインセンティブに関してFCCは，これらの脅威はBPがエンド・ユーザーに関連して有している市場支配力に依拠するものではないが，そのほとんどが当該市場支配力によって増幅されるとしている。そして現在のアメリカのほとんどの家庭エンド・ユーザーは，固定のブロードバンド接続サービスに関して1つ又は2つの選択肢しか有していないと指摘している[42]。

一方でFCCは，規制されることによって投資が減少する等のBPに生じるコストについても検討を行っている。しかしながら，ブロードバンド接続サービスの高収益構造にほとんど影響を与えず，規制を遵守するためのコストも著しいものではないとされている[43]。

2 規制根拠の提示

本命令においてFCCは，「ブロードバンド・インターネット接続サービス」(broadband internet access service) について，次のように定義している[44]。

> 「ダイアル・アップを除く，有線又は無線によって，通信役務の運用に付随し，またそれを可能にする何らかの能力を含む，すべての若しくは実質的にすべてのインターネット・エンドポイントへのデータ送信又はデータ受信能力を提供する大衆消費市場の小売サービス。この言辞はまた，前段に規定されたサービスと機能的に同等なものを提供している，又は本節

---

40) *Id.* at 17919.
41) *Id.* at 17922.
42) *Id.* at 17923.
43) *Id.* at 17928.
44) *Id.* at 17932.

Ⅲ オープン・インターネット命令

で定める保護を回避するために用いられていると FCC が認定した,すべてのサービスを含む。」

この定義から,小売客にサービスを提供するケーブル,光ファイバー,携帯通信等のすべての BP が本命令の規制対象となった。なお音声及び映像サービスは,対象外となっている[45]。

そして FCC は,以下のように規定する 1996 年電気通信法第 706 条(a)(47 U.S.C. §1302 (a))[46]に基づいて,「第 706 条(a)は,次世代サービスの普及促進のための立法権限の FCC に対する特定的移譲を規定している」とネットワーク中立性に関する規制を行う権限を正当化している[47]。

「通例,FCC 及び各州の電気通信サービスに規制権限を有する委員会は,公共の利益,便益及び必要に合致する方法で,価格上限規制(price cap regulation),規制対応猶予(regulatory forbearance),地域電気通信市場における競争を促進させる手段又はその他のインフラ投資の障壁を除去する規制手法を最大限活用することによって,合理的かつ時宜に適った方式で,すべてのアメリカ人に高次の電気通信機能の普及を促進させなければならない。」

FCC はまた,1996 年電気通信法の立法経緯(Legislative history)を検討し,特に上院報告書が第 706 条を「この法律の主な目的の 1 つ——高次の電気通信機能の普及の加速——が達成されるのを確実にする」ために必要不可欠な「安全装置」(fail-safe)であるとしている点をあげて[48],第 706 条(a)によって,ネットワーク中立性に関する規制権限が根拠づけられるとしている[49]。

---

[45] *Id.*

[46] なお同条における「高次の電気通信機能」(advanced telecommunications capability)とは,「特定の送信メディア又は技術とは無関係に,何らかの技術でもって利用者が高品質の音声,データ,画像及び映像の電気通信を送出及び受信することを可能にする,高速度でデータ交換されたブロードバンド電気通信機能」と定義されている(47 U.S.C. §1302 (d))。

[47] 25 FCC Rcd at 17971.

[48] S. Rep. No. 104-23 at 50-51.

[49] 25 FCC Rcd at 17969-70.

第 7 章　ネットワーク中立性原則と修正第 1 条

さらに FCC は，包括的な規定である第 706 条 (a) でもって規制権限が認められるならば，その規制範囲が際限なく拡大してしまうとの指摘に対しては，①第 706 条 (a) に基づく権限は，「有線又は無線による通信に関する州際及び外国との通商」に対して FCC による事物管轄権を規定する通信法第 1 条，2 条に従って解釈されなければならないこと，②第 706 条 (a) に基づく FCC の活動は，「すべてのアメリカ人に次世代電気通信機能を合理的かつ時宜に適った方法で普及させ」なければならないこと，③当該普及を促進するための活動は，「公共の利益，便益及び必要に合致させつつ」，特定された様々な手法を最大限活用しなければならないこと，という限定がなされていると反論している[50]。

次に FCC は，第 706 条 (b) において，ブロードバンド接続の普及状況について FCC が調査を行い，「高次の電気通信機能がすべてのアメリカ人に合理的かつ時宜に適った方式で普及しているか否かを判断」するよう命じられており，ブロードバンド接続サービスが十分に普及していないと FCC が判断すれば，「インフラ投資の障壁の除去及び当該電気通信市場における競争の促進によって，当該機能の普及を加速させる迅速な措置を講じなければならない」(47 U.S.C. §1302 (b)) とされている点も規制根拠となるとしている。そのうえで FCC は，2010 年に公表された第 6 次ブローバンド普及報告書 (Broadband deployment report) に基づいて[51]，ブロードバンド接続サービスがすべてのアメリカ人に合理的かつ時宜に適った方法で普及していないと認定して，第 706 条 (b) が発動されると結論づけている[52]。

3　情報公開規則

情報公開規則の目的として FCC は，インターネット・エコシステム全体を通じた競争の促進[53]，「独立した技術者や消費者監視運動家等の第三者が潜在

---

50) *Id.* at 17970.
51) Sixth Broadband Deployment Report, 25 FCC Rcd 9556, 9558 (2010).
52) 25 FCC Rcd at 17972.
53) *Id.* at 17936.

Ⅲ　オープン・インターネット命令

的なオープン・インターネット違反に関する懸念を明らかにするために，ネットワーク管理業務慣行を評価できるようにすること」をあげている[54]。そしてBPのネットワーク管理業務慣行及びパフォーマンス並びに契約条件の開示によって，次のパターンでもって，本命令の目的（特に競争）が達成されるとしている。①開示によって，ブロードバンド接続サービスの購入及び利用に関して十分に情報提供を受けたうえでの選択が可能となり，それがブロードバンド接続サービスに関する競争的な市場を促進し，またオープン・インターネット命令に違反するBPのインセンティブ及び能力を縮減する。②BPの業務慣行へのエンド・ユーザーの信頼が増大することで，エンド・ユーザーによるブロードバンド接続サービスの導入も増加し，それがまたインターネット・インフラへの追加的投資につながる。③開示によって，エッジ・プロバイダがオンライン上のコンテンツ，アプリケーション，サービス及び端末機器の開発・維持，新規事業参入のリスク・便益の調査に必要な情報が入手可能となり，イノベーション，投資，競争を支援する。④開示によって，BPが本命令における諸規則を遵守し，インターネット・コミュニティが問題行動を識別し，対応策を提案できるようになる。⑤開示によって，FCCが本命令における他の諸規則に関する調査，報告，執行に必要な情報を収集できるようになる。またFCCは，公開すべき具体的項目として，ネットワーク管理業務慣行（network management practice），性能特性（performance characteristics），取引条件（commercial term）の3つをあげて内容を検討している[55]。

以上をふまえて本命令で情報公開規則は，次のように規定されている[56]。

　「ブロードバンド・インターネット接続サービスの提供に従事する者は，消費者が当該サービスの利用に関して情報提供を受けたうえでの選択ができるために，またコンテンツ，アプリケーション，サービス及び端末機器に関する業者がインターネット商品の開発，販売及び維持を行うために，自ら提供するブロードバンド・インターネット接続サービスに関するネッ

---

54) *Id.* at 17941.
55) *Id.* at 17938.
56) *Id.* at 17937.

223

トワーク管理業務，性能及び取引条件に関連する適切な情報を公開しなければならない。」

4 ブロッキング禁止規則

ブロッキング禁止規則の目的に関してFCCは，「ブロッキングされることなく，合法的なコンテンツを送受信し，またアプリケーション及びサービスを利用並びに提供する自由は，インターネットの公開性並びに音声通信及び映像・音響番組等の隣接する市場における競争にとって本質的なものである」と述べている[57]。そして本命令においてブロッキング規則は，次のように規定されている。

> 「固定のブロードバンド・インターネット接続サービスの提供に従事する者は，その従事する業務の範囲内において，合理的なネットワーク管理を条件として，合法的なコンテンツ，アプリケーション，サービス又は有害でない端末機器をブロックしてはならない。」

また本規則に関してFCCは，BPが児童ポルノ等の違法コンテンツの送信を拒否することを規制するものではないとしつつ，「BPが特定のコンテンツ，アプリケーション，サービス又は端末機器の利用を効果的に不可能にすることを目的とした，有害ではない端末機器の減速又は品質劣化を禁止する」ものであるとの立場を明らかにしている[58]。

5 不合理な差別的取扱いの禁止規則

不合理な差別的取扱いの禁止規則に関してFCCは，前述のBPが有しているインセンティブへの対応の必要性を指摘し，次のように規定している[59]。

> 「固定のブロードバンド・インターネット接続サービスの提供に従事する者は，その従事する業務の範囲内において，合法的なネットワーク・トラフィックに関する不合理な差別的取扱いを行ってはならない。合理的な

---

57) *Id.* at 17941-42.
58) *Id.* at 17943.
59) *Id.* at 17944.

III オープン・インターネット命令

ネットワーク管理は，不合理な差別的取扱いとならない。」

そして同規則における合理的な差別の判断基準として，①透明性（transparency）[60]，②エンド・ユーザーによるコントロール（end-user control）[61]，③利用に寛容な差別（use-agnostic discrimination）[62]，④標準的な業務慣行（standard practice）[63]，との4項目が提示されている。

他方 FCC は，BP と第三者が直接又は間接に BP の一般加入者によるブロードバンド接続のトラフィックよりも特定のトラフィックを有料で優遇する追加料金制（pay for priority）に関して次の懸念を表明している[64]。①当該料金制が伝統的かつ現行の業務慣行からの顕著なかい離を生じさせる。②このような伝統的規範からのかい離が，インターネットにおけるイノベーション，投資に重大な危害を与える。③当該料金制が非営利のエンド・ユーザーに特に危害を与える。④当該料金制に基づくサービスの提供を望む BP は，当該料金制に基づかないトラフィックに提供されるサービスの質を制限するインセンティブを有している。これらに基づいて FCC は，当該料金制が不合理な差別的取扱い禁止基準を満たさないと結論づけている。

以上の不合理な差別的取扱い禁止規則に関する検討と同時に FCC は，本命令において重要となる「合理的なネットワーク管理」について検討を行っている。まず「合理的なネットワーク管理」について，「特定のネットワーク・アーキテクチュア及びブロードバンド・インターネット接続サービス技術について考慮しつつ，当該管理が適切であり，合法的なネットワーク管理目的を達成するように画定されている場合に，合理的である」と定義している[65]。そして合法的なネットワーク管理目的の例として，①ネットワークに危害を与えるトラフィックへの対応等を含む，ネットワークのセキュリティ及び統一性の

---

60) *Id.*
61) *Id.*
62) *Id.* at 17945-46.
63) *Id.*
64) *Id.* at 17947.
65) *Id.* at 17952.

確保，②（構内管理者を含む）エンド・ユーザーが望まないトラフィックへの対処，③ネットワーク上の輻輳の影響の縮小又は軽減があげられている。

6　無線・移動通信における特則

以上の規則は固定回線を対象としているが，無線・移動通信に関しては，若干異なった規制となっている。そこでは，固定回線に比べて移動通信でのブロードバンド・インターネット接続が発展段階の初期にあり，急速に成長している段階であること，回線容量が動画のストリーミング等の高次のインターネット・サービスに対応しうる容量を有していないこと，がその理由としてあげられている[66]。そのうえでFCCは，情報公開規則については固定回線のものと同一の規則を制定したが[67]，不合理な差別的取扱いの禁止規則は制定しなかった。また，ブロッキング禁止原則については，次のように規定している[68]。

> 「移動通信によるブロードバンド・インターネット接続サービスの提供に従事する者は，合理的なネットワーク管理を条件として，その従事する業務の範囲内において消費者が合法的なウェブサイトにアクセスするのをブロックしてはならない。また，合理的なネットワーク管理を条件として，当該従事者は，自らの提供する音声及び映像電話サービスと競合するアプリケーションをブロックしてはならない。」

移動通信においては，すべてのインターネット・コンテンツのブロックが禁止されている固定回線とは異なり，合法的なウェブサイトのみのブロックが禁止されている。また，Skype等の通話ソフトのブロックが禁止されている点も注目される。なお，「合理的なネットワーク管理」に関する移動通信独自の定

---

66) *Id.* at 17956.

67) *Id.* at 17958. もっとも，移動通信のBPは，すべての第三者による端末機器及びアプリケーションを当該BPのネットワークに付属させるのを認めるよう義務づけられていないが，当該BPは，その端末機器及びアプリケーションに関する自らの認証手続について公表が義務づけられている。*Id.*

68) *Id.* at 17959.

義が存在しないことから，固定回線と同一内容となっている。

IV　*Verizon v. Federal Communications Commission* 合衆国コロンビア地区控訴裁判所判決

　以上のオープン・インターネット命令の公表をうけて Verizon 社等が，FCC の決定に関する司法審査を求めて合衆国控訴裁判所に訴訟を提起することを認める通信法上の規定（47U.S.C. §402）に基づく複数の訴訟を提起した。それらは合衆国コロンビア地区控訴裁判所で併合され，2014 年の *Verizon v. Federal Communications Commission* において，オープン・インターネット命令に関して，一部認容・一部破棄の判決が下されている[69]。

　本件判決では，① FCC にネットワーク中立性に関して規則を制定する通信法上の権限が存在するのか，② BP の法的位置づけ，③オープン・インターネット命令において FCC が定めた 3 規則の妥当性が争点となった。

　なお原告は，当該命令による規制が BP の言論の自由を不当に侵害し，修正第 1 条に違反すると主張したが，同控訴裁判所は，BP の法的位置づけの検討で本件が解決されることから，修正第 1 条上の問題を検討する必要がないとしている[70]。

1　FCC の規制権限

　まず同控訴裁判所は，1996 年電気通信法第 706 条（a）及び（b）によってネットワーク中立性原則に関する規則制定権限が FCC に存在するか否かに関する検討を行っている。その際同控訴裁判所は，行政機関による制定法解釈に

---

[69] 740 F.3d 623（D.C. Cir. 2014）. 同判決に関する評釈として，*See, e.g.*, RECENT CASE: *Telecommunications Law −Internet Regulation −D.C. Circuit Holds that Federal Communications Commission Violated Communications Act in Adopting Open Internet Rules.* −Verizon v. Federal Communications Commission, 740 F.3d 623（D.C. Cir. 2014）, 127 Harv. L. Rev. 2565（2014）. 本件判決に関する邦語先行研究文献として，実積寿也「オープン・インターネット命令に係る控訴審判決の影響」情報通信学会誌 32 巻 1 号（2014 年）1 頁以下参照。

[70] 740 F.3d at 634.

第7章　ネットワーク中立性原則と修正第1条

関する司法審査のあり方が問題となった，1984年の *Chevron, U.S.A., Inc. v. Natural Resources Defense Council, Inc* に関する合衆国最高裁判所判決[71]で定立された判断基準を採用し，「当裁判所がFCCの第706条に関する行政解釈が法律上の漠然性に関する合理的な解決を表していると判断したならば，当裁判所はその解釈に敬意を表さなければならない」とし，また同判決基準が行政手続法（Administrative Procedure Act）の要求している基準（5U.S.C. §§706(2)(A)）とかなりの部分で重複していることから，同法の基準に基づいてFCCの行為が独断的，衝動的，裁量権の逸脱又はその他の法の不遵守となっていないかも判断するとしている[72]。

そして第706条（a）に関して同控訴裁判所は，1996年に同規定が制定された際，「合衆国議会は，エンド・ユーザーがインターネットにアクセスするラスト・マイル設備をコントロールする組織をコモン・キャリア規制の対象とするFCCの長い歴史を前提としていた」こと，またインターネット接続事業者もそれまでと同様の手法でもって規制し続けようとしていたことを認定している[73]。特に後者について同控訴裁判所は，1996年電気通信法の立法経緯を検討し，前述の上院報告書をあげて，「合衆国議会が，いくぶんかの先見の明をもって，他の補完的な法律上の権限付与が何らかの理由で用いられない場合に必要となる，FCCに積極的な権限付与を行うものと，第706条（a）を捉えていた」と認定している[74]。

さらに同控訴裁判所は，同規定に基づく規制権限を認めることがFCCへの白紙委任となるとの主張に対して，「政策の一般的宣明以外の何らかの規定をおくことを合衆国議会が決して意図してこなかったと結論づけざるを得ないほど当該規定が際限のないものではない」としている[75]。その際同控訴裁判所は，同規定に関する前述のFCCの事実認定に依拠して，同規定が通信法で具体化

---

71) Chevron, U.S.A., Inc. v. Natural Resources Defense Council, Inc 467 U.S. 837（1984）.
72) 740 F.3d at 635.
73) *Id.* at 638-39.
74) *Id.* at 639.
75) *Id.* at 640.

IV Verizon v. Federal Communications Commission 合衆国コロンビア地区控訴裁判所判決

された目的を達成する規制のみを制定する権限をFCCに付与していると結論づけている。

次に第706条（b）に関して同控訴裁判所は，オープン・インターネット命令の直前までそもそも同規定が問題となることはなかったとし，その理由として，本命令制定時までに同規定に基づく「当該機能の普及を加速させる速やかな措置を講じる」権限を発動させる前提条件である，ブロードバンド接続を含む高次の電気通信技術が，「合理的かつ時宜に適った方法ですべてのアメリカ人に普及して」いないと判断されなかったことをあげている[76]。そのうえで同控訴裁判所は，ブロードバンド接続が十分には普及していないとのFCCの事実認定をふまえて，本命令において同規定がすでに用いられている他の規制権限のみを用いるだけに限定されず，法律上の命令を達成するために必要な権限を与えていることを明確にしていると判示している[77]。

2　BPの法的位置付け

次に同控訴裁判所は，BPを電気通信事業者とせず，情報サービス提供事業者であると定義づければ，ブロッキング禁止等の規則が通信法第153条（51）と衝突するとし，BPがコモン・キャリアとして取扱われているか否かを検討している[78]。その際同控訴裁判所は，*Chevron*判決基準に基づいた検討を行っている[79]。

まず同控訴裁判所は，コモン・キャリアに関する沿革を検討し，「BPがエッジ・プロバイダにサービスを提供することを理由として，疑問の余地なくエッジ・プロバイダの『コモン・キャリア』として機能し，BPにFCCが課した諸義務は，十分にコモン・キャリアそのもの（common carrier per se）となりうる」としている。そして同控訴裁判所は，ここでの問題が，本命令が存在しなければBPがエッジ・プロバイダとの関係でコモン・キャリアとして行為しうる又

---

76) *Id.*
77) *Id.* at 641.
78) *Id.* at 650.
79) *Id.*

第7章　ネットワーク中立性原則と修正第1条

は行為したかどうかではなく,「オープン・インターネット命令によって課された諸規則によって, BP がコモン・キャリアとして行為するよう今後義務づけられるか」であると問題点を整理している[80]。

次に同控訴裁判所は, 通信法において「合理的な申し出に基づいた通信サービスの提供……とのコモン・キャリアの義務」と規定されていること (47U.S.C. §201 (a)) を根拠に, エッジ・プロバイダが「申し出」を行っていないことを理由として, BP がコモン・キャリアに該当しないと FCC が主張したことに対して, 当該規定が「第1にコモン・キャリアとなるために満たすべき前提要件ではなく, コモン・キャリアの『義務』を規定している。より重要なのは, オープン・インターネット命令はまさにこの義務を BP に課している」との見解を示している[81]。さらに, 通信法においてコモン・キャリアが「対価を得て」(for hire) 通信事業に従事する者をいうと定義されていること (47U.S.C. §153 (11)) から, FCC が通信サービスを購入した者にのみコモン・キャリアの関係が生じると主張したのに対して, 同控訴裁判所は,「オープン・インターネット命令がなかったならば, BP がエッジ・プロバイダに提供しているサービスで, 一定のエッジ・プロバイダを料金支払いを行う顧客に変える可能性のある——対価を求めうるサービスを現在無料で提供している——サービスの種類及び品質に関して自由に条件を課すことができた。FCC は, 本命令がサービスを無料で提供し続けるようその者に強制することのみを理由として, コモン・キャリアとしての義務を課していないと主張することはできない」として退けている[82]。

また FCC は, ケーブル事業者によって一部又はすべて支配されている衛星放送番組提供事業者が, その番組配信において他のケーブル事業者を差別的に取り扱うことを禁止していること (47U.S.C. §548 (c) (2) (B)) 等を根拠として, コモン・キャリアでなくとも差別的取扱いが禁止されていると指摘したが, 同控訴裁判所は, 合衆国議会がコモン・キャリアとしての事業を行っていない者

---

80) *Id.* at 653.
81) *Id.*
82) *Id.* at 654.

IV Verizon v. Federal Communications Commission 合衆国コロンビア地区控訴裁判所判決

にコモン・キャリア義務を課すのを回避する法律上の義務を有していない一方で,「FCC は, コモン・キャリアとして取り扱われることから法律上除外されている者に関して義務の適用を回避する義務を有しており, ここでの問題は, その者に関してどの程度までコモン・キャリアとしての地位に追いやることができるか否かである」との立場を明らかにしている[83]。

以上から同控訴裁判所は, FCC による BP 規制に関してその権限を承認してはいるが, BP の位置づけに関しては, コモン・キャリアとして取扱わない, 新たな法理の構築を求めているといえる。そして本件判決では, BP に対してコモン・キャリアと同一の義務を課すことが通信法に違反することから法律レベルでの解決が可能であり, BP の修正第 1 条上の位置づけに関して判断しなかったということができる。

3 個別の規則の検討

以上をふまえて同控訴裁判所は, 個別の規則について検討を行っている。

まず不合理な差別的取扱いの禁止に関して同控訴裁判所は, 当該禁止義務を固定回線の BP に課すことが「ある程度までコモン・キャリアとしての地位に追いやる」ものであり,「BP に対して『不合理な差別的取扱い』なしにすべてのエッジ・プロバイダにサービスを提供するよう命じる際に, 本規則は, まさにその文言によって, BP に対して自ら『差別することなく公衆にサービスを提供』し続けるよう強制する」と判示している[84]。

また同控訴裁判所は, 本命令で規定する不合理な差別的取扱いに関する判断基準が, コモン・キャリア一般に適用される非差別的取扱いに関する基準とどのように異なっているのかに関して FCC が説明せずに, 合理的ネットワーク管理規則をそれに代置させようとしていると指摘している。その際に同控訴裁判所は, 合理的ネットワーク管理規則について検討を行っている。まずエッジ・プロバイダが望まないトラフィックへの対処を認めている点について同控訴裁判所は,「BP がエッジ・プロバイダに提供する関連サービスとは, エン

---

[83] Id.
[84] Id. at 655-56.

第7章　ネットワーク中立性原則と修正第1条

ド・ユーザーが望む場合の当該ユーザーへのアクセス能力であることから，一定のトラフィックをブロックするようにBPに対して指図することをエンド・ユーザーに認める限定的な例外は，BPに課されたコモン・キャリア的性質を有する義務を決して減じさせない」と指摘している[85]。次にネットワークに危害を与えるトラフィックへの対応並びに輻輳の縮減及び軽減が合理的なネットワーク管理に含まれている点について同控訴裁判所は，「この許可は，『通常受け容れられるタイプのものではない，又は当該キャリアの能力の限界であるのいずれかを理由として，エッジ・プロバイダを追放するコモン・キャリアの伝統的な権利を単に保持するのみである』」として，このことがまさに，通信法がすべての差別ではなく，不合理な差別的取扱いをコモン・キャリアに対して禁止している理由であると結論づけている[86]。

さらに不合理な差別的取扱い禁止規則が，「不公正又は不合理な差別的取扱いを行」わないとのコモン・キャリアの基本的義務を規定した，通信法第202条の文言の鏡写しであると認定している[87]。また同控訴裁判所は，本命令がその合理性判断に関して柔軟性がないと認定し，さらにFCCが追加料金制を不合理な差別的取扱い基準を満たす可能性はないとした点について，「BPに対して，自らのサービスを利用したエッジ・プロバイダへの課金を明確に禁止しているのであれば，そのサービスを0ドルで求めてきたすべての者に販売するよう強制することになり，当裁判所は『個別的な交渉』の余地をみいだせない……」と結論づけている[88]。

一方でブロッキング禁止規則に関して同控訴裁判所は，当該規則が「固定及び移動通信双方のBPに適用され，同様にコモン・キャリアそのものの義務を構築することになるか否かは，不明確である」との基本認識を示している[89]。その際に同控訴裁判所は，当該規則がすべてのエッジ・プロバイダに対して

---

85) *Id.* at 656.
86) *Id.* at 657.
87) *Id.*
88) *Id.*
89) *Id.* at 658.

IV　*Verizon v. Federal Communications Commission* 合衆国コロンビア地区控訴裁判所判決

BP が提供しなければならないサービスの最低限のレベルを設定したものであり，最低レベルのサービスに関して BP が課金してはならず，無料で当該サービスの提供を義務づける際に，当該規則がその文面上最低レベルのサービスに関するコモン・キャリアそのものの義務を課しうると指摘している[90]。

　そして同控訴裁判所は，不合理な差別的取扱い禁止規則が実施されず，ブロッキング禁止規則が最低限のレベルのサービスのみを無料で提供するよう義務づけていると解釈すれば，基本サービス以外のものに関してエッジ・プロバイダに課金することを禁止しているとブロッキング規則を解釈できず，当該規則は無効とはならないとしている[91]。そのうえで同控訴裁判所は，「BP の提供するサービスが，ブロッキング禁止規則の要件を満たすのに必要な一定の最低限のスピードで特定の加入者へのアクセスの提供ではなく，その加入者一般へのアクセスであるならば，当該規則は，BP がエッジ・プロバイダとの調整を行う形式に関して低い制限を課し，その一方でコモン・キャリアとして取り扱われることに関する法律上の禁止と衝突しないように，『個別の交渉を行い，条件の差別化を図る十分な余地』を残している」と指摘している。もっとも，FCC がこのような見解を本命令においても，控訴趣意書においても採用しておらず，「当該行政機関自らがいまだ依拠しない根拠に基づいて，FCC の訴訟を維持することは不可能である」として，ブロッキング禁止規則も無効であると判示している[92]。

　なお情報公開規則に関して同控訴裁判所は，Verizon 社側も争点としておらず，また当該原則がコモン・キャリアそのものの義務とならないとして検討していない[93]。

　個別の規制に関する検討では特にブロッキング禁止規則において，すべてのサービスの加入者を平等に取り扱うことがコモン・キャリア的な義務を課すことになるとしており，最低限のサービスのみに当該義務を課し，それ以外の

---

90) *Id.*
91) *Id.*
92) *Id.* at 658-59.
93) *Id.* at 659.

233

第7章　ネットワーク中立性原則と修正第1条

サービスに関して BP に個別交渉の可能性を残しておけば，同規則が適法なものとなるとしている点が注目される。ここで同控訴裁判所が，個別交渉の可能性という形で BP に裁量の余地を認めるべきとの立場を明らかにしているといえる。

4　*Verizon* 控訴裁判所判決以降の動向

以上の合衆国控訴裁判所判決をうけて FCC は，2014年5月に新たな規則制定提案手続を開始している[94]。

そこでは，①2010年のオープン・インターネット命令の基本的枠組みの維持，②公衆及び FCC が BP の活動を監視することによる便益を享有し，また消費者及びエッジ・プロバイダが自ら受領しているサービスを理解し，オープンなインターネットを毀損する業務を監視するために必要な情報を共有するための情報公開規則の改正，③すべてのエンド・ユーザー，エッジ・プロバイダが活発，迅速かつダイナミックなインターネット接続を享受できるようにするために，根拠づけを改訂したうえでのブロッキング禁止規則の存続，④ BP の業務についていかに危害が認識され，禁止されうるのか，また（有料での優先受付等の）特定の業務がすべて禁止されるか否かを検討しつつ，営業上合理的な業務に関する執行可能な法的基準の遵守を BP に要求する別個の遮蔽物 (screen) の構築，⑤エンド・ユーザー，エッジ・プロバイダ及び BP に対して同様に効果的なアクセスを提供するための多面的な紛争解決手続，消費者，新規参入事業者及び中小事業者の利益を代表する番犬として機能するオンブズマンの設立，⑥電気通信法第706条又は第2編のいずれがインターネットが自由であり続けるのを担保するために適用されるかの検討，といった以上6点の政策アプローチが提示され，パブリック・コメントが求められている[95]。

さらに同年11月には，オバマ (Barack Hussein Obama II) 大統領がネットワーク中立性原則に関する大統領声明 (The President's Statement) を公表している[96]。

---

94) In the Matter of Protecting and Promoting the Open Internet, 29 FCC Rcd 5561 (2014).

95) *Id.* at 5564-65.

Ⅳ　*Verizon v. Federal Communications Commission* 合衆国コロンビア地区控訴裁判所判決

同声明では，ネットワーク中立性原則の強化を希望するとの立場が明らかにされ，具体的には，ブロッキング禁止（no blocking），帯域幅調整禁止（no throttling），透明性の向上（increased transparency），有償での優先契約の禁止（no paid prioritization）が提言されている。また同声明において「私は，FCC がケーブル会社も電話会社もゲートキーパーとして行為することを不可能とし，あなたがオンライン上で活動できること又は見ることができるものを制限しないことを確保するために，ネット中立性を保護する一連の新たな規則を制定すべきであるとの結論に至った」と述べられていることから，大統領がBPの有するコントロール力を懸念していることが明らかになる。

2015年3月に FCC は，「オープン・インターネットの保護及び促進に関する報告」を公表し，ネットワーク中立性に関する新たな規則を制定した[97]。新規則の内容は，大統領声明に基本的に従ったものであり，①ブロッキング禁止（no blocking），②帯域幅調整禁止（no throttling），③有償での優先契約の禁止（no paid prioritization）の3つである。同時に情報公開規則に関しても開示項目の詳細化等がなされている。そして2010年の命令では移動通信回線と固定回線では規制が異なっていたが，新規則では統一されている。

Verizon 判決において問題となった FCC の規制根拠に関しては，まず，これまで情報サービスと分類されていたブロードバンド・インターネット接続サービスを電気通信サービスとする変更を行い，BP を電気通信事業者として規制するとしている。そのうえで FCC は，通信事業を規律する通信法第2編及び *Verizon* 判決で根拠として認められた第706条を規制根拠として提示している。

そして合衆国コロンビア地区控訴裁判所もこの規則を支持したが[98]，トランプ（Donald J. Trump）政権下の FCC は，同規則を廃止した[99]。

---

96) The President's Statement, Net Neutrality: President Obama's Plan for a Free and Open Internet, <https://obamawhitehouse.archives.gov/net-neutrality>（2019年10月13日最終検索）.

97) Protecting and Promoting the Open Internet, Report and Order on Remand, Declaratory. Ruling, and Order, 30 F.C.C. Rcd. 5601（2015）.

98) United States Telecom Association v. Federal Communications Commission, 825 F.3d 674（D.C. Cir. 2016）.

第 7 章　ネットワーク中立性原則と修正第 1 条

V　修正第 1 条からのネットワーク中立性原則の分析

Verizon 判決において修正第 1 条の観点からの検討は行われなかったが，同判決で BP がコモン・キャリアではないとされた結果，前述のようにコモン・キャリアの基本サービス（通信サービスの提供）に関しては表現の自由享有主体性が否定されており，また映像コンテンツ配信事業等の付帯サービスに関しては表現の自由保障が及ぶとされていることから，ブロードバンド接続がコモン・キャリアとしてのサービスではないとされれば，表現の自由保障が及ぶことになる。そこで，オープン・インターネット命令及び学説においては BP の表現の自由享有主体性が詳細に検討されている[100]。

1　オープン・インターネット命令における FCC の立場

オープン・インターネット命令においてインターネット上の表現を保障することがネットワーク中立原則の重要な目的の 1 つとしてあげられているが，同時に本命令において BP に対する表現の自由規制のあり方についても検討されている。本命令において FCC は，*Turner I* 判決を引用しつつ[101]，合衆国最高裁判所がケーブル事業者の言論の自由享有主体性を認めたのは，同事業者が「自ら番組を制作し，どの番組及び局を組み入れるかに関する編集上の裁量を行使」しているからであったとしたうえで，ケーブル事業者と異なり，「BP は，典型的には，『発言者』ではなく，むしろ言論の導管（conduits）であるという

---

99) Restoring Internet Freedom, Declaratory. Ruling, Report and Order, and Order, 33 FCC Rcd 311（2018）.

100) なお，ここでは修正第 1 条の問題の他に修正第 5 条の収用条項（taking clause）が問題とされ，FCC は，オープン・インターネット命令が修正第 5 条に違反しないという立場を明らかにしている（25 FCC Rcd at ¶149）。しかしながら本章では省略した。この問題について検討するものとして，*See* Daniel A. Lyons, *Virtual Takings: The Coming Fifth Amendment Challenge to Net Neutrality Regulation*, 86 Notre Dame L. Rev. 65（2011）.

101) 512 U.S. at 636.

V 修正第 1 条からのネットワーク中立性原則の分析

のがもっともな表現である」とし，ここで問題となっているブロードバンド接続サービスは「いかなる放送局又は番組を自らのサービスに組み入れるかに関するケーブル会社の選択に相当する，編集上の裁量の行使に従事していない」として，BP が編集上の裁量を有しておらず，修正第 1 条上の権利を享有できないとの立場を明確にしている[102]。その証拠として BP が，編集から収益を得るために自らのサービスを販売していることを証明しておらず，逆にエンド・ユーザーが自らの契約する BP の編集上の介入なしに，インターネット上で入手可能なコンテンツにアクセスできることを期待していることが指摘されている。

次に FCC は，BP が，著作権侵害又は不快なコンテンツが問題となった事例において，エンド・ユーザーのデータ送受信に関してコントロールできないと主張している点からも，BP が表現の自由を享有できないと指摘している[103]。さらに FCC は，合理的なネットワーク管理について，「たしかに BP は，迷惑メール及び悪意を有するコンテンツから自らのインターネット・サービスを保護することを目的として，ネットワーク管理業務に従事しているが，それらの業務は，一連の番組の中でどの番組を送信するかに関する編集者の選択に全く類似しない」と述べて，合理的ネットワーク管理原則が修正第 1 条上の問題とならないとしている[104]。一方で FCC は，本命令で BP が規制されるのはブロードバンド接続サービスのみであり，「他の発言者と同様に BP が，自らのウェブページを更新し，自ら欲する合法的なメッセージを送信する能力を制限していない」と述べて，ブロードバンド接続サービス以外での表現の自由が確保されていると指摘している。

以上と同時に FCC は，BP が修正第 1 条上保護される表現活動を行っているとされる場合であっても，本命令が修正第 1 条に違反しないとしている。その際 FCC は，本命令が，①ブロードバンド接続サービスの特性に基づいた規制であり，内容及び見解とは別個のものであること，②本命令における規制は，

---

102) 25 FCC Rcd at 17982.

103) *Id.*

104) *Id.* at 17983.

第 7 章　ネットワーク中立性原則と修正第 1 条

BP のメッセージではなく，BP がブロードバンド接続サービスを提供することに着目して行うものであることを理由として，表現内容中立規制であるとしている。FCC は，本命令が発言者に基づいた区別を行っているとの指摘に対して，本命令が「BP が何を発言すべきか，ということではなく，BP によって提供される伝送サービスに基づくものである」とし，また発言者に基づく区別であっても，規制されるメディアに関する何らかの特性によって正当化される場合があるとし，「イノベーション，投資，競争，公的討論及びエンド・ユーザーにとって損害となる，インターネット・トラフィックを優遇したり，冷遇したりする BP の能力」をその特性としてあげている[105]。

そのうえで FCC は，①当該規制が言論の抑圧とは無関係の重要又は実質的な政府利益を促進するものであるか，②その政府利益を達成するために当該規制が，必要以上に著しい負担を言論に与えていないか，との *Turner I* 判決で採用された，表現内容中立規制に関する合憲性判断基準[106] に基づいて審査を行っている。①に関して FCC は，本命令の政府利益が「消費者の選択，エンド・ユーザーのコントロール，自由な言論，及び許可を必要とすることなく刷新する自由を可能にしつつ，競争を促進し，インフラ投資の障壁を除去するために開放的なインターネットを維持すること」であり，また多様な情報への公衆のアクセス，公共の利益をさらに促進するインターネットの可能性を最大化することであるとし，これらの政府利益が実質的なものであると結論づけている。さらに FCC は，*Turner I* 判決が「公衆が多様な情報源にアクセスを有することを確保することは，修正第 1 条の中核的価値を促進するがゆえに，高次の秩序に関する政府目的である」と判示した部分を引用しつつ[107]，インターネットを広範な情報源に公開し続けることに関する利益が自由な表現固有の重要な利益であるとし，本命令がすべてのインターネット上の発言者の表現の利益を保護していると結論づけている[108]。

---

105)　*Id.* at 17983-84.
106)　512 U.S. at 660-61.
107)　*Id.* at 663.
108)　*Id.* at 17984.

V 修正第1条からのネットワーク中立性原則の分析

②に関してFCCは、「当該規制は、エンド・ユーザーが加入するBPがコントロールを有する、エンド・ユーザーとインターネット間のリンク部分のみを対象としている。当該規制は、この重要なリソースに関する公衆の利用を不当に侵害しうる活動のみを禁止する」と述べて、本命令による規制が限定的に画定されているとし、「BPは、自らのコンテンツを送信し、自らのウェブサイトを運営し、また合理的なネットワーク管理を行う広範な機会を有している。加えてBPは、自らのエンド・ユーザーに対して、編集されたサービスを提供することがで」き、表現の自由が否定されていないとしている[109]。

2 学説の検討

以上のFCCによる検討と同時に、学説においてもネットワーク中立性原則の修正第1条上の位置づけに関する議論が盛んに行われている。なお、ここでは同原則に関する具体的規制のあり方が明確になった、インターネット政策声明が公表された2005年以降の文献の分析に限定する[110]。

(1) ネットワーク中立性原則は修正第1条に違反するとの見解

まずネットワーク中立性原則が修正第1条に違反するとの見解について検討する。

この見解の論者の中でトライブ（Laurence H. Tribe）は、BPがコモン・キャリアではなく、コモン・キャリアでなければ当然に表現の自由が認められるとする[111]。そこでは、BPが編集上の裁量を有しているならば、FCCの見解のように単なる導管とされることはなく、他者のメッセージの送信を強制されることは修正第1条に違反するとされる[112]。また憲法が、様々な発言者が同様の注目をうける、また聴衆がすべての発言者に平等にアクセスできるのを確保するために政府の役割を認定することは間違った前提であるとする[113]。そこ

---

109) Id. at 17985.
110) 同原則に関する初期の議論に関して、See LAWRENCE LESSIG, THE FUTURE OF IDEAS 46-48 (2001); Tim Wu, Network Neutrality, Broadband Discrimination, 2 J. ON TELECOMM. & HIGH TECH. L.141 (2003); Christopher S. Yoo, Beyond Network Neutrality, 19 HARV J. OF LAW & TECH. 1 (2006).

第 7 章　ネットワーク中立性原則と修正第 1 条

では，修正第 1 条の中核目的は，私人の言論に関する政府の選別の禁止であるとされる。

そのうえで特に合理的なネットワーク管理原則に関して，いかなる行為が許容されるのかについて明確かつ一貫した基準を提示しておらず，事例ごとの場当たり的対応になってしまい，表現の自由の萎縮効果が発生すると指摘されている[114]。そして Turner I 判決基準に依拠しつつ，BP が加入者等に与える現実的な危害が証明されておらず，また同原則が政府利益を達成するために限定的に画定されていないとしている[115]。

他方，Turner I 判決基準ではなく，BP を印刷メディアと同一視し，ほぼ無制約な表現の自由を認めるべきとする見解も存在する[116]。そこでは，Turner

---

111) Laurence Tribe, *Plenary Address: Freedom of Speech and Press in the 21st Century: New Technology Meets Old Constitutionalism*（Aug. 21, 2007）<http:// www.tvworldwide.com/events/pff/070819/default.cfm? id=8801&type=wmhigh&test=0>（2019 年 10 月 13 日最終検索）また BP がコンテンツ包装業者（content packager）として修正第 1 条上の保護を受けるとする見解として，*See* Rob Frieden, *Invoking and Avoiding the First Amendment: How Internet Service Providers Leverage Their Status as Both Content Creators and Neutral Conduits*, 12 U. Pa. J. Const. L. 1279, 1313（2010）.

112) Tribe, *supra* note 111 at 17.

113) Laurence H. Tribe & Thomas C. Goldstein, *Proposed "Net Neutrality" Mandates Could Be Counterproductive and Violate the First Amendment*, FCC.GOV（Oct. 19, 2009），2 <http://fjallfoss.fcc.gov/ecfs/document/view?Id=7020375998>（2019 年 10 月 13 日最終検索）なお同論文では，ネット検索サービス，インターネット閲覧ブラウザも編集上の裁量を有しており，修正第 1 条の保護の対象となるとしている。そのうえで，BP のみを規制することが問題視されている。*See Id.* at 2.

114) *Id.* at 3-4.

115) *Id.* at 4-5. *Turner I* 判決基準を適用してネットワーク中立性原則が修正第 1 条に違反するとの他の見解として，*See* Moran Yemini, *Mandated Network Neutrality and the First Amendment: Lessons from Turner and a New Approach*, 13 Va. J. L. & Tech. 1, 16-32（2008）. 同論文では，同原則を根拠づける実質的かつ具体的な証拠が存在しないことが Turner I 判決基準を満たさないとされている。*Id.* at 27.

116) Randolph J. May, *Net Neutrality Mandates: Neutering the First Amendment in the Digital Age*, 3 ISJLP. 197（2007）.

I 判決で指摘されたゲートキーパー的なボトルネック的コントロールが BP には存在せず，競争的な市場が形成されていると指摘されている[117]。そのうえでネットワーク中立性原則は，かつて放送に課されていた公平原則（fairness doctrine）と同様に広範な規制であり，公平原則は電波の有限稀少性を根拠に合憲性が支持されたが，稀少性の存在しないインターネット上においてネットワーク中立性原則は修正第 1 条に違反すると指摘されている[118]。

(2)　ネットワーク中立性原則は修正第 1 条に違反しないとの見解

　この見解はまず，BP が表現の自由保障を求めるのは，利益追求の為であり，その手段として有利であるから表現の自由保障を主張すると指摘する[119]。そして修正第 1 条の理論の観点からは，① BP の取り扱うデータは修正第 1 条上保護される表現ではない，② BP はコモン・キャリアであり，そもそも修正第 1 条上の問題を生じさせないと主張されている。さらにまた修正第 1 条上の保護が及ぶとしても，FCC の立場と同様に，*Turner I* 判決基準に基づいて同原則の合憲性が結論づけられるとする。

　①については，インターネット上を流通する情報は，加入者の判断でもって発信されたものであって，他者のデータ・パケットの送信には本質的な表現性は存在しないと主張される[120]。また表現の自由と民主主義との関係性を重視する見解からすれば，BP の取り扱うデータは表現とはならないとされる。ただ民主主義との関係性を重視せず，思想の自由市場での雑多な情報の送受信を重視する立場からすれば，ほぼすべての情報が修正第 1 条の保護対象となってしまい，BP の取り扱うデータも保護と対象となりうる[121]。

---

117)　*Id.* at 208.

118)　*Id.* at 208-9. See also, Bob Zelnick & Eva Zelnick, The Illusion of Net Neutrality, 146-47 (2013).

119)　See Ellen P. Goodman, *Media Policy and Free Speech: The First Amendment at War with Itself*, 35 Hofstra L. Rev. 1211, 1223 (2007).

120)　See Susan Crawford, *First Amendment Common Sense*, 127 Harv. L. Rev. 2343, 2382 (2014).

121)　See Benjamin, *Transmitting, Editing, and Communicating: Determining What "The Freedom of Speech" Encompasses*, 60 Duke L.J. 1673, 1692-95 (2011).

②については，まず BP がたんなる導管を提供するものであるとされ，もしネットワーク中立性原則が修正第 1 条に違反するとなるならば，これまで電話会社規制が修正第 1 条上問題とされてこなかったことと整合性がとれないとする[122]。そして Turner I 判決の反対意見においてオコナー裁判官が「合衆国議会が電話会社をコモン・キャリアとして位置づけるよう命じうるならば，同様のことをケーブル会社にも求めることができる。すなわち当該アプローチは，ある発言者を他の発言者より優遇するという欠点に苦しむことはないのである」と指摘しているように[123]，BP をコモン・キャリアと法定すべきとなる。また中世以来のコモン・ロー上の法理であるコモン・キャリアを検討したうえで，汎用目的性を有する BP にも同法理が適用されるとの主張もなされている[124]。

もっとも，前述のようにコモン・キャリアが修正第 1 条の保護を受けないとされているのは，合衆国控訴裁判所判例レベルであり，このことについて合衆国最高裁判所が法廷意見としては明言してはいない[125]。

またこの見解は，BP の規制が修正第 1 条上の問題とされた場合であっても，Turner I 判決基準に基づいて合憲とされうると主張する。そこでは，オープン・インターネット命令で FCC が提示したものと同様の主張がなされている[126]。

VI　おわりに

以上のアメリカのネットワーク中立性原則と修正第 1 条に関する検討から，

---

122) See Jack Balkin, *The Future of Free Expression in a Digital Age*, 36 PEPPERDINE L. REV. 427, 430（2009）.
123) 512 U.S. at 684.
124) Crawford, *supra* note 120 at 2368.
125) Benjamin, *supra* note 121 at 1695.
126) ネットワーク中立性原則に関して，Turner I 判決で採用された各基準について詳細に検討するものとして，See Meredith Shell, *Network Neutrality and Broadband. Service Providers' First Amendment Right to Free Speech*, 66 FED COMM L. J. 303, 320-5（2014）.

以下のことが明らかとなる。

　まずこの問題を議論する前提として，これまで通信事業者に用いられてきたコモン・キャリア法理を整理・検討している点である。そこでは，同法理のコモン・ロー上の沿革と，それが通信法という制定法においてどのように位置づけられてきたかがBPの位置づけに関する議論の前提となっている[127]。このことは，コモン・キャリアとしての義務をBPにもどのように課していくべきかに関する議論（特にブロッキング及び不合理な差別的取扱いの禁止規則に関する議論）においてもっとも重要となる。Verizon判決は，この点を詳細に検討したものと評価することができ，BPがコモン・キャリアではないとされれば，次にBPの表現の自由の問題が訴訟で提起されるのは確実と考えられる。

　もっとも，Brand X判決等の2000年代半ばまでの議論において，BPが差別的行為を行うという懸念が広く認識されておらず，また市場競争原理を基本として必要最低限の規制のみを行うという電気通信法の理念に依拠した規制方針をFCCが採用した結果，BPをどのように位置づけるかに関する問題があまり議論されず，問題が深刻化したといえる。また表現の自由を享有するケーブル事業者と同一サービスを提供していることから，BPのみ表現の自由が否定されれば，平等の観点からも問題となる。

　しかしながら，差別的行為の危険性に関する認識が広く支持されるようになってからは，差別的行為の具体的調査，明らかにされた差別的行為に適切に対応するための具体的法規制のあり方が議論されている。特にオープン・インターネット命令でFCCがBPの差別的行為によって生じる問題点について詳細に検討を行っている点は，注目される。またその問題点に対して，FCCが提示した3規則がどのように関連するのかも詳細に検討されている。

　次に，表現の自由が否定されるコモン・キャリア法理がBPに適用されないこととなれば，BPが表現の自由を享有するのか，また享有するとなればどの程度の修正第1条上の保障がBPに及ぶのかが当然問題となってくる。ここで

---

　127) そのうえでBPを準コモン・キャリア（quasi-common carriers）として位置づけるべきと主張するものとして，See Rob Frieden, *The Rise of Quasi-Common Carriers and Conduit Convergence*, 9 ISJLP. 471 (2014).

第7章　ネットワーク中立性原則と修正第1条

は，表現の自由の問題がインターネット利用者の表現の自由だけでないとされている点が重要である。BP にも表現の自由が認められるとされるのであれば，これまで合衆国最高裁判所が構築してきた表現の自由規制に関する合憲性判断基準でもってどのように審査すべきかが問題となり，オープン・インターネット命令における FCC の認識で示された，BP のインセンティブ及び能力によって生じる脅威をどのように評価するか，またこれらの脅威に対して法的に対応すべきとなれば，どのような法規制がなされるべきかに関して，FCC 及び学説において詳細に検討されている点が注目される。

　この点，わが国表現の自由理論は，アメリカの議論を参考とするとしつつ，具体的な規制における具体的な政府利益の検討等の合憲性判断基準の検討は十分には行ってこなかったといわざるをえない。しかしながら，合憲性判断基準は，その具体的適用でどのように考慮すべきかが最も重要な問題である。このようなアメリカの理論は，ネットワークの中立性及び表現の自由に関する議論，特に新たに出現する情報通信サービスとその提供事業者を法的にどのように位置づけ，どのように規制すべきかについて検討する際に，有益な示唆を与えるということができる。そして，本章で検討したように，それらの具体的検討においてサービス利用者だけでなく，事業者の表現の自由等様々な側面での表現の自由の観点からの検討も必要である[128]。

---

128) わが国においても，2018 年に総務省が「ネットワーク中立性に関する研究会」を設置し，検討を行っている。同研究会につき，<http://www.soumu.go.jp/main_sosiki/kenkyu/network_churitsu/index.html> 参照（2019 年 10 月 13 日最終確認）。

初出一覧

第1章　「アメリカにおける放送産業の構造規制」法律論叢77巻2＝3号（明治大学法律研究所・2004年）57-87頁。
【補論（書評）】「民主主義とメディア所有規制」アメリカ法2008年2号261-267頁。

第2章　「米国の新聞・放送相互所有規制と合衆国憲法修正第1条」『情報通信政策研究所海外情報通信判例研究会中間報告書』（総務省情報通信政策研究所・2010年）117-130頁。

第3章　「アメリカ電気通信法におけるテレビ局の複数所有規制」法律論叢77巻4＝5号153-182頁（明治大学法律研究所・2005年），「米国の電子メディア規制の基本理念と地域レベルの放送局所有規制」情報通信政策レビュー9号（総務省情報通信政策研究所・2014年）23-54頁を統合。

第4章　「アメリカにおけるケーブルテレビ規制と言論の自由」法律論叢78巻4＝5号（明治大学法律研究所・2006年）81-137頁。

第5章　「米国におけるケーブル所有規制と合衆国憲法修正第1条」『情報通信政策研究所海外情報通信判例研究会報告書（第二集）』（総務省情報通信政策研究所・2011年）149-168頁，「アメリカの電子メディア規制と言論の自由」情報通信学会誌28巻1号（2010年）31-40頁を統合。

第6章　「アメリカ合衆国憲法修正第1条における通信事業者の位置づけ」『明治大学法学部創立百三十周年記念論文集』（明治大学法学部・2011年）245-272頁。

第7章　「米国のネットワーク中立性原則と連邦憲法修正第1条」別冊NBL153号『情報通信法制の論点分析』（商事法務・2015年）297-322頁。

事項索引

〔あ 行〕

印刷（print）　3, 144
インターネット（internet）　3
インターネット政策声明　214
ヴォイス（voice）　58, 64, 67, 80, 100, 107
衛星放送　6, 172
映像配信事業（通信事業者による）　171
オープン・インターネット命令　210, 216-227

〔か 行〕

合衆国憲法修正第1条
　── 合憲性判断基準　4
　　　メディアの位置づけ　3, 211-212
買い手独占理論　167
寡占規則　17, 58
ケーブル加入者数規制　158, 161, 164, 168
規制改革審査
　── 1998年規制改革審査報告　61-63, 65-67
　　　2002年規制改革審査報告　41, 43, 67-88
　　　2006年規制改革審査報告　50, 52, 96-107
　　　2010年規制改革審査報告　108
　　　2014年規制改革審査報告　52
基本サービス（業務）　196, 212
強制許諾（著作権）　128-129, 177, 180
競争的キャリア　196
競　争　10, 17, 23, 32, 61, 71-74, 101-103, 145, 151, 163, 165, 176, 181, 197, 201
共同行為　158, 164

共同売買協定（JSAs）　87, 93
放送局系列所有規制　4, 13
ゲートキーパー的コントロール　144
ケーブル（cable）
　── ケーブル・サービス　119
　　　ケーブル・システム　119
　　　ケーブル事業者　119
公共の利益アプローチ　12, 38
「公共の利益，便益又は必要」　7, 8
高次の電気通信機能　221
高次の法　113
公衆アクセス規則　118
交渉理論　167
公然性を有する通信　185
構造規制　8
構造的多様性　35
合理的ネットワーク管理　217, 225
コモン・キャリア　186-188
　── 準公共的性格　191
　　　対価　191, 230
　　　公平原理　191, 192, 230
　　　合理的な業務上の格付け　193
　　　業務上の判断　194
　　　コモン・キャリアそのもの　229

〔さ 行〕

再送信義務づけ（must carry）規則　117, 126-133, 138-140
再送信許容（may carry）規則　117
再送信合意　140
サイマル放送　175
自主制作番組規則　118
市　場　23-24, 61-62, 67, 76-78, 81-86, 90-92, 96-97, 99, 135-137, 158, 205

——市場支配力　150
　　　　　市場の失敗　31
　　　　　市場の機能不全　143
市場主義アプローチ　19, 38
自然独占論　125
思想の自由市場　22, 29, 32
視聴者嗜好　89
視聴者到達　23, 58
実質的（客観的）証拠　149, 162, 165-166
社会的影響力　6, 211
社会のイノベーション　217-218
情報格差（digital divide）　65
情報公開規則　222
情報サービス　195
情報サービス提供事業者　213
情報の多様性　9, 16-17, 22, 40, 43, 48-50, 60, 66, 68-71, 79, 86, 104, 145, 151, 162, 163, 165, 176, 181, 196, 202
使用料支払い制放送　189
信号外辺重複基準　84, 92
シンジケーション番組独占規則　117
垂直統合　148, 158
水平統合　148, 158
少なくともある程度強められた修正第1条の審査　143
全米広告市場
相互所有規制　17-18
　　　——1市場1局（One-to-a-market）規則　18, 41
　　　　　ケーブル・放送局相互所有（CBCO）規則　18
　　　　　相互メディア規制（Cross Media Limit）規則　43
　　　　　日刊新聞・放送相互所有規制　18, 38, 39, 42, 50

〔た　行〕

帯域幅調整禁止　235
多チャンネル映像配信サービス（MVPD）　73, 112

多様性指数（DI）　43, 48
地域営利テレビ局　139
地域性　11, 47, 74-75, 78, 103, 145, 151, 175, 181
地上デジタル放送　174
チャンネル容量規則　118
チャンネル占有規則　158, 163, 166
賃貸アクセス・チャンネル規則　118
通信事業者とケーブル事業者の相互所有規制　198
電気通信事業者　213
電子出版　195
電信柱へのコントロール　199
電柱共架論　122, 123
電波の有限稀少性　5, 19, 47, 173-174, 203
統一的な管轄権　116
導　管　198
取引条件　223

〔な　行〕

ニールセン（Nielsen）　51, 80
ネットワーク規制　13
ネットワーク独占規則　117
ネットワーク中立性に関する大統領声明　234
ネットワーク管理慣行　223

〔は　行〕

ハーフィンダール・ハーシュマン指数（HHI）　43, 81, 95
番組内容規制　2
非営利・教育テレビ局　140
開かれた領域基準　116-117
ビデオ・ダイアルトーン　200-202
ファウラー（Mark S. Fowler）　19
フィン・シン規則　12, 13
複合的民主主義　30, 33
複数局所有規制　16, 22, 58
　　　——1984年報告及び命令　19, 22
　　　　　全米レベルでのテレビ局所有

iii

事項索引

　　　　（NTSO）規則　　16, 22, 61-63, 65-67, 75-76, 88-89
　　全米レベルでのラジオ局所有（NRSO）規則　　16, 23
　　地域レベルでのテレビ局所有（LTSO）規則　　16, 17, 23, 59, 63-65, 76-81, 89-92, 99-101, 105-107
　　地域レベルのラジオ局所有（LRSO）規則　　16, 17, 23, 81-88, 92-96, 101-105, 107
　　LTSO 規則に関する命令　　59-62
複占規則　　17
輻輳の縮減　　232
不合理な差別的取扱いの禁止規則　　224
　　──判断基準　　225
付帯サービス（業務）　　190
ブルーブック（Bluebook）　　12
ブロードバンド接続事業者　　229, 236-239
ブロードバンド・インターネット接続サービス　　220
ブロッキング禁止規則　　224, 235
編集上の裁量　　212
補助的管轄　　215
ボトルネック的コントロール　　144, 161, 163, 168, 172

〔ま　行〕

マーキー（Edward J. Markey）上院議員　　57, 134

民主主義　　49, 114, 151, 218-219
メディアの社会的役割・機能　　49, 98
　　──テレビ放送代替性　　61, 90
　　──伝統メディアの社会的役割　　98
メディアの特性　　3
メディアの民主的配分原則　　30
メディア融合　　185

〔や　行〕

有償での優先契約の禁止　　235
容量拡大に関する規則　　118

〔ら　行〕

リープフロッキング規則　　117
連邦通信委員会（FCC）　　1, 7-8, 115, 213

〔アルファベット〕

Arbitron Metro 市場基準　　84, 93
AM/FM subcap　　86, 104, 107
Carry one carry all　　173, 179
DBS 再送信　　177, 181
DMA (Designated Market Area)　　51, 60, 61
Local-into-local service　　179
OVS (Open Video Service)　　206
PTAR (Prime Time Access Rule)　　14
Top four ranked/ eight voice test　　58, 90-91, 99-101
UHF　　63, 75, 177, 181

iv

法律索引

1887 年州際通商法　187
1910 年通商裁判所法　187
1934 年通信法　1, 7-8, 215
1976 年著作権法　128
1984 年ケーブル通信政策法　115-120, 199
1988 年衛星家庭視聴者法　177, 180
1992 年ケーブル消費者保護及び競争法　133-138
1996 年電気通信法　38, 41, 44-46, 56-57, 205, 213-214, 227-229
1999 年衛星家庭視聴者改善法　177
2004 年衛星家庭視聴者延長及び再承認法　180
2004 年包括的歳出配分承認法　89

判例索引

合衆国最高裁判所判例

Associated Press v. United States, 326 U.S. 1 (1945).　5
City of Los Angeles v. Preferred Communications Inc., 476 U.S. 488(1986).　121
Federal Communications Commission v. Allentown Broadcasting Co., 349 U.S. 358 (1955).　12
Federal Communications Commission v. League of Women Voters California, 468 U.S. 364(1984).　26
Federal Communications Commission v.. Midwest Video Co., 440 U.S. 689(1979).　113, 118, 120
Federal Communications Commission v. National Citizens Committee for Broadcasting, 436 U.S. 775(1978).　5, 9, 11, 18, 40
Federal Communications Commission v. Pacifica Foundation, 438 U.S. 726 (1978).　6, 211
Federal Communications Commission v. Sanders Bros. Radio Station, 309 U.S. 470 (1940).　71
Federal Communications Commission v. WNCN Listeners Guild, 450 U.S. 582(1981).　25
Fortnightly Co. v. United Artists Television, Inc., 392 U.S. 390(1968).　115
Metro Broadcasting, Inc v. Federal Communications Commission, 497 U.S. 547 (1990).　5, 26
Miami Herald Publishing Co. v. Tornillo, 418 U.S. 241 (1974).　4, 211
National Broadcasting Co. v. United States, 319 U.S. 190 (1943).　4, 14, 74
National Cable & Telecommunications Association v. Brand X Internet Service, 545 U.S. 967(2005).　214
Red Lion Broadcasting Co. v. Federal Communications Commission, 395 U.S. 367 (1969).　3, 33, 211
Reno v. American Civil Liberties Union, 521 U. S. 844 (1997).　4
Sable Communications of California, Inc. v. Federal Communications Commission, 492 U.S. 115 (1989).　6
Turner Broadcasting System, Inc. v. Federal Communications Commission, 512 U.S. 622 (1994).　1, 6, 29, 113, 142-147, 212
Turner Broadcasting System, Inc. v. Federal Communications Commission, 520 U.S. 180 (1997).　113, 147-152, 212
United States v. O'Brien, 391 U.S. 367 (1968).　5
United States v. Southwestern Cable Co., 392 U.S. 157(1968).　116

United States v. Storer Broadcasting Co., 351 U.S. 192 (1956).　　11, 71

合衆国控訴裁判所判例

Ameriteh Corp. v. United States, 867 F.Supp. 721(N.D.Ill. 1994).　　7
BellSouth Corp. v. United States, 868 F.Supp. 1335(N.D.Ala. 1994).　　7
Carlin Communications, Inc. v. Southern Bell Telephone & Telegraph, 802 F.2d 1352 (11th Cir. 1986).　　193
Carlin Communications, Inc. v. Mountain States Telephone & Telegraph, 827 F.2d 1291 (9th Cir. 1987).　　193
Carter Mountain Transmission Corp., 32 FCC 459(1962), aff'd 321 F.2d 359(D.C. Cir.).　　126
Cellco Partnership v. Federal Communications Commission, 357 F3d 88 (D.C. Cir. 2004).　　45
Century Communications Co. v. Federal Communications Commission, 835 F.2d 292, 300(D. C.Cir. 1987).　　132-133
Chesapeake & Potomac Tel. Co. of Virginia v. United States, 830 F. Supp. 909 (E.D.Va. 1993), aff'd 42 F.3d 181 (4th Cir. 1994).　　7, 171, 202-205, 212
Comcast Corp v. Federal Communications Commission, 579 F.3d 1(D.C. Cir 2009).　　168-170
Comcast Corp. v. Federal Communications Commission, 600 F.3d 642 (D.C. Cir. 2010).　　216
Community Communications Co. v. City of Boulder, 660 F.2d 1370(10th Cir. 1981).　　124-125
Fox Television Stations, Inc. v. Federal Communications Commission, 280 F.3d 1027 (D.C. Cir. 2002).　　5, 65-67
Home Box Office, Inc. v. Federal Communications Commission, 567 F.2d 9, 45 (D.C. Cir. 1977).　　123, 125
Mt. Mansfield Television, Inc. v. Federal Communications Commission, 442 F.2d 470 (2d Cir. 1971).　　15-16
National Association of Regulatory Utility Commissioners v. Federal Communications Commission, 525 F.2d 630 (D.C.Cir. 1976).　　191, 212
Omega Satellite Products Co. v. City of Indianapolis, 694 F.2d 119(7th Cir. 1982).　　123
National Association of Regulatory Utility Commissioners v. Federal Communications Commission, 533 F.2d 601 (D.C.Cir. 1976).　　192, 212
Preferred Communications Inc., v. City of Los Angeles, 754 F.2d. 1396(9th Cir. 1985).　　123, 125
Prometheus Radio Project v. Federal Communications Commission, 373 F.3d 372 (3d Cir. 2004).　　38, 44-49, 89-96
Prometheus radio project v. Federal Communications Commission, 652 F.3d 431 (3d Cir. 2011).　　105-108
Quincy Cable TV, Inc. v. Federal Communications Commission, 768 F.2d 1434(D.C.Cir. 1985).　　122-123, 129-131
Satellite Broadcasting and Communications Association v. Federal Communications Commis-

判例索引

sion, 275 F. 3d 337 (4th Cir. 2001). 173, 181
Schurz Communications, Inc. v. Federal Communications Commission, 982 F.2d 1043(7th Cir. 1992). 20-21
Sinclair Broadcast Group, Inc. v. Federal Communications Commission, 284 F.3d 148 (D.C. Cir. 2002). 5, 44, 63
Time Warner Entertainment Co., L.P. v. Federal Communications Commission, 93 F.3d 957(D.C. Cir. 1996). 7, 172-173
Time Warner Entertainment Co., L.P., v. United States, 211 F.3d 1313(D.C.Cir. 2000). 160-164
Time Warner Entertainment Co., L.P., v. Federal Communications Commission, 240 F.3d 1126(D.C.Cir. 2000). 164-166
United States v. Western Elec. Co., 673 F. Supp. 525 (D.D.C. 1987). 197-198
US West Inc. v. United States, 855 F.Supp. 1184(W.D. Wash. 1994). 7
Verizon v. Federal Communications Commission, 740 F.3d 623 (D.C. Cir. 2014). 227-234

〈著者紹介〉

佐々木秀智（ささき・ひでとも）

1970 年	岩手県生まれ
1993 年	中央大学法学部卒業
1998 年	一橋大学大学院法学研究科博士後期課程修了（博士（法学））
1998 年	一橋大学法学部助手
1999 年	明治大学法学部助手
2001 年	明治大学法学部専任講師
2005 年	明治大学法学部助教授
2011 年	明治大学法学部教授（現在にいたる）

主要著作
『現代法入門』（共著）（三省堂，2010 年）
『IT ビジネス法入門』（共著）（TAC 出版，2010 年）

アメリカ電子メディア法の理念　　明治大学社会科学研究所叢書

2019 年（令和元年）12 月 18 日　初版第 1 刷発行

著　者	佐 々 木　秀　智
発行者	今　井　　　貴
	今　井　　　守
発行所	信山社出版株式会社

（〒113-0033）東京都文京区本郷6-2-9-102
TEL 03（3818）1019
FAX 03（3818）0344

Printed in Japan　　印刷・製本／亜細亜印刷・牧製本

Ⓒ佐々木秀智，2019.
ISBN978-4-7972-2791-8 C3332

JCOPY〈出版者著作権管理機構　委託出版物〉
本書の無断複製は著作権法上での例外を除き禁じられています。複製される場合は、そのつど事前に、出版者著作権管理機構（電話 03-5244-5088、FAX 03-5244-5089、e-mail:info@jcopy.or.jp）の許諾を得てください。

鈴木秀美 著
放送の自由〔増補第2版〕　　　　　9,000 円

磯本典章 著
アメリカ放送契約論　　　　　　　8,000 円

西土彰一郎 著
放送の自由の基層　　　　　　　　9,800 円

福田雅樹 著
情報通信と独占禁止法　　　　　17,000 円

（本体価格）

―――――― 信 山 社 ――――――